THE DEVIL'S ELEMENT

악마의 원소

악마의 원소

인의 남용과 생태계의 위기

초판 1쇄 인쇄일 2025년 7월 18일　**초판 1쇄 발행일** 2025년 7월 25일

지은이 댄 이건 | **옮긴이** 한지환
펴낸이 박재환 | **편집** 유은재 · 신기원 | **마케팅** 박용민 | **관리** 조영란
펴낸곳 에코리브르 | **주소** 서울시 마포구 동교로15길 34 3층(04003) | **전화** 702-2530 | **팩스** 702-2532
이메일 ecolivres@hanmail.net | **블로그** http://blog.naver.com/ecolivres | **인스타그램** @ecolivres_official
출판등록 2001년 5월 7일 제2001-000092호
종이 세종페이퍼 | **인쇄 · 제본** 상지사 P&B

ISBN 978-89-6263-316-0 03300

책값은 뒤표지에 있습니다.　잘못된 책은 구입한 곳에서 바꿔드립니다.

악마의 원소

인의 남용과 생태계의 위기

댄 이건 지음 | 한지환 옮김

에코리브르

크리스토퍼 마시(Christopher Marsh)를 기리며

차례

독자에게

주기율표의 15번째 원소인 인(phosphorus)은 일반적으로 자연계에서 원래의 순수한 형태로 존재하지 않는다. 모든 지구 생명체의 세포가 인을 필요로 하지만, 이것들은 기본적으로 산소 원자 4개와 결합한 인산염(phosphate) 분자의 형태로 존재한다. 이 책은 인산염에 결합한 산소 원자를 다루는 것이 아니다. 따라서 '인산염'이라는 용어를 사용한 사람들을 인용하는 사례도 있겠지만, 대부분의 경우는 그냥 '인'이라는 표현을 쓸 것이다.

비슷한 맥락에서, 나는 성가시고 때론 유독한 식물성 플랑크톤의 폭발적 증식의 한 형태를 과학적으로는 **조류에 의한** 녹조(algal bloom)라고 표현하는 게 더 정확하다는 걸 알고 있다. 하지만 일반적으로는 보통 녹조(algae bloom)라는 표현을 사용하고 있으며, 이 책은 대중을 대상으로 썼기 때문에 편의상 '녹조'라는 용어를 차용할 것이다.

그러한 관점에서 독자들이 이 책을 인에 대한 결정판처럼 여기게끔 하고 싶지는 않다. 인은 위험할 정도로 강력한 독성을 내뿜는 조류의 창궐을 촉진하기도 하지만 작물 영양에 필수적이고, 또한 그

가치가 점점 더 희소해지는 이중적 특성도 갖고 있다. 그런 까닭에 많은 대중은 세계가 직면한 문제를 아직 인식하지 못하고 있을 수도 있다. 하지만 이러한 문제를 오랫동안 연구해온 과학자들이 있고, 인과 관련된 남용과 희소성 문제의 한쪽 또는 양쪽 모두를 해결하기 위한 새로운 기술과 노력이 여전히 존재한다. 이 책은 그런 기술과 노력에 대한 개괄적인 내용을 제공하지는 않는다. 나는 이 책을 통해 세상을 더 나은 인 균형으로 되돌리기 위한 몇 가지 잠재적인 방법을 다룰 것이다. 하지만 인의 역설에 대한 해결책을 제시할 의향은 없다. 단지 그걸 소개하는 데 만족할 것이다.

서론

2018년 늦여름, 에이브러햄 두아르테(Abraham Duarte)는 플로리다주 케이프코럴(Cape Coral)의 한 동네를 고속도로에서나 달리는 속도로 질주하던 순간, 후사경에 경광등 불빛이 번쩍거리는 것을 확인했다. 그는 타고 있던 검은색 렉서스를 길가에 버리고 복잡한 주택가의 뒷마당 쪽으로 도망쳤다. 하지만 생각보다 빨리 잔디밭을 빠져나오고 말았다.

보디캠으로 녹화하며 가쁜 숨을 몰아쉬는 경찰들이 점점 가까워지자, 두아르테는 두 가지 선택지를 떠올렸다. 하나는 경찰의 과속 단속에 불응했다는 이유로 짤랑거리는 수갑을 두 손에 차는 것이고, 다른 하나는 왼팔에 새긴 문신의 "기회를 잡아라"라는 문구처럼 22세의 혈기를 빌려 운하를 헤엄쳐 도망가는 것이었다.

두아르테는 마치 많은 수상(水上) 골목길처럼 케이프코럴을 가로지르는 운하 중 하나로 뛰어드는 선택을 했다. 수영을 할 줄 아는지 여부는 문제가 아니었다. 문제는 그가 일반적인 물로 뛰어든 게 아니라 독성을 품은, 오트밀처럼 두꺼운 녹조류 덩어리로 뒤덮인 운하로 뛰어들었다는 것이다.

유독한 증기가 온몸을 감싸자 두아르테는 비명을 지르기 시작했다. "사람 살려! 도와주세요!"[1] 둑방 위의 경찰관들은 그를 끄집어낼 밧줄을 가져오라며 무선으로 지원 요청을 했다. 두아르테의 얼굴이 점액질로 뒤덮였다. 한 경찰관이 입과 코로 독극물이 들어가지 않도록 배영 자세를 취하라고 두아르테에게 소리쳤다.

"이런 빌어먹을! 젠장!" 두아르테는 욕설을 내뱉고 개헤엄을 치며 물가로 나가려고 애썼다.

경찰관이 다시 외쳤다. "빨리 빠져나와! 큰일을 당할지도 몰라! 진짜야! 죽을 수도 있다고!"

두아르테는 둑방에서 몇 미터 떨어진 곳까지 와서야 겨우 발이 땅에 닿는 걸 느낄 수 있었다. 그제야 목숨을 건졌다고 확신했지만, 문제는 그때부터였다. 그는 격렬하게 구토를 하기 시작했다.

두아르테가 둑방에 가까워지자 고무장갑을 낀 경찰들이 그를 끄집어냈다. 경찰들은 두아르테에게 수갑을 채운 다음, 그의 눈·코·입을 덮고 있는 초록색 오염 물질을 정원용 호스로 물을 뿌려가며 씻겨냈다. 두아르테는 그 오염 물질의 냄새를 "사람의 똥" 같다고 묘사했다.[2] 그는 병원으로 옮겨졌고, 이후 법 집행관의 체포에 대한 저항과 규제 약물 소지 혐의로 기소되었다.

두아르테의 운하 사건에 대한 판결이 나고 며칠 후, 그가 위장 및 호흡 곤란 치료를 받고 회복 중이었음에도 전국의 텔레비전 뉴스 앵커들은 경찰의 보디캠 추격 영상을 해설하면서 웃음을 참지 못했다. 이 영상 클립은 선샤인 스테이트(Sunshine State: 플로리다주의 별칭—

옮긴이)의 남성 중 당혹스러울 정도로 어리석은 행동을 저질러 언론의 주목을 받을 경우 해당 내용을 게시하는 인터넷 커뮤니티 '플로리다 사람들(Florida Man)'에 전설처럼 박제되었을 수도 있다.

하지만 그 유독한 운하로 뛰어든 그의 모습은 단순히 밈(meme) 정도로만 여겨서는 안 되는 것이었다.

그건 다가올 재앙의 전조 증상이었다.

●

그해 여름, 플로리다반도의 케이프코럴 반대쪽에 있는 작은 해변 도시 스튜어트(Stuart)에서는 패닉에 빠진 주민 수백 명이 주중임에도 시청에 집결해 연안 해역을 오염시키고 있는 동일한 녹색 점액에 대해 조치를 취해달라고 요구했다. 그 무더운 7월, 친절한 도시 스튜어트의 외곽 해변 산책길 표지판에는 방문객들을 위한 경고문이 붙어 있었다.

남조류 주의—물과 접촉하지 말 것

집회에 참석한 사람들의 자기소개와 소속으로 미루어봤을 때, 전형적인 환경 운동가들의 모임은 아닌 게 확실했다. 그들은 위기에 처한 일부 생태종과 그것들이 살고 있는, 멀리 떨어진 내륙이나 수질의 보호 방법에 대해 이야기하고 있는 것이 아니었다. 사업체, 주택 소유자 협회, 낚시 및 요트 클럽을 대표해서 나온 사람들은 **그들 자신이** 마치 위기에 처한 생태종인 것처럼 말했다.

"도와주세요." 초록색 점액질이 덮치고 얼마 지나지 않아 그 지역의 고등어 떼와 함께 자신의 사업도 함께 무너져버렸다는 텁수룩한 수염의 어부 윌 엠브리(Will Embrey, 45세)가 말했다.[3] "저처럼 도움이 절실한 사람이 많습니다." 만성 복통을 앓고 있는 그는 처음에는 게실염, 그다음에는 궤양성 대장염, 그다음에는 크론병 진단을 받았다. 의사들은 엠브리가 왜 이토록 아픈지 그 병의 원인을 알아내지 못했다.

엠브리는 질병의 원인을 파악하기 위해 더 많은 전문가를 만나고 CT 스캔 및 각종 검사 등을 하느라 거금을 들이는 것이 불필요한 일이라는 걸 알고 있었다. 그는 이 모든 것이 오염된 물 때문이라는 사실을, 자기 혼자만 이런 고통을 겪는 게 아니란 사실을 알고 있었다.

지역 병원과 응급실에 너무나 많은 환자가 알 수 없는 호흡기 문제와 위장병을 호소한다는 것이 보고되었고, 시 당국은 지역 보건 네트워크 책임자와 회의를 하기 며칠 전 공중 보건 등급 '위기'를 선언했다.[4] 보건 네트워크 책임자는 지난 몇 년 동안 스튜어트에서 여름철마다 발생하는 조류의 재앙 범위를 측정하기 위해 치료 시설 환자들에게 수영을 한 적이 있는지, 또는 다른 방식의 접촉이 있었는지 확인하도록 지시했다. 플로리다주의 10대 해변 도시 중 하나로 꼽히는 곳에 이는 마냥 좋은 소식은 아니었다.

"여러분, 도저히 믿기 힘든 일입니다." 회의를 주최한 지역 공화당 정치인이 말했다. "여러분, 이것은 실제 상황입니다! 이런 일이 진짜로 일어나고 있습니다!"[5]

●

존 밸런타인(John Vallentyne)이라는 유명한 생태학자는 1970년대 초에 다음과 같은 무서운 예측을 했다—수십 년간의 무모한 산업 개발 및 도시 오염은 대공황 동안 무모한 농경이 대평원(Great Plains)에 끼친 영향에 버금가는 위협을 북미의 강과 호수에 가할 것이다. 가뭄으로 바짝 마른 바람이 토양을 훑고 지나가면 토끼의 눈이 멀고, 수십만 명에 달하는 대초원의 정착민을 환경 난민으로 만들 만큼 맹렬한 '검은 눈보라'가 닥칠 것이다.

캐나다 해양수산부의 수석 과학자 밸런타인은 "우리가 상황을 타개하기 위한 조치를 취하지 않는다면 2000년이 되기 전에 1930년대 미국 내륙의 거대한 더스트 볼(Dust Bowl: 미국과 캐나다의 대평원에서 발생한 극심한 모래 폭풍과 가뭄으로 인한 환경 재앙—옮긴이)처럼 물의 녹조 볼(Algal Bowl)에 갇히게 될 것"이라고 말했다.[6]

일부 근해 지역으로는 월아이(walleye: 주로 북미 지역에서 서식하는 농어목의 민물고기—옮긴이)의 개체 수가 풍부한 것으로 유명했던 이리호(Lake Erie)의 물이 1960년대에 이미 물고기가 살 수 없는 걸쭉한 녹색 스튜로 변해 있었다. 당시 이리호와 다른 수역을 질식시킨 조류는 유독한 종이 아니었음에도 치명적이었다. 때때로 수백 제곱킬로미터에 걸쳐 퍼지는 이 녹색 매트(mat)는 분해될 때 물에서 너무나 많은 산소를 빨아들여 거의 아무것도 살 수 없는 광대한 '데드 존(dead zones)'을 형성했다. 1970년대에 들어서자 이리호는 미국의 '사해(Dead Sea)'로 여겨지기 시작했다.

정치권에 있는 국회의원들은 청정수법(Clean Water Act)을 제정함으로써 이에 대응했다. 이 법은 마침내 산업계와 도시가 공공 수역을 오폐수 처리용 인공 연못으로 취급하는 걸 금지함으로써 이리호와 미 대륙 전역에서 대대적인 수질 개선을 이끌어냈다.

정화 작업을 가속화하고 미래 세대가 더 잘 행동하도록 자극하기 위해 밸런타인은 부업 겸 또 다른 인격인 '조니 바이오스피어(Johnny Biosphere)'의 삶을 시작했다. 그는 사파리 복장을 하고 비치볼 크기의 지구본을 등에 멘 채 북미 전역의 강당에 조니 바이오스피어의 모습으로 나타났다. 그의 메시지는 다음과 같았다. "지구한테 잘하세요! 그러면 지구도 당신한테 잘해줄 겁니다."[7]

조니 바이오스피어는 8세 어린이들을 대상으로 자주 연설했기 때문에 그의 슬로건을 "지구를 학대하면 지구도 당신을 학대할 것입니다"같이 직설적이고 대조적이며 께름칙한 어감을 갖게 할 수는 없었다.

하지만 이것은 어린이를 위한 책이 아니다.

●

청정수법의 주요 원칙 중 하나는 공공 수역에 오염 물질을 한 방울이라도 방류하는 모든 산업체 또는 지방 자치 단체는 먼저 해당 오염 물질에 대한 허가를 신청해야 한다는 것이다. 이런 허가는 정기적으로 갱신해야 하며 오염 물질 배출자는 처리 기술을 개선해 폐기물의 양을 꾸준히 줄여야 한다.

이 법은 훌륭하게 작동했지만 한 특정 산업에만큼은 대규모 면제가 이뤄졌다. 바로 농업이다. 이러한 허점에는 정당한 근거가 있었다. 배관을 따라 흘러내리는 것을 걸러내거나 굴뚝에서 뿜어져 나오는 것을 문질러 닦아내는 일은 상대적으로 쉽다. 하지만 농장에서 사용하는 과도한 살충제와 비료 등이 빗물에 씻겨나갈 때 빗자루를 이용해 공공 수역을 오염시키지 못하도록 쓸어내 막는 일은 불가능하다.

물론 농부들이 자신의 밭에 무엇을 얼마나 많이 뿌릴지 **규제할 수** 있지만, 그럼에도 국회의원들은 기본적으로 그들에게 허가를 내주기로 결정했다.

농경지에서 빗물에 씻겨 유출되는 비료가 녹조의 주요 동인(動因)이기 때문에, 농업을 적절하게 단속하지 못한 청정수법의 실패는 오늘날 만연한 녹조 물결의 근본 원인이다. 설상가상으로, 오늘날 미국 전역의 호수와 연못을 질식시키고 있는 녹색 점액질 대부분은 사실상 조류가 아니라, 일련의 독소를 집단적으로 생성하는 원시 형태의 광합성 박테리아다. 그중 일부는 군부대 실험실에서 생화학 무기로 사용하기 위해 합성한 특정 물질에 견줄 만큼 강력하다. 이러한 조류 독소의 한 종류는 너무나 독성이 강해서 과학자들이 '급성 사망 인자(Very Fast Death Factor)'라는 펑크 록(punk rock)스러운 이름을 붙이기도 했다.

떠오르는 위협이자 사이아노톡신(cyanotoxin)으로 알려진 이 독을 생성하는 남조류에 대해 들어본 적이 없다면, 여러분도 곧 알게 될 것이다.

미국 전역의 언론 매체는 2021년 한 해에만 약 400곳의 미국 수역이 녹색 점액질의 침범을 받았다고 보도했으며, 이는 전년도에 비해 25퍼센트 증가한 수치다. 이 녹조는 미시시피주 빌록시(Biloxi)에서 메인주 루이스턴(Lewiston), 위스콘신주 매디슨(Madison), 워싱턴주 스포캔(Spokane)의 해변까지 출몰했다. 2017~2019년 미국 전역에서 300명 넘는 사람이 독성 조류로 오염된 물에 노출된 후 응급실로 실려 갔다. 2014년 이리호 한 곳에서 발생한 녹조는 오하이오주 털리도(Toledo)의 인구 50만 명이 사용하는 수원을 오염시켰다.

공식적으로 남조류 때문에 사람이 사망한 것으로 확인된 유일한 사건은 1990년대 후반 브라질에서 일어났다. 공공 상수원에서 발생한 남조류로 인해 투석 센터의 환자 수십 명이 사망한 사건이다. 하지만 이 글을 쓰고 있는 바로 이 순간에도 더 많은 사람이 사망할 수 있다는 걱정스러운 징후가 있다. 아니, 그런 일은 이미 시작되었는지도 모른다.

2002년, 7월의 찌는 듯한 밤더위를 식히기 위해 담장을 넘어 남조류로 뒤덮인 골프장 연못에 뛰어들었던 17세 소년의 불가사의한 죽음에 대해 위스콘신주의 검시관은 사이아노톡신을 원인으로 지적했다.[8]

2021년 늦여름, 요세미티 국립공원 근처의 머세드강(Merced River)을 따라 이어진 하이킹 코스에서 캘리포니아주에서 온 젊은 가족이 사망한 채 발견되었는데, 이 또한 강물에 퍼진 남조류에서 나온 독소가 원인으로 지목되었다. 하이킹 코스를 따라 흐르는 강물에서 채취한 샘플에서 '급성 사망 인자(아나톡신-a)'가 우려할 만한 수준으로 나타났다. 하지만 당국은 이후 그들의 사망 요인을 고열 때문이라고 발표했다.

이 유독성 녹조류로 오염된 물에 뛰어들어 첨벙거리며 놀았던 반려동물들이 죽는 사례가 빈번하게 발생하고 있는데, 이는 북미 대륙에서만 벌어지는 일이 아니다. 이 녹조류는 개 말고 다른 동물에게도 위협을 가했다. 2020년 보츠와나 정부는 아프리카코끼리 356마리가 떼죽음을 당한 것은 녹조로 오염된 웅덩이의 물을 마셨기 때문이라고 지적했다.[9]

사이아노박테리아라고도 알려진 남조류는 수십억 년 동안 존재해왔다. 그런데 기후 변화로 수온과 대기 중 탄소 농도가 상승했고, 이것이 남조류의 빠른 증식을 가속화하는 데 일조하고 있다.

사이아노박테리아 증식 가속화의 또 다른 원인으로는 북미 전역에 암처럼 퍼지고 있는 사람 손톱만 한 크기의 말조개(zebra mussel)와 콰가홍합(quagga mussel)을 들 수 있다. 카스피해 분지에 많이 서식하는 이런 패류가 만연한 물에서는 독성 조류 발생이 특히 쉽게 일어난다. 그 이유는 여과 섭식을 하는 이 연체동물이 남조류를 **제외하고** 물에 떠다니는 거의 모든 것을 먹어치우기 때문이다.[10] 이러한 상황은 남조류가 건강한 호수 먹이 사슬의 기반을 구성하는 무독성 조류종에 경쟁 우위를 갖게 만든다. 이것은 홍합이 득실거리는 호수에서 녹조가 발생할 경우 독성 조류종이 창궐했을 가능성이 더 높다는 걸 의미한다.

그러나 급증하는 남조류 녹조의 가장 중요한 동인은 많은 사람이 결코 생각해보지 않은 것에 있다. 독성 조류 문제의 중심에 있는 이 원소가 전 세계적으로 어떻게 물에 위협을 가하는지 이해하려면 플로리다주 스튜어트에서 북서쪽으로 160킬로미터 떨어진 곳을 들여다보면 된다. 2018년 스튜어트 시청에서 열린 회의 참석자 중 누구도 불과 몇 시간 거리에 있는 상대적으로 황량한 플로리다주 중부 지역이 이러한 상황과 어떤 관련이 있는지 전혀 모르는 듯했다. 하지만 바로 그곳에 플로리다주의 남조류 문제와 대륙 전역에서 발생하고 있는 유사한—공중 보건 위기와 관련이 있을 수도 있는—수질 문제의 근본 원인이 있었다. 그 장소는 바로 본밸리(Bone Valley)라고 알려진 곳이다.

●

탬파(Tampa)에서 동쪽으로 약 56킬로미터 떨어진 곳에는 커다란 크레인 굴착기로 유명한 독특한 관광 명소가 있다. 이 굴착기는 덤프트럭 몇 대 분량의 바위와 돌을 퍼 올릴 수 있을 만큼 거대하다. 어린 아이들은 굴착기의 버킷이 쏟아낸 자갈이 놀이터의 모래밭인 양 놀고 있다. 그보다 좀더 나이 많은 아이들과 그 부모들은 오래전에 사라진 짐승의 흔적을 찾기 위해 자갈 더미를 샅샅이 뒤지기도 한다.

오늘날 플로리다주에 해당하는 손가락 모양의 모래톱은 수백만 년 동안 해수면 높이가 급변동했다. 그로 인해 해안선이 위아래로 오르락내리락했기 때문에 현재의 플로리다반도 중심에는 육지와 바다 모두에서 화석화한 동물의 잔해가 풍부하다. 화석의 양이 어찌나 많은지 1980년대에 작은 도시였던 멀버리(Mulberry)는 고작 낡은 기차 두 량에서 화석을 전시했는데, 얼마 지나지 않아 화석 박물관을 운영할 정도였다.

이 박물관은 플로리다주 중서부의 4000제곱킬로미터 넘는 면적에 걸쳐 있는 본밸리 지역 중심부에 위치한다. 이곳에는 거대 아르마딜로(Glyptodont—옮긴이) 화석이 지금은 멸종된 3.5미터 넘는 땅늘보의 발톱 사이에 묻혀 있다. 현존하는 코끼리 크기의 마스토돈(mastodon: 고대 장비목에 속하는 절멸 코끼리의 총칭—옮긴이) 잔해와 고래, 바다거북, 자동차를 삼킬 수 있을 만큼 큰 입을 가진 초대형 상어의 일종인 메갈로돈(megalodon)의 잔해도 섞여 있다.

현생 동물과 묘하게 닮은 주물(cast) 형태로 시간에 갇혀 있는 이러한 선사 시대 동물들의 발견은 아직 다윈의 진화론이 의미하는 바를 받아들이지 못하고 있던 1800년대 사람들의 상상력을 자극했다.

1890년에 한 신문은 이런 기사를 실었다. "우리는 이 광대한 선사 시대의 무덤을 통해 자유롭게 상상의 나래를 펼칠 수 있으며, 이 아름다운 반도에 사구(砂丘)와 산호초가 선형으로 늘어섰을 당시 이곳을 거닐던 기이한 생김새의 동물을 기묘한 공상을 통해 부활시킬 수 있다."

그러나 기자는 플로리다주 중부의 선사 시대 유적이 박물관 전시품으로서만 가치가 있는 것은 아니라고 지적했다. "실용주의자와 목적의식이 있는 사람, 부를 추구하는 사람, 자본가에게 이 어마어마한 〔화석〕 축적지는 행운을 얻을 수 있는 일생일대의 기회다."[11]

심지어 그는 1850년대 캘리포니아주의 금 가치보다 플로리다주의 화석이 더 귀중해질 것이라고 예측했다. 오래전에 사라진 많은 생물체가 석화된 잔해, 그리고 무엇보다 그것들이 묻혀 있는 암석과 자갈로 이뤄진 퇴적판은 실제로 훨씬 더 가치 있는 것으로 밝혀질 터였다. 왜냐하면 작물에 금을 뿌린다고 해서 식량을 생산할 수 있는 것은 아니었기 때문이다.

플로리다주의 화석층과 주변 퇴적암을 분쇄한 후 산(酸)에 녹이면 농작물의 성장을 놀라운 속도로 촉진할 수 있는 엄청나게 강력한 비료를 만들 수 있다는 게 밝혀졌다. 이 비료 광산 중 27개가 플로리다주 중부의 약 2000제곱킬로미터 면적에 걸쳐 산재해 있다.[12] 그 가운데 9개 광산은 오늘날에도 여전히 운영 중이다. 광부들이 땅에서 캐내는 주요 영양분 1톤당 약 5톤의 방사성 폐기물이 추가로 발생하는데,[13] 이 폐기물은 플로리다주 내륙의 작은 산에 쌓여 있다. 이러한 폐기물 더미는 멀리 떨어져 있어 대부분의 플로리다주 사람들 관심 밖에 있다. 하지만 그 폐기물이 빈번하게 부지 밖으로 스며 나와 플로리다주의 지하수와 연안 수역을 위협하는 경우라면 상황은 달라진다.

그러나 지난 반세기 동안의 인구 증가에 맞춰 지구촌 식량 생산이 2배로 늘어날 수 있었던 가장 큰 요인은 본밸리의 비료 암석 퇴적물과 (그에 비해 상대적으로 적지만) 전 세계에 흩어져 있는 유사한 퇴적물 덕분이다. 이 때문에 유독성 광산 폐기물 더미가 계속 늘어나는 걸 막을 수는 없다.

이 암석들은 대략 1만 년 전 아메리카 원주민이 처음으로 경작하기 시작한 (작고 알곡이 풍부한 풀의 일종이던) 옥수수를 오늘날 사과나무 높이까지 자랄 수 있게 한 요인이며, 이후 농업 개척자들이 옥수수와 다른 작물의 에이커당 부셸(bushel: 곡물 중량 단위. 1부셸은 27.2킬로그램—옮긴이) 수확량을 거의 5배로 늘릴 수 있었던 요인이기도 하다.

그러나 기적적인 이 암석 비료의 능력에는 어두운 면이 존재한다. 바로 물에 닿아도 그 효능이 사라지지 않는다는 것이다. 그리고 오늘날 농부들이 살포하는 이 암석 기반 비료 대부분은 식물 뿌리에 흡수되기도 전에 경작지에서 씻겨나간다. 그 결과 식량용 곡물의 풍작을 유도하는 대신 개울, 강, 호수로 흘러 들어가 그곳에 서식하는 남조류에 비료 역할을 한다.

19세기 후반에 본밸리의 암석 비료 퇴적층을 발견했을 당시에는 아무도 그것이 이러한 방식으로 자연에 악영향을 끼칠 것이라고 생각하지 않았다.

플로리다주 사람들은 그들 발밑에 깔린 '대박'의 황홀경에 빠져 있었다. 오늘날 미국에서 소비되는 암석 비료의 약 75퍼센트가 여전히 플로리다주에서 나오는 것을 보면 그럴 만도 하다. 당시 신문은 이 돌덩이가 금처럼 여겨지기 이전에 이를 차지하기 위해 기찻길에서 서로에게 총을 쏘는 사람들의 이야기를 싣기도 했다.[14]

그런데 도대체 무슨 이유로 이 암석이 귀중해진 것일까?

그것은 바로 인 때문이다.

●

인은 식물 성장에 중요한 역할을 하고 우리에게도 필수적이지만, 비료로서 역할보다 더 중요한 것이 있다. 인은 우리가 먹은 음식을 근육을 움직이는 데 필요한 화학 에너지로 변환하는 데 도움을 준다. 그리고 우리의 인체 구조와 관련해 가장 큰 부분과 가장 작은 부분 모두에 중요하다. 요컨대 우리의 뼈와 치아의 주요 구성 성분은 인이다. 또한 인은 우리의 DNA에도 포함되어 있다. 사실, DNA **그 자**

체라고 해도 무방하다. 지구상 모든 세포에 생명을 불어넣는 유전자의 청사진을 구성하는 그 유명한 이중나선의 골격이 인으로 만들어져 있다. 우리가 농작하는 옥수수부터 그것을 먹는 가축, 나아가 이러한 가축을 먹는 사람 모두에게 인은 생명의 매 단계에서 매우 중요한 역할을 한다.

인이 없으면 지구에 생명도 없다.

물론 이는 현대 비료의 다른 두 가지 주요 구성 요소인 질소와 포타슘을 포함한 생명에 필수적인 여러 가지 원소에 대해서도 똑같이 적용할 수 있는 말이다.

하지만 생명 유지와 연관이 있는 이런 다른 원소에 비해 인은 큰 차별점을 갖는다. 포타슘은 과거 바다였던 바짝 마른 고대의 해저 퇴적층에 엄청나게 많은 양이 매장되어 있고, 따라서 지구에서 포타슘이 고갈될 위험은 없다. 질소는 대기 중에 가장 풍부한 기체이고, 이미 1900년대 초반부터 대기에서 질소를 뽑아내 농지에 살포하는 데 적합한 형태로 만드는 기술이 있었다. 이는 계속 증가하는 지구의 인구를 먹일 수 있을 만큼 충분히 크고 빠르게 농작물을 자라게 하는 비료를 만드는 데 이 두 가지 원소가 부족해질 걱정은 할 필요가 없다는 걸 의미한다.

하지만 인의 경우에는 사정이 완전히 다르다.

지구에 생명을 불어넣은 이 원소의 초기 공급원은 원시 지구가 냉각하면서 암석으로 굳어진 마그마다. 이후 바람과 파도가 그 화성암에 갇혀 있던 인을 소량씩 해방시켰다. 빠져나온 인 원자는 생물과 무생물 사이를 활개 치며 돌아다녔다. 동물이 배변을 하거나 죽어서

부패하면 그 배설물과 사체에 있는 인이 식물에 흡수된다. 그 식물이 다시 죽거나 먹히거나 호흡을 하면, 흡수했던 인이 방출되어 다음 세대의 토양에 양분을 공급한다. 이렇게 세대를 거듭해가며 목초지의 동물과 그걸 먹는 사람들이 생명을 유지한다.

인은 생명 순환의 완성을 연결하는 원소다. 이것을 대체할 원소는 없다.

1959년 유명한 과학자이자 작가 아이작 아시모프(Isaac Asimov)는 이렇게 말했다. "우리는 석탄을 원자력으로, 나무를 플라스틱으로, 고기를 효모로, 외로움을 친절함으로 대체할 수 있을지 모르지만, 인은 다른 무엇으로도 대체할 수 없다."

인류는 19세기가 되어서야 전 세계에 흩어져 있는 풍부한 인을 함유한 퇴적암이 묻혀 있는 곳을 마주할 수 있었고, 이를 통해 식물과 지구 인구의 성장을 제한하는 인의 한도를 없앨 수 있다는 길 발견했다. 이 퇴적물은 죽은 유기체가 해저로 가라앉아 생성된 것으로, 수백만 년 동안 눈송이가 쌓여 엄청난 질량과 압력을 받아 빙하가 된 것처럼 인이 풍부한 퇴적암으로 뭉쳤다. 지질학적 힘은 결국 이 암석의 일부를 지구 표면으로 끌어올려 채굴 가능한 광상을 만들었다. 인이 생명 세계로 스며드는 데 영겁의 세월이 걸렸지만, 이제는 1년 안에 수확할 수 있게 된 것이다.

인간은 이 암석 채굴을 통해 아시모프의 인 병목 현상을 해결하는 방법을 알아냈을지 모르지만, 오늘날의 인 원소는 화석 연료와 마찬가지로 귀중하고 유한하다. 그러나 우리는 석유 생산처럼 지구의 접근 가능한 퇴적물을 너무나 빠른 속도로 소모하고 있다. 이에 일부 과학자들은 불과 수십 년 안에 '피크 인(peak phosphorus: 인 생산 정점—옮긴이)'에 도달할 수 있다고 우려를 표한다. 이 시점에는 채굴량 감소와 만성적인 식량 부족 위험의 가능성이 있다.

10년도 더 전에 〈포린 폴리시(Foreign Policy)〉는 사설을 통해 "전대미문의 심각한 천연자원 고갈"이라고 선언했다.[15]

귀중한 자원이면서 동시에 고약한 오염 물질인 인의 점점 줄어드는 매장량을 낭비하는 방식으로 관리한 탓에 인 부족 가능성은 더욱 증가했다. 반세기 전 이리호가 '사해'가 되어버린 이후, 전 세계적으로 연간 인 광석의 수확량은 약 4배 증가했다. 그러나 오늘날 우리가 채굴해서 비료 형태로 사용하는 인의 상당 부분은 인간뿐만 아니라 가축, 농작물에 도달하기도 전에 농경지에서 다 씻겨나간다. 그리고 우리 식탁의 음식으로 향해야 할 대부분의 인은 경작지에서 하수관을 통해 개방 수역으로 흘러 들어간다. 이는 '인의 역설'이라고 불러야 마땅한 상황이다.[16] 우리는 채굴 가능한 인 광석의 양을 아깝게 소모하는 동시에 우리의 물에 과도하게 내다 버리고 있는 셈이다.

몇몇 사람은 기존의 인 매장량이 이번 세기 말이면 모두 고갈될 것이라고 예측했다. 그런데 그 시점이 비료 사업에 종사하는 사람들을 포함해 이 문제에 대해 잘 알고 있는 많은 사람의 비웃음을 살 정도로 엉터리다. 그러나 고갈되는 데 몇 년이 걸리든 상관없이 우리가 생명의 순환 고리를 끊었다는 것과 그 시간이 100년이든 400년이든 결국 끝이 있다는 걸 부인할 수는 없다. 마지막 남은 인이 풍부한 암석 매장지를 채굴하고 제분해 우리의 물에 막 버려도 당장은 딱히 어떤 문제가 발생하지 않을 것이다. 오히려 세계 특정 지역의 인 퇴적물에 대해 상대적으로 소수의 국가, 심지어 소수의 사람들이 70억 명의 목숨을 유지하는 데 필요한 비료 배급 대부분을 통제할 때가 오면 문제가 될 것이다. 그날은 여러분이 생각하는 것보다 더 빨리 도래할 수도 있다.

플로리다주의 광부들은 사용 가능한 암석이 불과 30년 안에 고갈되는 상황을 마주하고 있으며, 미국은 농업 시스템을 유지하기 위해 다른 국가에 의존할 위험에 처했다.

다른 국가들이 미국의 영양 확보 유지에 관심을 갖고 있는지 여부는 또 다른 질문이다. 전 세계에 남아 있는 인 매장량의 70~80퍼센트는 모로코와 1970년대 이후 그들이 일부 폭력적으로 점령해온 서부 사하라사막 지역에 있다. 한 국가, 실제로는 모로코 국왕 한 명이 지구상의 모든 사람에게 절실히 필요한 것을 통제함으로써 전 세계적 불안정을 초래하거나 상황을 악화시킬 수도 있는 것이다.

●

순수한 인은 17세기에 연금술사가 자신의 소변을 강열(強熱)하다가 우연히 발견했는데, 마늘 냄새가 희미하게 나고 매혹적인 빛을 발하는 밀랍 같은 흰색 덩어리 형태였다. 사람의 배설물에는 세포들이 포함되어 있는데, 그 세포에 들어 있던 인을 추출해낸 것이다. 연금술사는 자신이 발견한 물질에 포스포루스(phosphorus)—'금성'을 뜻하는 그리스어—라는 이름을 붙였다. 이 단어는 대략 '빛을 가져오는 자(Bringer of Light)'로 번역할 수 있다. 동트기 전 하늘에 금성이 반짝이는 것은 곧 태양이 떠오른다는 걸 예고하기 때문에 이 희미하게 빛나는 원소에 적합한 이름이다.

라틴어로 번역한 금성도 비슷한 뜻을 지닌다. luc(빛, light)와 fer(전달자, bearer)의 합성어인 Lucifer, 즉 샛별이다.

어쩌면 연금술사는 이 원소의 성질에 대해 제대로 알지도 못한 채 더 아름다운 이름을 지은 것일 수 있다. 왜냐하면 자신이 발견한 의문의 덩어리가 자연 발화하면, 단테가 묘사한 지옥 불처럼 사납게 타는 경향이 있다는 걸 이름을 붙일 때는 몰랐기 때문이다.

사실 사람들이 인을 '악마의 원소'라고 부르기 시작한 것은 그리 오래되지 않았는데, 이는 인이 (금과 탄소를 제외하고) 우연히 발견된 13번째 원소이기 때문만은 아니다. 그런 악명은 지독한 독성(지금도 쥐약의 활성 성분으로 쓰인다)과 폭발성(저자가 이 글을 쓰는 시점에도 우크라이나를 점령한 러시아군이 백린탄을 불법 사용하고 있는 것으로 알려졌다) 때문에 붙은 것이다.

인이 악마의 원소라는 생각은 사실 오늘날 훨씬 더 적절하다. 《성경》에서 악마는 지상 최초의 인간인 아담과 이브가 지식의 나무에서 사과를 따 먹도록 부추겼다. 이후 아담과 이브는 낙원에서 추방당했고, 이 힘겨운 행성에서 그들의 원죄를 뉘우쳐야 했다.

그들의 분투는 오늘날 우리에게 이어졌다. 지난 세기 동안 우리는 채굴된 인 비료의 힘에 눈을 뜨고, 그것이 맺어준 모든 열매를 만끽했다. 그러나 이러한 방식으로 채굴된 인에 우리의 존재를 연결 짓는 행위는 그 자체로 악마와 거래하는 부담을 수반한다. 지구가 유지할 수 있는 인구수를 제한하는 자연적 조절 장치를 깨는 대가로 우리는 깨끗한 물을 인 비료로 오염시켰고, 그 물은 이제 마시기는커

넝 수영과 낚시도 못할 정도로 더럽혀졌다. 우리가 우리의 정원을 스스로 더럽히고 있는 것이다.

이러한 물을 보호하고 되살리는 동시에 다음 세대가 사용할 수 있는 충분한 인, 즉 충분한 식량을 보장하도록 지금 우리가 할 수 있는 유일한 일은 우리가 깨뜨린 고결한 생명의 순환을 되찾기 위해 이 근대의 악마가 자신의 꼬리를 쫓도록 훈련시키는 것이다.

이는 우리가 사용하는 화학 비료의 양과 사용 방법에 대한 극적인 변화를 요구할 것이다. 또한 인간의 배설물을 포함해 문명의 폐기물 흐름을 관리하는 방식에 혁명을 일으킬 것이다.

이러한 방식으로 악마의 원소를 길들이지 않은 대가는 이미 나타나기 시작했다.

에이브러햄 두아르테가 목숨을 걸고 플로리다주의 운하로 뛰어든 날과 같은 주(week)에 한 지역 신문은 독성 조류 때문에 700만 달러짜리 연안 주택의 판매가 불발되었다고 보도했다. 거래를 담당한 부동산 중개인은 거의 두아르테가 운하에 몸을 던졌을 때만큼이나 패닉에 빠진 것처럼 보였다. 그는 플로리다주의 수질이 나빠진다면 결국엔 …… 모든 게 그렇게 될 것이라고 말했다.

"플로리다주는 자연을 빼면 아무것도 없는 셈이죠."[17]

물론 지구도 마찬가지다.

THE DEVIL'S ELEMENT

1부

인을 향한 경주

1

악마의 원소

10여 년 전, 독일의 백화점 매니저로 일하다 은퇴한 게르트 지만스키(Gerd Simanski)는 아내와 함께 발트해에서 멀지 않은 작은 마을에 벽돌로 지은 깔끔한 별장을 구입해 지내던 중 의외의 취미를 갖게 되었다. 바로 비치코밍(beachcombing: 해변을 빗질하듯 훑으며 표류물이나 쓰레기를 줍는 행위—옮긴이)이었다. 지만스키는 오징어처럼 생긴 고대 생물 벨렘나이트(belemnite)의 화석을 찾는 걸 특히 좋아했는데, 벨렘나이트는 빨아들인 물을 입 근처의 튜브 밖으로 뿜어내 뒤쪽으로 빠르게 나아가는 방식으로 쥐라기의 바닷속을 제트기처럼 돌아다니던 포식자였다.

지만스키는 해변을 샅샅이 뒤져가며 호박(琥珀) 덩어리와 바다 생물의 화석을 찾곤 했는데, 지구 역사의 무대에서 인간이 얼마나 작은 존재인지 곰곰이 생각하게 만드는 것이 기분 좋았기 때문이다. 아내와 함께 은퇴 후 지낼 별장을 알아보러 다닐 때 그는 신축 주택의

'평생 보증'(30년) 얘기를 자주 들었다고 했다. 그러면서 텁수룩한 콧수염을 치켜올리고 주름진 눈을 찡긋하며 내 손에 벨렘나이트 화석을 올려주더니, 그것이 수천만 년 전부터 존재해왔다고 말했다.

그는 비치코밍을 하는 게 마음을 너무나 편하게 해줘 날씨에 개의치 않고 몇 시간씩 해변을 걷곤 했다. 이슬비가 내리고 추웠던 2014년 1월 13일에도 겨울 재킷을 입고 자동차 키를 챙기며, 아내에게 점심 먹기 전까지 몇 시간 외출하겠다고 말했다.

그날 지만스키는 혼자 유유자적 주변을 살피며 해변을 걸었다. 반짝이는 발트해의 파도는 잔잔했다. 그때 10미터 높이의 바위 절벽 아래에서 미화 25센트짜리 동전 크기의 (화석화한 굴 껍질 조각처럼 보이는) 물체를 발견했다. 그는 그 주황빛 돌이 별다른 가치가 있을 거라고 생각하지는 않았지만, 아내한테 보여주기 위해 집으로 가져가기로 마음먹었다. 68세의 노인은 허리를 굽혀 그 돌을 주워 바지 주머니에 넣었다. 그런 다음 조금 더 흥미로운 것을 찾기 위해 걸음을 옮겼다.

약 10분 정도 지났을 때, 지만스키는 '펑!' 하는 소리와 함께 엉덩이 근처에서 날카로운 통증을 느꼈다. 순간 왼쪽 허벅지에서 노란색 불꽃이 타올랐다. "내 청바지에서 번개가 치는 것 같았어요. 마치 섬광처럼."[1] 지만스키는 두렵기보다는 당황스러웠다. "날이 추웠어요. 비도 오고요. 비에 젖은 상태였기 때문에 '대체 이 섬광이 어떻게 생긴 거지?'라는 생각이 들었습니다. 나는 담배도 피우지 않아요. 라이터도 없었죠. 말도 안 되는 일이었어요."

원인이 무엇이든 불을 끄기 위해 주머니에 손을 집어넣자 당혹

감은 공포로 바뀌었다. 주머니 속에서 녹은 초콜릿 같은 점성이 느껴졌기 때문이다. 주머니에서 손을 홱 빼냈을 때, 모든 손가락 끝이 점액으로 뒤덮여 촛불처럼 타올랐다.

허벅지를 태우는 불꽃이 피부 아래의 노란색 지방층을 "지글지글 끓는 베이컨처럼" 지지기 시작했다. 그는 비명을 지르며 도움을 요청했다. 해변에 혼자 있던 어부에게 구급차를 불러달라고 소리친 후 본능적으로 바다로 뛰어들었다. 차가운 바다에 몸을 담그자 불꽃이 사그라들었다. 지만스키는 뭍으로 올라오면 불꽃이 다시 타오를까 봐 두려워 거의 30분 동안 추위에 떨며 충격에 휩싸인 채 물속에 있었다.

이윽고 경찰관이 2명이 도착해 그를 해변으로 끌어냈다. 그들은 지만스키의 살이 구운 닭 다리처럼 검게 타버린 것을 보았다. 그 광경이 얼마나 끔찍했던지 두 경찰관은 트라우마 치료를 위해 나중에 특별 휴가를 내야 할 정도였다. 의료용 헬기를 부르려고 했지만, 환자 이송 중 다시금 의문의 화염이 일어나 헬기를 추락시킬 위험이 있었다. 얼마 후 도착한 구급대원들이 지만스키의 남은 청바지를 잘라내고, 그를 담요로 감싼 뒤 황급히 응급실로 향했다. 교외의 도로보다 좁고 구불구불한 길을 사이렌을 울리며 내달리는 동안, 구급대원들 역시 지만스키의 그을린 살점을 보고 충격을 받았다. 그들은 모르핀을 투여할 정맥을 찾지 못할 정도로 정신을 못 차리고 몸을 떨었다.

온몸의 3분의 1에 화상을 입은 지만스키는 2개월 넘게 입원 치료를 받았다. 현재는 많이 회복했지만 만성 통증 때문에 잠을 이루지 못해 약을 먹고 있다. 왼쪽 다리는 손상이 너무 심해 피부가 나무껍

질처럼 울퉁불퉁하고 거칠어졌다.

그는 차갑고 축축한 그 돌을 주운 후 자신에게 벌어진 일을 아직도 이해할 수 없다고 했다. "그냥 돌이었어요. 작은, 아주 작은 돌멩이요."

이것은 생뚱맞은 사건이 아니었다. 최근 몇 년 동안 지만스키를 비롯해 발트해에서 비치코밍을 하던 다른 사람들도 발견하곤 했던 이 작은 폭발성 자갈은 암석도 화석도 아니다. 해변과 인근 엘베강(Elbe River) 유역에서 주울 수 있는 대부분의 이 황금색 또는 주황색 덩어리는 발트해 지역에서 유명한, 나무 송진이 굳어서 화석화한 호박 광석과 묘하게 닮았다. 하지만 그것들은 보석이 아니다. 주기율표에서 볼 수 있는 가장 위험한 원소, 즉 인의 덩어리다.

순수한 인 덩어리는 스티로폼 컵이 그런 것처럼 자연계에 존재하지 않는다. 왜냐하면 자연계에서 인은 산소 원자와 결합해 인산염이라고 알려진 다양한 화합물 형태로 존재하기 때문이다. 그리고 이것은 지구상의 모든 생명체에 필수적인 분자다. 인산은 DNA의 아주 중요한 구성 요소이기도 하고, 세포 수준에서 에너지를 방출하는 화학 반응에 연료를 공급하는 데에도 관여한다. 또한 세포벽과 세포막의 구성 요소이며, 햇빛을 통해 지구의 녹지를 만드는 데 필수적인 역할을 한다. 쉽게 말해서, 인산염은 차갑고 생명 없는 암석에 불과할 수 있는 행성에 생명을 불어넣는다.

그러나 일시적인 상황이긴 해도 어떻게든 인 원자가 산소 원자와의 결합을 잃는 경우 대개는 폭발한다. 순수한 인 덩어리는 실온보다 약간만 더 따뜻해도 쉽게 화염에 휩싸인다.

사실 순수한 인 덩어리가 생기는 것은 너무나도 부자연스러운 일이라 최근 몇 년 동안 독일 북부 전역의 해변과 강둑에서 발견된 모든 인 덩어리는 인간의 활동에서 비롯된 것이라는 이야기가 있다.

이 인 덩어리가 어떻게 생성되었는지 이해하려면 시간을—구체적으로는 70년 정도 전으로—거슬러 올라가야 한다.

●

1943년 7월 21일, 커피 상인이자 파트타임 작가 한스 노사크(Hans Nossack)는 4년 전에 터진 전쟁과 일터에서 벗어나기 위해 집이 있는 함부르크를 떠나 2주 동안 휴가를 갔다. 그가 빌린 별장은 함부르크 시계(市界)에서 16킬로미터 정도 떨어진 곳에 있었는데, 도착한 지 3일 만에 그와 그의 아내는 도시에 울려 퍼지는 공습 경보 사이렌 소리에 잠에서 깼다. 그로부터 몇 주 후 그날을 회상하며 노사크가 말했다. "나는 침대에서 벌떡 일어나 맨발로 집을 뛰쳐나갔고, 반짝이는 별들과 컴컴한 땅 사이 모든 곳에 무겁게 내리깔리며 여기저기 울려 퍼지는 굉음 속으로 들어갔다. 그것을 피할 수는 없었다. …… 그건 상상할 수 없는 높이에서 남쪽에서부터 함부르크로 접근하는 1800대에 달하는 비행기 소리였다."[2]

1943년 초, 윈스턴 처칠 총리와 프랭클린 루스벨트 대통령은 북아프리카에서 열린 비밀회의에서 독일 북부 산업 중심지에 폭격기 군단을 출격시키려는 계획을 세웠다. 그들은 군 지도자들에게 독일 도시들에 향후 그 어떤 것도 남지 않을 만큼 가차 없는 공중 폭격을 하라고 지시했다. 한 쪽짜리 **카사블랑카 지침**(Casablanca Directive)의 첫 번째 목표는 다음과 같았다. "독일 군사·산업 및 경제 체제의 점진적인 파괴와 혼란, 그리고 무장 저항 능력의 치명적 약화를 초래할 정도의 독일 국민 사기 저하."

어쩌면 그 명령에서 '사기'라는 단어를 '생명'으로 바꾸는 것이 더 정직했을 수도 있다. 왜냐하면 당시의 폭탄은 수백 미터 상공에서 도시로 투하되어 정교한 폭격이 어려웠기 때문이다. 루스벨트는 의회에서 말했다. "우리는 이것이 나치와 파시스트가 초래한 결과라고 믿습니다." 그러곤 이렇게 덧붙였다. "그리고 그들은 그걸 곧 보게 될 것입니다."

영국에서 나온 공개 성명은 그들이 독일 국민에게 무엇을 하려고 했는지 훨씬 생생하게 보여주었다. 영국 공군 원수 아서 '포격기' 해리스(Arthur 'Bomber' Harris) 경은 이렇게 선언했다. "나치는 자신들이 다른 모든 사람에게 폭격을 가할 것이고 아무도 그들을 폭격하지 못할 것이라는 다소 유치한 착각 아래 이 전쟁을 시작했다. ……그들은 로테르담, 런던, 바르샤바 외 50개 지역에서 그들의 다소 어리석고 순진한 생각을 행동으로 옮기고 말았다." 그리고 해리스는 독일 국민의 마음에 두려움을 심어주기 위해 《구약성경》의 문구를 사용해 루프트바페(Luftwaffe: 나치 시대의 독일 공군—옮긴이)의 공습에 대해 다음과 같이 말했다. "그들이 바람을 심었으니 회오리바람을 거두리라." 이는 《성경》의 내용이면서도 문자 그대로의 뜻을 반영한 선언문이었다.

영국 공군은 그들이 독일 소도시들에 행한 공습과 영국 도시들에 행한 독일의 공습을 분석하고, 공학자·수학자·건축가의 실험과 사례 연구를 통해 보다 파괴적인 도시 폭격 방법을 개발했다.[3] 영국의 연구원들은 1800킬로그램급의 '블록버스터(blockbuster)' 등 대형 폭탄을 몇 개 떨구어 강한 충격의 폭발과 파편으로 도시를 파괴하는 것보다 RAF(Royal Air Force: 영국 왕립 공군—옮긴이) 폭격기에 1.8킬로그램 정도의 작은 폭발물을 적재해 운용하는 게 더 효과적일 것이라고 결론 내렸다. 그렇게 해서 개발한 배턴(baton) 모양의—마그네슘을 연료로 하는—소이탄은 물건을 폭파하도록 설계된 폭탄이 아니었다. 모든 걸 불태워버리도록 만든 폭발물이었다.

이 폭발물은 일반 가정집의 다락방에 쌓아둔 생활용품 등에 작은 불꽃을 일으켜 태워버리는 방식으로 피해를 입혔다. 민간인과 관련된 물건, 예컨대 초상화, 연애편지, 가구, 아기 옷 등을 목표로 무기를 사용하는 것은 3개 대륙에 걸쳐 수백만 명의 군인이 싸우는 전쟁에서 잔인하고 무익한 것처럼 보일 수 있다. 하지만 영국인은 일반 가정에서 접할 수 있는 가장 친밀하고 일상적인 소유물조차도 군사적으로 중요한 것, 즉 연료로 쓰일 수 있다는 걸 알게 되었다.

대형 폭탄을 떨어뜨려 마을 전체의 문과 지붕, 창문을 날려버린 후 폭격기들은 소이탄을 쏟아부었다. 이 작은 화염탄이 일으킨 불길은 뻥 뚫려버린 집과 일터에서 굉음을 내며 불어닥치는 외풍에 의해 번지며 맹렬하게 타올라 건물들의 목재를 빠르게 태워버렸다. 이런 방법으로 불길이 거세지면 화염은 한 블록 전체로 퍼질 수 있고, 블록의 다른 쪽 끝에서도 유사한 방법으로 불이 붙을 터였다. 해리스는 적당한 수준의 소형 화재가 충분히 빠른 속도로 특정 구역에서 시작되면, 지상의 소방대원이 진압하는 것보다 더 빠르게 불길이 번질 것이고, 이런 각각의 모든 소형 화재가 대형 화재로 합쳐지면 도시 전체를 잿더미로 만들 수 있을 거라고 생각했다.

해리스는 무게 14킬로그램 정도 되는 어뢰 모양의 특수한 화염탄을 선호했는데, 이는 하늘에서 나뭇잎처럼 떨어지는 일반적인 소형 화염탄보다 정밀하게 목표를 타격할 수 있기 때문이었다. 게다가 이 폭탄이 만들어내는 화염은 좀 특이했다. 일단 폭발하면 빛이 나는 소구체를 흩뿌리는데, 이 소구체들은 강철이 구부러지는 굉장히 높은 온도에서 타오를 뿐만 아니라 접촉하는 모든 것에 접착제처럼 달라붙었다. 물론 사람에게도 마찬가지였다. 해리스는 이것이 "적의 사기에 현저한 영향"을 끼쳤다고 결론지었다.[4] 이 화염탄은 인으로 가득 차 있었다.

함부르크는 지속적인 공습을 받았지만 1940년 초에 있었던 영국군의 소규모 공습에는 거의 피해를 입지 않았다. 그러나 1943년이 되자 나치 수뇌부는 점점 증가하는 연합군 폭격기 함대가 함부르크의 정유 공장, 조선소, U보트 시설과 이런 곳에서 일할 노동자를 공급하는 인근 지역을 한꺼번에 공격하는 것이 시간문제에 불과하다는 걸 깨달았다.

나치는 수천 명으로 구성된 소방대를 창설하고 함부르크의 150만 주민을 위해 1000개 넘는 요새 벙커를 건설함으로써 공격에 대비했다.[5]

1943년 함부르크 대공습〔코드명 고모라 작전(Operation Gomorrah)〕 첫날 밤, 커피 상인 노사크는 안전 확보를 위해 아내와 함께 별장의 지하실 문을 열고 숨었다. 그러다 결국 위험을 무릅쓰고 밖으로 나간 그는 "빛나는 금속 소구체들"이 함부르크에서 북쪽으로 16킬로미터 떨어진 하늘에서 떨어지는 모습을 보고 경악을 금치 못했다. 노사크는 50분 뒤 폭격이 멈췄을 때, 북쪽 하늘이 마치 장엄한 노을에 물든 것처럼 붉고 노랗게 빛났다고 설명했다.[6] 그때가 새벽 1시 30분이었다.

그 어떤 공습도 공격 3일째 되던 날의 공습만큼 파괴적이지 않았다. 당시 영국군 폭격기들은 함부르크의 비좁은 노동자 계층 거주지역 몇 군데를 약 2000톤의 폭발물로 공습했는데, 그중 절반 이상이 소이탄이었다. 비정상적으로 덥고 건조한 밤에 타오르던 수천 개의 화염은 불과 몇 분 만에 전쟁 계획자들이 여태껏 본 적 없는, 용광로처럼 뜨겁게 타오르는 폭 3.2킬로미터의 불 회오리 폭풍으로 변했다.[7] 산소에 굶주린 불꽃 때문에 소용돌이로 빨려 들어간 바람은 직경 1미터의 나무를 넘어뜨릴 만큼 강력하고, 아이들을 어머니의 품에서 떼어낼 만큼 맹렬했다.[8]

그날 밤 작전에 투입되었던 영국 조종사들은 불지옥에서 으르렁거리는 주황색 불구덩이 외에는 아무것도 볼 수 없었다고 보고했다. 지상의 와인병들이 녹아내리고 포크는 벌겋게 달궈진 채 빛을 발했다. 거대한 불씨가 바람에 실려 예광탄처럼 도시를 가로질렀다. 한 생존자는 "누군가 교회의 오래된 오르간의 모든 건반을 한꺼번에 눌러서 내는 소리"로 가득했다고 묘사했다.[9]

하늘에서 떨어지는 인 덩어리에 맞은 민간인들은 마치 "횃불처럼" 불길에 휩싸였다. 몇몇은 이 화학 물질이 발화시킨 불을 끄기 위해 물속으로 몸을 던졌다. 하지만 숨이 차서 수면 위로 올라온 순간,

생일 초에 악마가 씐 듯 다시 인산 불꽃이 사악하게 되살아났다.[10]

고모라 작전으로 인해 목숨을 잃은 사람은 3만 8000명에 달했다. 많은 경우 시신조차 남지 않을 정도로 불타버려 정확한 사망자 수를 셀 수 없었다. 그래서 어떤 경우에는 의사들이 잿더미의 무게를 재서 사망자 수를 추정하기도 했다.[11]

●

오늘날 함부르크 도심은 폭격을 버텨낸 돌과 벽돌 외벽으로 둘러싸인 반짝이는 대도시의 모습이다. 거리에는 과거 100만 명에 달하는 주민이 몸을 피하며 공포에 떨었던 흔적이 거의 없지만, 그날의 악몽을 상기시키는 것들이 빈번하게 나타나곤 한다. 정말이다. 표적에서 빗나간 일부 화염탄이 엘베강과 연결된 운하에 떨어졌는데, 그곳에서 냉각 및 응고된 인 덩어리가 오늘날 발견되는 형태, 즉 조약돌처럼 물속에서 아무런 위험도 내비치지 않은 채 강바닥에 가라앉아 있다. 그러나 이 덩어리를 물속에서 꺼내 약 섭씨 30도까지 데우면, 1943년 7월 당시 낙하하며 물에 닿기 직전에 갖고 있던 맹렬한 반응성이 되살아날 것이다. 이런 인 덩어리는 또한 함부르크 북동쪽 발트해에 위치한 우제돔섬(Usedom)에서도 발견되는데, 이곳은 지만스키가 있던 장소 근처로 V-1 및 V-2 로켓 공장 부지였으며, 함부르크에 폭탄이 떨어지고 불과 2주 후인 1943년 여름에 유사한 폭격을 받았다.

오늘날 분주한 함부르크 거리에는 고모라 작전의 희생자를 기리는 공식적인 추모 장소가 있는데, 그곳에는 기도하는 자세로 무릎을 꿇은 채 녹아내린 사람 형태의 조각상이 있다. 방공호 위에서 맹렬히 타오르는 불길이 모든 산소를 소모해버리는 바람에 일산화탄소 중독으로 사망한 370명의 민간인이 발견된 장소다. 함부르크 공항 근처 올스도르프(Ohlsdorf) 공동묘지에는 십자가 모양의 잔디밭이 있는데, 이곳에도 화염탄 폭격 희생자들의 유해가 묻혀 있다. 이곳에 있는 '스틱스강을 건너며(Crossing the River Styx)'라는 제목의 조각에는 신화 속 강을 따라 지하 세계로 향하는 배에 타고 있는 사람들이 묘사되어 있다. 선미 쪽에 걸터앉아 손으로 목 뒤를 감싸며 절망적으로 고개를 숙이고 있는 벌거벗은 남자와 몇몇 승객을 포함해 두려움에 떠는 아이를 위로하는 엄마의 모습이다.

시내의 엘베강 바로 북쪽에는 얼굴을 손에 파묻고 있는, 정신이 나간 듯한 맨발의 남성을 묘사한 조각상이 있다. 이 조각상은 1800년대에 지어진 네오고딕(neo Gothic) 양식의 걸작인 오래된 성 니콜라이 성당 부지에 자리 잡고 있다. 이 성당의 높이 147미터짜리 첨탑은 19세기 후반 몇십 년 동안까지는 지구상에서 가장 높은 건물로 등재되어 있었다. 1943년 당시에도 이 첨탑은 충분히 높았기 때문에 영국 조종사들은 이를 야간 공습의 표적처럼 사용했다. 성당 본관은 화염탄 폭격으로 소실되었지만 지하실은 복원되어 오늘날 대학살에 경종을 울리는 박물관 역할을 이어나가고 있다.

놀랍게도 성 니콜라이 성당의 첨탑은 폭격을 버텨냈고 지금도 여전히 하늘을 찌르는 듯한 모습을 하고 있다. 검게 그을린 첨탑 내부를 유리 엘리베이터를 타고 올라 전망대에 도달하면 명판이 하나 보인다. 거기엔 발아래에 펼쳐진 도시를 거의 다 파괴해버린 인 화염 폭풍이 꼭 연합군의 잘못만은 아니라는 설명이 적혀 있었다. 명판은 나치의 바르샤바, 로테르담, 코번트리, 런던 폭격이 연합군의 맹렬한 대응을 유발했다며 다음과 같이 지적했다. "함부르크의 많은 사망자, 부상자, 폭격당한 시민은 독일을 세계 강국으로 만들려는 나치의 공격적인 정책과 그들이 시작한 전쟁의 야만성에 희생된 사람들이다."

그러나 이 명판은 2012년 이후 바뀌었는데, 훨씬 더 직설적으로 책임 소재를 나누었다. "화염 폭풍의 도화선이 독일에서 불붙었다." 이 역사적 평가가 적절한지는 분명 논쟁의 여지가 있다. 그러나 과학적인 관점에서 볼 때, 인 화염 폭격의 도화선이 실제로 독일에 있었다는 것은 명백하다. 사실 그 시작점은 성 니콜라이 성당 첨탑에서 1.5킬로미터도 채 안 되는 거리에 있었다. 최초로 인을 발견한 함부르크가 바로 그곳이다.

●

1669년 함부르크에서 흑마술(black magic)이 일어난 것은 저녁 8시경이었지만, 실험실 창밖의 청회색 하늘에는 이미 보름달이 높이 떠 있었다. 주름진 손에 머리가 벗겨진 작은 체구의 남자가 한쪽 무릎을 꿇은 채 천장을 올려다보며 어린 조수 2명에게 물러서라고 소리쳤다. 삼발이 위에 놓여 있는 둥그런 유리 초자(硝子)에서는 푸른 증기가 뿜어져 나오고 있었다.

원소 인의 발견을 묘사한 이 유명한 그림은 영국 화가 조지프 라이트(Joseph Wright)의 작품이다. 인 발견 100년 후 캔버스에 묘사한, 어떤 면에서는 미화와 왜곡을 가미한 그림이다. 화가는 실존 인물인 연금술사 헤니히 브란트(Hennig Brandt)가 인을 처음 발견했을 당시의 나이보다 훨씬 더 늙어 보이게 묘사했다. 브란트가 인을 발견한 장소는 성 니콜라이 성당 첨탑에서 도보로 1분 거리의 함부르크 중심부에 있는 성 미카엘 성당 근처 녹음이 우거진 주거 지역에 위치한 그의 집 실험실이었다.[12] 하지만 라이트는 실제 사건이 발생한 장소 대신 웅장한 고딕 양식의 아치, 기둥, 거대한 창문이 있는 동굴 같은 홀을 그림의 배경으로 설정했다.

그러나 이 작품은 실재하는 것—브란트가 유리 초자 속에 가둔 초자연적인 물질—에 초점을 맞추었다. 몇 시간 후, 식은 유리 초자 내부에 증기가 사라지고 남은 것은 눈부신 청록색 빛을 발산하는 잔류물이었다. 그것은 가열해서 발생한 빛이 아니었다. 초콜릿 칩 크기의 밀랍 같은 이 덩어리의 온도는 실온을 넘지 않는 상태였다. 그러나 며칠에 걸쳐 계속해서 빛을 발했다. 브란트는 당시 아무도 본 적 없는 물질을 창조해낸 터였다. 그는 이 물질에 '나의 불(mein Feuer)'이라는 애칭을 붙였다.

인을 발견하기 전까지 헤니히 브란트의 삶은 평범했다. 브란트와 동시대를 산 어떤 사람은 그를 "하류층 출신의 잘 알려지지 않은 사람, 하는 모든 일이 이상하고 비밀스러운 사람"이라고 묘사했다.[13] 1630년에 태어난 브란트는 30년 전쟁에 참전했지만 높은 계급을 획득하지도, 특별한 전공을 세우지도 못했다. 전쟁 후에는 유리 제조 사업을 운영했는데 그다지 성공적이지 않았다. 이후 스스로를 의사라고 칭하며 경력을 쌓아갔다. 의사가 되기 위한 정식 교육도 받지 않은 것으로 보였지만 누군가와 주고받은 서신에 "헤니히 브란트, 의

학·철학 박사"라고 서명했다.[14]

브란트는 부유한 여인과 결혼해 부자가 되었고, 그 돈으로 금을 만들어내기 위해 고대부터 전해오는 신비와 즉흥적 실험으로 벼려진 연금술의 어두운 심연 속으로 깊이 빠져들기 시작했다. 연금술사와 화학자의 본질적 차이점은 화학자가 18세기 연금술사의 연구 장비, 실험적 마법 및 데이터의 많은 부분을 물려받고 관찰과 가설 설정 그리고 실험을 통해 지식을 위한 지식의 추구를 훈련받았다는 것이다. 화학자들의 이런 체계적 접근 방식은 물질세계의 신비를 밝혀냈을 뿐만 아니라 대기에서 비료용 질소를 추출하고 곰팡이에서 페니실린을 얻어내는 등 인류에게 엄청난 실용적 결과를 가져온 발견을 가능케 했다. 물론 그 발견을 이뤄낸 화학자들은 많은 부를 얻을 수 있었다.

반면 연금술사는 금만을 좇았다. 그들은 주석·납 같은 흔한 금속이 아직 금의 상태로 바뀌지 않은 것일 뿐 자연계에서 그것들이 진화해 금으로 변하는 거라고 생각했다. 연금술사는 증류, 침전 및 승화될 수 있는 물질에 약물을 더하거나 달여서 자연적 형태 변화를 촉진할 수 있다고 믿었다. 이런 방식으로 납을 금으로 바꾸는 것은 오늘날 터무니없는 말처럼 들릴 수 있다.[15] 하지만 생각해보라. 오늘날 우리도 보잘것없는 석탄 덩어리에 충분한 압력을 가해 고품질의 다이아몬드를 만들어낼 수 있다는 잘못된 믿음을 갖고 있다. 연금술사가 찾아 헤매는, 금속의 변환에 필요한 도구를 '철학자의 돌'이라고 부른다. 그들은 이 비현실적인 물질이 금을 만들어낼 뿐만 아니라 불치병을 치료하고 노화를 되돌릴 수 있다고 믿었다.[16]

'철학자의 돌'을 얻은 후의 단계는 그 파편을 비천금속(base metal, 卑賤金屬: 귀금속의 상대어. 알칼리 금속, 알칼리 토류 금속 등—옮긴이)과 함께 초자에 넣고 혼합물 전체가 녹아서 주괴 형태로 판매할 수 있을 만큼 순수한 금으로 변할 때까지 가열하는 것이라고 생각했다.

'철학자의 돌'의 힘에 대한 고대의 추정치 중 하나는 적절하게 농축했을 때 그 돌 1온스로 1만 7000파운드, 즉 약 30그램으로 7톤 이상의 납을 순수한 금으로 전환할 수 있다는 것이었다. 어떤 이들은 이 마법의 물질을 수은이나 안티모니(antimony) 또는 유황에서 얻을 수 있다고 생각했다. 또 어떤 이들은 피, 머리카락, 심지어 달걀에서 얻어내려고 했다. 브란트는 소변을 택한 사람이었다.

그는 '철학자의 돌'의 실마리를 인체 내부에서 발견할 수 있을 것이라 믿었고, 소변을 그걸 추출할 가능성이 높은 경로로 결정했다. 소변을 눈덩이 같은 금으로 바꾸고자 한다는 점에서는 그가 틀렸을지 모르지만, 지구에 생명을 주고 유지하며 또한 파괴하기도 하는 가장 귀중한 물질에 준하는 인이 우리의 배설물에 포함되어 있는 걸 보면 그의 직감이 틀린 것은 아니다. 그의 발견은 아마도 친구와 가족에게서 모은 소변을 검은 슬러지(sludge)만 남을 때까지 끓였을 때 일어났을 것이다. 그런 다음 슬러지가 빛을 내는 증기를 방출할 때까지 오븐에서 가열하고, 그중 일부가 어둠 속에서 며칠 동안 빛나는 신비로운 돌멩이 형태로 응축되었을 것이다.

브란트는 처음엔 자신의 발견을 공유하지 않았다. 왜냐하면 그것이 마술로 금을 만들어내는 연금술의 궁극적 목표로 향하는 한 단계일 뿐이라고 보았기 때문이다. 그러나 몇 년 동안의 시도에도 불구하고 브란트는 금을 얻는 데 성공하지 못했다. 그래서 유럽의 동료 연금술사에게 샘플을 판매하기 시작했고, 그들은 대부분 이것을 호기심으로 구입해 정원에 과시용으로 사용했다. 그러나 몇몇 연금술사는 브란트가 소변에서 이 빛나는 물질을 추출했다는 사실을 알고는 마침내 그 제조법을 알아내 자체적으로 만들기에 이르렀다.

얼마 지나지 않아 그리스어로 '빛을 가져오는 자', 즉 포스포루스로 불리게 된 이 물질을 만드는 정확한 방법은 수십 년 동안 비밀에 부쳐졌다. 제조 방법을 정확히 아는 사람들조차도 종종 실패하곤 했다. 추출에 성공한 사람들은 이내 이 물질이 위험을 감수할 만큼의 가치가 없다는 것을 알았다. 왜냐하면 이 돌멩이가 툭하면 실험실 장비와 살을 태워버릴 만큼 뜨거운 화염을 내뿜으며 폭발하는 경향이 있었기 때문이다.

브란트의 비밀 방법을 베낀 최초의 사람 중 한 명은 이렇게 말했다. "나는 더 이상 이걸 만들지 않을 것이다. 이 돌멩이는 많은 피해를 불러일으킬 수 있다."[17]

●

나는 브란트의 방법을 재현해 나만의 인을 만들어보고 싶었다. 나를 기꺼이 도와 이 실험에 참여할 대학원생을 찾는 것은 어렵지 않았다. 나는 이미 삼발이와 야외용 프로판 버너, 커다란 금속 냄비, 적외선 레이저 온도계, 보안경 두 쌍을 갖추고 있었는데, 모두 칠면조 구이를 할 때 사용하는 것들이었다. 그리고 나는 학령기 네 자녀의 아빠이자 수많은 맥주 애호가들의 친구였기 때문에 소변을 꾸준히 모을 수도 있었다. 그러나 화학 교수에게 이 실험에 대한 자문을 받은 나는 연금술사들이 '철학자의 돌'을 추구하는 과학적 정당성에 대해 어떻게 생각하든지 상관없이 그 인의 개척자들이 말도 안 되게 위험한 작업 환경에서 심각하게 위험한 실험을 했다는 것을 깨닫고 정신이 번쩍 들었다.

나는 사람의 소변에서 요소를 뽑아내기 위한 단계별 과정이 적힌 18세기 비법을 보고 나서야 내가 직면한 도전이 어떤 것인지 완전히 깨달았다.[18] 매우 상세하게 설명된 그 과정을 요약하면 이렇다. 먼저 약 75리터의 "순수한" 소변을 며칠 동안 발효시킨 다음 "단단하고 시커먼, 거의 굴뚝 그을음같이 응고된" 상태가 될 때까지 가열한다. 그런 후 1.5킬로그램가량의 눌어붙은 그을음을 무쇠 단지에 옮기고 단지가 붉어질 정도로, 그을음에서 연기가 멈추고 달콤한 냄새가 날 때까지 가열한다. 그런 다음 물, 모래, 숯과 함께 섞고 그 슬러지를 세라믹 용기에서 섭씨 1300도 이상의 매우 높은 온도로 대략 24시간 동안 가열한다. 마지막에는 1분 정도마다 용광로에 숯을 추가해야 한다. 여기에 몇 가지 후처리 과정을 더 거치면 인 원소가 밀랍 같은 덩어리 형태로 얻어진다.

존스 홉킨스 대학의 로런스 프린시프(Lawrence Principe) 교수는 그 일을 시도하려는 내가 매우 무모하고 어리석다는 것을 명확하게 깨닫게 해주었다. 화학과 역사학 박사 학위를 보유한 그는 초기 연금술사의 실험 중 일부를 개인적으로 재현한 경험이 있었다. 나는 브란트의 발자취를 따라갈 방법이 있는지 조언을 구하기 위해 그에게 이메일을 보냈고, 그의 답장은 따뜻하면서도 단호했다.

세상에나, 끔찍한 일이군요! 소변의 인산염을 인으로 환원하기 위해서는 섭씨 500도 이상으로 가열해야 하는데, 요즘의 유리 초자는 그걸 버틸 능력이 되질 않아 적합하지 않습니다. 브란트와 그 당시 사람들은 오늘날에는 더 이상 생산하지 않는 돌로 된 증류기를 사용했어요. 만약 우리가 이 문제를 해결한다고 해도 그다음 문제는 백린(白燐) 증기를 하얀 불덩어리로 폭발시키지 않고 어떻게 고체로 응축시킬 수 있는가입니다. 몇몇 17세기 사람들과 18세기 사람들이 이 실험을 수행한 것은 맞아요. 하지만 이 과정이 제대로 이뤄지는 경우는 거의 없었고, 종종 심각하거나 치명적인 부상을 초래했습니다. 오직 소수의 사람들만 이 과정이 제대로 작동할 수 있도록 관리했고, 일반적으로 '더 잘 아는' 사람들이 시행하는 것을 어깨너머로 지켜본 사람들이 먼저 시도했습니다. 나는 확실히 옛날의 실험을 재현하는 걸 좋아하긴 하지만, 이 실험은 못 본 체하렵니다. (사실, 오래전에 한 번 시도했지만 결과를 얻지 못했어요!)

브란트가 발견한 후 수십 년 동안 인은 어둠 속에서 차디찬 빛을 발하는 요염한 능력으로 왕과 궁정을 현혹하는 데 쓰인 신기한 물질 그 이상 그 이하도 아니었다. 비록 인이 그 어떠한 것도 금으로 바꿀 수 없었지만, 과학자들이 인을 약으로 팔아 돈을 버는 방법을 배우기까지는 그리 오래 걸리지 않았다. 인은 발기 부전 환자와 박테리아로 파괴된 결핵 환자의 폐를 치료하며 간질 발작의 억제, 치통의 진정, 그리고 우울한 사람의 정신을 고양하는 능력이 있는 비약(秘藥)처럼 홍보되었다. 과학은 결국 인이 이러한 기능을 단 하나도 할 수 없다는 걸 보여줄 터였다.

그러나 브란트가 인을 발견하고 약 100년이 지난 후에야 마침내 과학자들은 인의 가장 놀라운 능력이 실험실에서 모든 걸 삼켜버릴 것 같은 불을 내뿜는 데 있는 게 아니라는 사실을 깨닫기 시작했다. 바로 경작지에서 인이 부족할 때, 또는 아예 없을 때, 그 놀라운 능력을 알 수 있었다.

2

깨져버린 생명의 순환 고리

1600년대 초, 선구적인 화학자 얀 밥티스타 판헬몬트(Jan Baptista van Helmont)는 식물 성장의 본질과 관련해 놀라울 정도로 간단한 실험을 수행했다. 그 당시엔 많은 사람이 식물은 그것들이 자라나고 있는 흙의 산물이며, 말 그대로 그 흙이 뿌리·줄기 및 씨앗으로 변환되는 것이라고 생각했다. 판헬몬트는 이것이 사실인지 확인하기 위해 오븐에서 바짝 건조한 정확히 200파운드(약 90킬로그램)의 흙을 쓰레기통 크기의 화분에 넣었다. 거기에 물을 뿌리고 5파운드(약 2.3킬로그램)짜리 버드나무 묘목을 심은 후 성장을 관찰했다. 그는 구할 수 있는 것 중 가장 순수한 물인 빗물이나 증류수로 나무에 물을 주었다. 또한 '먼지'가 그 안으로 들어가지 않도록 가능한 한 화분을 덮어두었다.

5년 후 그 화분에서 자라난 나무의 무게를 재어보니 169파운드(약 76.7킬로그램)하고도 3온스(약 85그램)가 더 나갔다. 그리고 화분에 남은 흙을 다시 바짝 건조해 나무의 성장에 얼마나 많이 쓰였는지 무게를 재봤다. 결과는 어땠을까? 판헬몬트가 1648년 세상을 떠난 후 출판된 그의 논문을 보면 "2온스(약 57그램) 정도 줄어든, 이전과 거의 똑같은 200파운드"였다고 쓰여 있다. 판헬몬트는 "그러므로 164파운드(약 74.4킬로그램)의 나무와 껍질, 뿌리는 물로부터 온 것이다"라고 결론지었다.[1]

판헬몬트는 식물이 대기 중 탄소를 흡수해 스스로의 질량을 늘려가는 광합성 과정을 알지 못했고, 도중에 사라진 몇 온스에 해당하는 흙의 무게에 많은 관심을 기울이지도 않았다. 그러나 그 57그램, 즉 줄어든 2온스는 나무가 소비한 탄소와 물만큼 나무의 성장에 중요한 무언가에 해당하는 무게라는 게 밝혀졌다.

토양(soil)과 **흙**(dirt)이라는 용어는 종종 같은 의미로 쓰이곤 하지만 흙은 달의 먼지처럼 유기물이 없는, 즉 생명 활동이 불가능한 상태의 모래·미사(silt) 및 점토 등의 혼합물을 의미한다. 토양에는 흙과 동일한 물질이 일부 있지만 그 밖의 훨씬 더 많은 무언가가 포함되어 있다. 토양은 곰팡이와 박테리아로 가득 차 있고 벌레와 곤충이 기어다니는, 그 자체로도 잘 유지되고 있는 하나의 생태계다. 또한 이 지하 세계가 번성하고 나지막한 풀잎에서 하늘을 찌르듯 자라는 삼나무에 이르기까지 어둠 속에서 녹음을 싹틔울 수 있도록 비옥하게 만드는 요소가 풍부하다.

토양은 파괴될 수 있다. 많은 시간이 지나면 생명 현상에 필수적인, 스스로를 비옥하게 하는 특성을 잃고 말 그대로 흙처럼 죽어가는 순간에 다다를 수도 있다. 이렇게 토양이 흙처럼 생명력을 잃는 것은 인류 문명이 시작되기 이전까지는 매우 드문 일이었다. 왜냐하면 식물이 토양을 비옥하게 하는 요소를 흡수해 사용하다 죽으면 썩고 해체되어 그 요소가 다시 토양으로 돌아갔기 때문이다. 그 요소는 때때로 식물을 뜯어 먹고 사는 동물의 몸속으로 들어가거나 거름 형태로 결국 흙으로 되돌아갔다.

수백만 년 동안 유목 생활을 하던 인류와 그 조상들은 이 고결한 생명의 순환 속에서 살았다. 그들은 식물이나 그 식물을 뜯어 먹는 동물을 섭취해 생명의 요소를 토양에서 자신의 몸으로 이동시키고, 그들의 배설물, 폐기물 처리, 나아가 부패 과정을 통해 토양으로 다시 되돌려놨다. 이 모든 변화는 인류가 한곳에 정착하며 농경 사회로 접어들고, 이어 도시가 형성되어 식량을 재배하는 곳과 섭취하는 곳이 달라지면서부터 나타나기 시작했다. 이러한 행위가 충분히 오랜 시간 지속되자 인류 공동체를 지탱하던 토양은 기근이 닥칠 정도로 영양 상태가 악화했다.

결국 인간은 경작할 땅에 썩어가는 물질을 묻어 그러한 요소를 되돌려 보내는 방법을 알게 됨으로써 토양과 스스로를 구하기 시작했다. 생명의 순환을 복구하기 위해 원시 인류가 어떻게 이런 방식을 떠올렸는지 알아내는 것은 어렵지 않다. 원시 인류는 사람을 포함한 동물이 대변을 보거나 죽으면 그 주변 식물이 번성한다는 사실을 알아차렸을 것이다. 특히 약 1만 년 전 문명이 가축을 기르기 시작하면서부터는 그 사실을 더욱더 잘 알게 되었을 것이다. 심지어 호메로스도 《오디세이아》에서 농부들이 들판에 뿌리려고 높이 쌓아둔 노새 똥 더미 위에 녹초가 된 채 누워 있는 개 아르고스(Argos)에 대해 언급한다.

그러나 산업 혁명으로 인해 1700년대 후반 유럽의 인구가 폭발적으로 증가하기 시작하면서 혹사당한 토양의 생산성을 유지하기엔 가축 분뇨가 충분하지 않았다. 영국은 특히 압박을 받았다. 영국 인구는 19세기 전반에 2배로 증가해 1500만 명에 달했고, 1900년에는 거기서 다시 2배 늘어났다. 이 섬나라에는 인구 증가 속도를 따라갈 대규모 경작지가 없었기 때문에 기존 경작지에서 더 많은 걸 짜내는 것이 유일한 선택이었다.

이로 인해 영국 농부들은 배설물 이외의 비료 공급원을 찾아야만 했다. 동물의 뼈로 칼 손잡이와 단추를 만드는 공장에서 나온 부스러기는 1800년대 초에 특히 인기 있는 비료 형태였는데, 너무 인기가 좋은 나머지 얼마 지나지 않아 이마저도 고갈되기 시작했다.

이런 상황이 영국 사람들을 어떤 수상한 음지로 몰아넣는 계기로 작용했다.

●

워털루 전투는 약 10시간 동안 지속되었으며, 그동안 거의 5만 명의 군인이 죽거나 다쳤다. 사상자 발생 속도가 초당 한 명이 넘었다.

그러나 오늘날 워털루에는 왕자가 고작 어깨에 부상 입은 장소를 기념하기 위해 거대한 철(鐵)로 만든 사자를 올려둔 43미터 높이의 원추형 둔덕을 제외하고는 푸른 물결이 이는 들판을 휩쓴 1815년의 전투 흔적이 거의 남아 있지 않다. 밀과 줄지어 늘어선 상추, 그리고 2019년 말 내가 방문한 날에는 갓 수확한 사탕무만이 산처럼 쌓여 있었다.

진흙투성이 덤프트럭이 누런 사탕무 더미를 싣고 있었는데, 얼핏 보면 그 크기와 색상 및 모양이 오랫동안 묻혀 있던 사람의 두개골을 떠오르게 해서 음침한 느낌이 드는 듯했다. 작업 도중 쉬는 시간에 나는 덤프트럭 운전사에게 질문했다. 그는 영어를 하지 못했고 나도 마찬가지로 플라망어(Flemish: 벨기에 북부 지역에서 사용하는 네덜란드어—옮긴이), 프랑스어는 물론 독일어도 할 줄 몰랐기 때문에 휴대전화를 꺼내 구글 번역기로 물었다. "뼈가 나오기도 합니까?"

그는 잘 보이지 않는 화면을 확인하기 위해 얼굴을 찌푸리며 눈을 가늘게 뜨고 읽다가 금세 표정을 풀었다. 그러곤 고개를 저으며 "아뇨"라고 중얼거리더니 차창 밖으로 나에게 휴대전화를 재빨리 건네주며 다시 한번 "아뇨!"라고 소리쳤다.

기분 나쁜 질문은 아니었다. 워털루 전쟁 방문자 센터에 가면 두개골 몇 개가 전시되어 있는 걸 볼 수 있으니 말이다. 하지만 웰링턴(Wellington) 공작의 군대와 그 동맹군이 12년 동안 유럽 전역을 휩쓸고 다닌 나폴레옹군을 무찔러 전쟁을 종식시키고 수십 년이 흐른 후 연구자들이 현장 조사를 했을 때 다른 이들의 유해는 거의 수습되지 않았다.

영국의 역사가이자 작가 개러스 글로버(Gareth Glover)는 "2세기 동안 그 땅에서 나온 것이라곤 1제곱미터 크기의 뼈 상자가 전부"라고 말했다.[2]

그렇다면 1815년 6월의 그 축축한 날, 워털루 들판에서 쓰러진 수천 명의 남자와 소년들 유골은 어떻게 되었을까?

나폴레옹 전쟁 동안 전장 약탈은 자연스럽게 이뤄졌다. 약탈은 마지막 머스킷 총이 발사되고 포탄이 머리 위로 날아다니는 와중에 시작되었는데, 약탈꾼들은 죽거나 부상당한 병사의 무기와 동전 그리고 주머니에서 꺼낼 수 있는 모든 걸 움켜쥐었다. 그런 다음 휘장, 허리띠 및 군화와 함께 군복까지 벗었다. 때로는 죽은 군인의 머리를 밀고 그 머리카락을 가발 시장에 내다 팔기도 했다. 약탈 행위는 거기서 그치지 않았다. 19세기 초의 유럽은 충치로 고생하는 사람이 많아 치과 의사들은 시신의 치아를 구해서 의치를 만들기 시작했다. 워털루 같은 전쟁터는 이런 치아를 얻을 수 있는 노다지처럼 여겨졌는데, 전투에 참전한 '기증자'들이 일반적으로 너무 어려서 치아의 법랑질이 아직 단것에 의해 썩거나 담배에 찌들어 누렇지 않았기 때문이다. 런던의 굶주린 의치 시장 수요를 감당하기에 충분한 앞니, 소구치(송곳니 뒤의 작은 어금니), 송곳니, 어금니를 어떻게 구할 수 있느냐는 질문에 한 약탈꾼은 이렇게 대답했다고 한다. "전투만 일어난다면 치아가 모자랄 걱정은 안 해도 될 겁니다. 사람들이 나가떨어지면 제가 가서 후딱 뽑겠습니다!"[3]

그러나 워털루에서 마지막 군인이 쓰러지고 몇 년이 지나서야 전장 약탈꾼들의 진정으로 끔찍하고 잔인한 수확이 시작되었다. 전투가 벌어진 지 불과 몇 년 만에 영국에서 재배하는 밀, 양배추, 가축용 순무에 사용하는 비료 중 일부가 농장 동물이나 소의 뼈에서 나온 것이 아니라는 신문 보도가 조금씩 실렸다.

한 영국 신문은 1819년 9월에 여러 척의 선박이 화물창에 뼈를 실은 채 그림즈비(Grimsby) 항구에 도착했다고 보도했는데, 이 자체는 흔히 있는 일이었다. 하지만 특이한 점은 뼈와 관짝들이 한데 뒤

섞여 있었다는 것이다. 그 기사는 "해부학 전문가들은 일말의 주저 없이 그것이 사람의 뼈라고 했다"고 썼다.[4]

1822년 자신을 "생존한 군인"이라고만 밝힌 한 익명의 제보자가 런던의 〈모닝 포스트(Morning Post)〉에 매년 100만 부셸 이상의 사람 뼈, 그중 다수가 전사한 군인의 것인 뼈가 영국으로 수입되고 있다고 언급한 글을 투고했다. 너무나 많은 사람의 뼈가 정기적으로 대륙에서 영국으로 들어와 이 수입품을 처리하기 위해 특별한 "뼈 분쇄" 공장이 최근 영국 동부에 문을 열었다고도 했다. "죽은 군인이 가장 가치 있는 상품이라는 것은 이제 이 광범위한 규모의 실제 실험을 통해 의심할 여지가 없다는 게 확인되었다. ……그리고 내가 아는 한 그 이면에는 요크셔의 훌륭한 농부들이 자신의 일용할 양식을 위해 전장에 나갔던 자기 자식들의 뼈에 큰 빚을 지고 있다."[5]

영국에서는 1820년대 후반까지 적어도 3개의 뼈 분쇄 공장이 가동되었고 농부들은 에이커당 10~20부셸의 뼛가루를 뿌렸다. 당시의 농업 전문가들은 이러한 관행이 기적적인 작물 수확량으로 이어졌을 것이라고 했다.[6] 대부분의 뼈는 가루로 만들어졌는데, 농부들은 가루 형태로 뿌리는 것이 빠르게 시비시키는 가장 좋은 방법이라는 걸 알았기 때문이다. 일부 뼈는 가루보다는 입자가 큰 칩 형태로 분쇄되어 (가루보다는 덜 강력하지만 더 오래 지속되는) 작물 생산성의 향상에 일조했다. 때로는 통뼈를 재배지 전체에 흩뿌리기도 했는데 그것은 마치 미러클그로(Miracle-Gro: 미국의 유명 식물 영양제 회사—옮긴이) 식물 영양제의 조악한 전신처럼 보였다.

이 시점에서는 뼈가 어떻게 순무나 밀 같은 작물을 잘 자라게 하는지 아무도 정확히 알지 못했지만, 그것이 19세기에 폭발적으로 늘어난 영국 인구를 유지하는 데 도움을 주고 있다는 데에는 이견이 없었다. 1839년에 레스터시(Leicester)의 지역 신문 〈크로니클(Chronicle)〉은 이렇게 보도했다. "현재 수천 에이커에서 풍부한 작물을 생산하고 있다. 뼈 비료의 도움이 없었다면 우리의 농장은 계속해서 단순한 토끼 밭이나 기껏해야 반쯤 굶주린 양 몇 마리의 식탁 정도밖에는 되지 않았을 것이다."[7]

그러나 1860년대에 이르러 영국인은 산 자를 부양할 수 있는 충분한 수의 죽은 자를 찾기가 어려워졌다. 하지만 다행히도 세계에서 가장 유명한 탐험가 중 한 명이 지구 반대편에서 신선한 비료 공급원을 발견했다.

●

프리드리히 빌헬름 카를 하인리히 알렉산더 폰 훔볼트(Friedrich Wilhelm Karl Heinrich Alexander von Humboldt) 남작은 1769년 9월 14일 베를린의 저명한 프로이센 가문에서 태어났다. 그로부터 석 달 전에는 웰링턴 공작이 더블린의 영국계 아일랜드 귀족 가문에서 태어났고, 한 달 전에는 레티지아 보나파르트(Letizia Bonaparte)가 자신의 코르시카 집 응접실의 너덜너덜한 카펫 위에서 나폴레옹을 낳았다고 전해진다.

훔볼트의 아버지는 프로이센 군대의 장교였다. 훔볼트가 언젠가는 아버지를 따라 군인이 되어 전쟁터로 나가리라는 건 그의 가족을 잘 아는 사람들에게 당연한 일이었다. 그들 중에는 어느 날 훔볼트 가문을 방문한 프리드리히 대왕도 있었다. 그는 문중 사유지의 넓은 잔디밭에 있는 가막살나무 그늘에서 가정교사와 함께 공부하던 젊은 시절의 훔볼트를 우연히 만났다.

프리드리히 대왕이 이름이 무엇이냐고 묻자 18세 소년은 "알렉산더 폰 훔볼트입니다, 전하"라고 대답했다.

이어 프리드리히 대왕이 말했다. "알렉산더, 참으로 멋진 이름이구나. 세계를 정복한 알렉산더 대왕의 이름이 떠오르는군. 너도 세계를 정복하고 싶으냐?"[8]

장차 19세기의 가장 유명한 과학자 중 한 명으로 성장할 소년은 이렇게 대답했다. "네, 전하. 하지만 머리로 정복하고 싶습니다."

훗날 훔볼트는 탐험가이자 박물학자가 되었다. 오늘날 많은 사람이 생태학이라고 부르는 식물학, 동물학, 해양학, 지질학, 기후학, 기상학, 광물학 등의 신흥 분야를 종합하는 데 일생의 대부분을 보냈다.

19세기 초에 5년간의 아메리카 대륙 여행 동안 수집한 연구 결과 덕분에 마침내 훔볼트는 세상을 감싸고 있는 생명의 "그물처럼 복잡한 관계성"을 명확하게 묘사할 수 있었다.[9] 당대의 어떤 박물학자는 훔볼트를 "지금까지 살았던 가장 위대한 과학 여행가"라고 불렀다. 바로 찰스 다윈(Charles Darwin)이다.[10]

웰링턴에게는 그의 이름을 딴, 익힌 고기를 페이스트리로 감싼 음식이 있다. 신장이 168센티미터였던 나폴레옹은 그의 이름을 딴 심리학 용어인 '나폴레옹 콤플렉스'가 있다. 훔볼트는 어떨까? 오늘날 세상을 살아가다 보면 훔볼트버섯을 딸 수도, 훔볼트선인장에 찔릴 수도, 훔볼트난초를 키울 수도, 훔볼트백합을 그릴 수도 있다. 그뿐만이 아니라 큰귀박쥐, 원숭이, 돌고래, 펭귄, 돼지코스컹크 등 여기저기에 훔볼트 이름이 붙어 있다.

그리고 거대한 훔볼트오징어도 있다. 이 오징어는 적어도 현대 농업의 발전 측면에서 훔볼트의 가장 중요한 발견 중 하나인 '훔볼트 해류'를 따라 유영한다. 남미의 서부 해안을 따라 흐르는 영양이 풍부하고 물고기로 가득한 이 엄청난 해류는 1802년 탐험 중이던 훔볼트와 그의 원정대를 페루 앞바다의 건조한 사막 같은 섬들로 이끌었다. 그 섬들의 건조함은 당황스러울 정도였다. 겨울엔 늘 안개가 자욱하고 거의 항상 비가 내릴 것 같았다. 하지만 비는 결코 내리지 않았다.

훔볼트는 페루 피스코(Pisco) 앞바다의 한 섬으로 항해를 떠났는데, 그곳엔 식물은 없지만 제비갈매기·갈매기·펠리컨·가마우지 같은 물고기를 잡아먹는 새들이 가득했다. 훔볼트는 가마우지를 잡아 하루에 얼마나 배변하는지 기록했다. 그 양은 142그램이었다. 페루의 이 작은 섬들 중 한 곳에만 약 500만 마리의 바닷새가 둥지를 틀고 있으니 그들의 소화 기관을 통해 하루에 9000톤의 물고기를 소화해 배설한다는 얘기였다.[11] 지구 대부분 지역에서는 정기적으로 비가 내려 이런 '폐기물'이 바다로 씻겨나간다. 하지만 구름이 해안에 비를 뿌리기 전 안데스산맥이 습기를 빨아들이는 페루에서는 그렇지 않았다.[12] 그래서 섬의 새똥은 수천 년에 걸쳐 쌓여 높이 30미터가 넘는 백악질의 똥 산을 형성했다.

이 '구아노 섬(guano island)'은 콜럼버스 이전 시대의 남아메리카 사람들에게 오랫동안 농업용 비료의 중요한 공급원으로 인식되었다.

실제로 잉카인은 구아노를 만드는 새들의 생명을 매우 소중히 여겼다. 그 때문에 일부 기록에 따르면, 그 새들을 괴롭히는 자는 누구든 사형에 처했다고 한다.

16세기에 서구의 정복자들은 운하, 저수지, 농경지, 구아노 유통망 등 복잡하고 생산성 높은 시스템을 발전시킨 잉카의 농업 경제와 함께 그들의 제국을 무참히 파괴했다. 그러나 200여 년 후 훔볼트가 도착했을 때, 태평양 연안의 토착 농부들은 구아노를 여전히 사용 중이었고 양도 충분했다. 훔볼트는 이것이 유럽의 농부에게도 도움이 될 거라고 생각했다.

훔볼트는 악취로 인한 선원들의 거센 항의에도 불구하고 이 말린 새똥이 대서양 반대편에서도 비슷한 기적을 일으킬 수 있는지 알아보기 위해 그것들을 고향으로 가져왔다.

1799년부터 1804년에 걸쳐 이뤄진 훔볼트의 남미 탐험에 관한 소문이 유럽 전역에 널리 퍼졌다. 그래서 고향으로 돌아올 무렵 그는 튀일리(Tuileries) 궁전 정원에서 나폴레옹과 함께 청중을 만날 만큼 유명 인사가 되어 있었다. 유럽에서 가장 유명한 전사였던 나폴레옹은 그 유명한 탐험가에게 깊은 인상을 받지 못한 것 같다.[13] 나폴레옹이 "당신이 식물을 수집한다고 들었소만?"이라고 묻자 훔볼트는 그렇다고 대답했다. 나폴레옹은 자리를 떠나기 전 어깨를 으쓱하면서 콧방귀를 뀌며 이렇게 말했다고 한다. "내 아내도 마찬가지지요."

훔볼트는 구아노의 효과에 대한 소규모 농업 테스트를 통해 가능성 있는 결과를 얻었다. 하지만 남미 이외의 지역에서 구아노를 비료로 사용한 사실상 최초의 농장 규모 실험은 1809년 남대서양에 위치한 영국령 작은 섬에서 수행되었다. 유럽 본토의 구아노 실험에 대해 잘 알고 있던 그 섬의 총독은 현지에서 조달한 새똥이 화산암으로 이뤄진 황량한 자신의 토지에서 감자와 사탕무 등의 작물 생산성을 비슷하게 높일 수 있는지 알아보고 싶었다. 그래서 일부 토지에는 구아노를, 다른 일부에는 말똥을, 또 다른 일부에는 돼지 분뇨를 비료로 주었다. 결과적으로 구아노 비료를 사용한 토지에서 큰 성공을 거두었고, 곧 섬의 작물 생산 토지가 2배나 늘어났다.[14]

이것은 1815년 10월 어둠을 뚫고 영국 왕실 선박에서 내린 작은 키의 중년 남성을 포함해 바람이 거센 세인트헬레나섬의 모든 사람에게 좋은 소식이었다. 그 중년 남성은 한때 웰링턴 공작이 거주했던 발콤(Balcombe) 가문 소유의 오두막으로 향했다.

웰링턴 공작은 몇 년 전 인도에서 영국으로 돌아오는 길에 이 섬을 방문한 적이 있었다. 세인트헬레나섬의 새로운 거주자가 된 나폴레옹은 영국 포로 신분으로 이 섬에서 남은 여생(2027일)을 보내야 했는데, 이는 불과 1년 전 워털루 전쟁에서 나폴레옹을 격파한 웰링턴 공작에게 큰 즐거움이었다.[15]

웰링턴 공작이 1816년 나폴레옹을 담당하고 있던 친구에게 쓴 편지에는 이렇게 적혀 있다. "보니(Bony: 보나파르트의 애칭—옮긴이)에게 엘리제궁에 있는 그의 아파트가 매우 편리하다고 전해주게. 그리고 그가 발콤 씨네 소유의 내 거처를 맘에 들어 했으면 좋겠다고도!"[16]

●

세인트헬레나섬에서 촉발된 유럽의 비료 혁명이 대서양을 건너 동쪽으로 퍼지는 데에는 거의 30년이 걸렸다. 이렇게 오래 걸린 한 가지 이유는 배가 영국에서 출발해 남미의 서해안까지 가서 물건을 실어 오는 데 왕복 약 8개월이 걸렸기 때문이다. 또 다른 이유로는 19세기의 페루인들이 그 귀중한 천연자원을 팔기 위해 그렇게 서두르지 않았다는 걸 들 수 있다.

그러나 1820년대와 1830년대에 걸쳐 소량의 페루산 구아노가 가끔이지만 계속해서 영국으로 들어왔고, 실험 작물에 대한 효능이 계속해서 입증되었다. 얼마 지나지 않아 영국 농부들은 동물과 전쟁터에서 얻는 뼈 비료의 수급이 어려워지기 시작했다. 그리고 영국의 급속한 도시화로 인해 인구가 폭발적으로 증가하자 기근 우려가 커졌다. 이에 마침내 페루 정부는 1840년 유럽 사업가들과 계약을 맺고 대서양 너머로 정기적인 구아노 수출을 시작했다.

다음 해에는 약 2700톤의 건조시킨 남미산 바닷새 똥이 영국에 도착했다. 그리고 이듬해에는 1만 8000톤 넘게 수입되었다. 무역이 시작된 지 불과 5년 만에 남미 서해안에는 매년 약 27만 톤 넘는 구아노를 영국으로 실어 나르는 선박이 수백 척씩 정박해 있었다.[17]

대부분의 페루산 구아노에는 인(P)뿐만 아니라 질소(N)와 포타슘(K, 칼륨)처럼 오늘날 우리가 비료의 세 가지 주요 성분으로 알고 있는 원소들이 풍부했다. 실제로 남미의 구아노 매장지 중 일부에는 현재 상점에서 파는 화학 비료에서 찾을 수 있는 것과 거의 유사한 비율의 N-P-K가 포함되어 있다.

이는 구아노가 단순히 인이 풍부한 뼈 비료를 대체하는 게 아니라, 더욱 향상된 성능을 지녔음을 의미한다. 구아노 무역이 2년째 접어들었을 때, 지역 신문 〈리버풀 머큐리(Liverpool Mercury)〉는 구아노가 국가의 "과도한 경작으로 인해 닳아버린 토양"에 미치는 영향이 "마법"에 가깝다고 결론 내렸다.[18] 당시 수입하던 구아노 450그램은 밀 3630그램을 수입하는 것과 맞먹는 것으로 계산될 정도였다.

당대의 한 출판물은 다음과 같이 묘사했다. "새는 특정 작업을 수행할 수 있도록 잘 갖춰지고 배치된 아름다운 화학 실험실과 같다. ……물고기를 잡아먹은 후 호흡을 통해 탄소를 태우고 그 나머지를 대체 불가능한 비료 형태로 만들어낸다."[19]

새들의 소화 기관은 또한 독소를 만들어내는 작은 공장이라고 볼 수도 있었다. 1845년 영국의 한 의사는 구아노를 구하기 위해 시내에 다녀온 어느 농부를 진찰했는데, 그 농부가 집으로 돌아가려고 서두르다 이 부식성 가루를 자루에 마구잡이로 담았다고 기록했다. 의사는 이렇게 썼다. "농부는 각 자루의 한쪽 귀퉁이를 입으로 물고 있었다. ……구아노는 매우 건조한 상태였고, 농부는 먼지가 목구멍으로 들어가는 것 같은 느낌을 받았다고 했다."[20] 그의 기록에 의하면 농부는 얼마 지나지 않아 피를 토하며 죽었다.

그 농부를 돌보던 의사는 구아노 취급자들에게 백악질의 물질을 흡입하지 않도록 조심하라고 조언했다. 하지만 페루의 구아노 광부들에게는 선택의 여지가 없었다.

이미 페루 상인들은 영국인이 요구하는 규모의 구아노 수확을 위해 이 힘들고 위험한 일을 마다하지 않고 수행할 현지인을 찾는 데 어려움을 겪고 있었다. 처음에는 죄수들을 시켜 구아노를 수확했지만, 대기 중인 모든 선박의 화물창을 채울 만큼 인력이 충분하지 못했다. 또한 노예주들도 그런 위험한 일을 시킴으로써 자신의 '재산'을 위험에 빠뜨리는 걸 꺼렸다.

결국 광산 운영자들은 당시 전쟁으로 황폐해진 조국에서 탈출하길 열망하며 아메리카 대륙으로 향하는 대가로 노예 생활을 자처한 '쿨리(coolie)'라고 불리던 중국인 노동자들에게 눈을 돌렸다. 그중 운이 좋은 사람들은 미국과 중남미에 도착해 요리사, 제빵사, 정원사, 금광에서 일하는 광부 등의 직업을 얻었다. 반면 운이 없는 사람들은 대륙에 철도를 부설하는 힘든 일을 하거나 농장 노동자로 일했다. 그리고 제일 불운한 사람들은 구아노 섬에 발을 딛었다.

기록에 따르면 1860~1863년 중국에서 바다를 건너 페루로 향하던 7884명의 중국인 노동자 중 약 2400명이 항해 도중 사망했다. 사망률이 30퍼센트가 넘는다.[21] 그러나 항해는 불행의 시작일 뿐이었다. 구아노 무역이 정점에 달했던 1849년부터 1874년까지 페루로 이주한 노동자의 수는 10만 명에 달하는 것으로 추산된다.[22] 그들 모두가 구아노를 채굴한 것은 아니지만, 거기에 종사한 사람들은 계속해서 채찍질의 위협 아래 작업했고, 많은 사람이 그 일에서 벗어나지 못했다.

어떤 이들은 유독성 먼지 때문에 사망하기도 했다. 또 어떤 이들은 탈진해서 사망에 이르기도 했다. 혹은 탈출을 시도하다가 죽기도 했다. 많은 사람이 스스로 목숨을 끊기도 했는데, 당시의 한 뉴스는 약 50명의 광부가 구아노 산(山) 중 한 곳에서 함께 손을 잡고 뛰어내려 스스로 생을 마감한 사건을 자세히 보도하기도 했다.[23]

페루의 섬에서 벌어지고 있는 공포스러운 소식들이 〈뉴욕 타임스〉나 〈맨체스터 타임스〉 같은 신문에 실렸다. 하지만 전혀 고갈되지 않을 정도로 너무나 광대하다고 알려진 남미 구아노 매장지의 채굴을 늦출 수는 없었다. 1800년대 중반, 미국과 유럽 전역의 농부도 남미의 구아노에 의존하기 시작했다. 그럼에도 일각에서는 페루의 섬들에 묻힌 매장량만으로도 21세기까지 쓸 수 있을 것이라는 예측이 나왔다. 또 다른 이들은 남미에 있는 다른 섬들의 구아노 매장지를 고려할 때, 남미 대륙의 구아노 공급은 본질적으로 '무한'하다고 여겼다.[24]

하지만 페루의 구아노 매장지는 몇 세기가 아니라 단 몇 년 만에 바닥을 드러내고 말았다. 페루는 1840년부터 1880년까지 2800억 파운드(1300만 톤)에 달하는 구아노를 수출했으며, 1890년에는 공급량이 거의 고갈되었다.[25]

페루산 새똥이 산처럼 쌓여 있을 때 그곳에 있던 사람들은 자신이 살아 있는 동안 그 끝을 봤다는 사실에 놀랐다.

1800년대 후반에 한 광산 기술자는 이렇게 묘사했다. "20년 전 내가 처음 봤을 때, 섬들은 갈색 머리의 단단하고 높이 곧게 솟아 살아 있는 생명처럼 바다 위에 떠 있었다. 천상의 빛을 반사하거나 열대 태양의 부드러운 그림자를 푸른 바다에 드리웠다." 그리고 이후의 모습을 다음과 같이 적었다. "이제 이 섬들은 머리가 잘려나간 생명체처럼 보였고, 거대한 석관, 다시 말해 죽음과 무덤을 연상시킬 수 있는 그 모든 것과 같은 모습이었다."[26]

●

1800년대 중반 구아노 무역이 폭발적으로 증가했음에도 불구하고 영국의 많은 농부는 계속해서 매장된 뼈에 의존했는데, 더 저렴하고 접근성이 좋았기 때문이다. 문제는 영국 일부 지역에서는 뼈가 농작물의 성장 촉진제로 훌륭하게 작동하는 것처럼 보였지만 다른 지역에서는 그렇지 않았다는 데 있었다. 이러한 이유로 당시 화학자들은 뼈의 어떤 특성이 비료 역할을 하는 것인지 알아내기 위해 노력하기 시작했다.

영국의 명문 사립 학교 이튼 프렙 스쿨(Eton Prep School: 프렙 스쿨은 명문 중등학교나 대학 진학을 위한 교육이 이뤄지는 곳—옮긴이)에서 공부한 시간을 내다 버릴 만큼 부유했던 시골 소년 존 로스(John Lawes)도 그런 화학자 중 한 명이었다. 그는 한때 이렇게 자랑하기도 했다. “나는 그저 딱 〔벌을 받지 않을 만큼만〕 공부했다.” 옥스퍼드에 진학한 후에도 그런 성격 때문에 딱히 두드러진 성과를 내지 못하던 로스는 고향으로 돌아와 런던 북쪽에 있는 가족 소유의 땅에서 농부로 일하려고 애썼다. 로스는 그리스어나 라틴어, 문학, 예술, 철학, 수학에는 재능이 없었던 것으로 보인다. 하지만 화학에 관해서는 어느 순간 심취해 관심을 갖게 되었다. 하루는 한 이웃이 영국의 다른 지역 농장에서는 뼈 비료의 놀라운 효과가 나타날 때 자신의 토양에서는 그렇지 않다며 그 이유를 알아내기 위해 실험을 수행하자고 제안했다. 그 말에 로스는 화학 물질이 어떻게 작물 수확을 향상시킬 수 있는지 탐구하기 시작했다.[27]

로스는 헛간을 개조한 실험실에서 연구에 몰두하며 자신이 사는 지역의 토양은 뼈나 특정 형태의 암석에서 비료 성분을 방출시킬 수 있는 자연적인 산성도가 약하다는 것을 알아냈다. 1830년대 후반에는 화분에서 재배하는 양배추에 이러한 비료용 재료와 황산 혼합물을 주는 실험을 했는데, 이때 비료의 효과가 매우 좋다는 사실을 확인했다.

1840년에는 경작지 전체에 적용 가능한지 확인하기 위해 실험의 규모를 키웠다. 로스는 규모가 커질수록 효과가 좋다고 판단했다. 그는 자신의 연구 결과가 단지 과학 저널에만 게재되는 것에 만족하지 않고 이웃들이 이 효과를 직접 만끽하길 간절히 바랐다.

2019년 11월의 어느 흐린 날 오후, 은퇴한 토양과학자 폴 풀턴(Paul Poulton)은 거의 200년 전에 로스가 실험을 수행했던 것과 같은 상태의 들판을 따라 바퀴 자국이 파인 울퉁불퉁한 길을 진흙투성이 검은색 포드 포커스(Focus)를 타고 내려가면서 나에게 다음과 같이 말했다. "그는 실험이 대규모로 이루어지길 원했습니다. 그래야만 다른 농부들에게 비료의 실질적 효과를 보여주고, 그들의 경작지 규모에도 사용 가능하다는 걸 알려줄 수 있었을 테니까요."

1842년 로스는 산-뼈(acid-bone) 혼합물에 대한 특허 출원을 하고, 그 제품에 '과인산석회(superphosphate)'라는 제품명을 붙였다. 그는 이 선구적인 화학 비료로 많은 돈을 벌었다. 나중에는 자신의 재산을 기부해 엄청난 규모의 연구소를 설립했다. 그곳이 바로 농업 관련 연구의 본거지이자 오늘날 세계에서 가장 오래된 농업 실험장인 로덤스테드 연구소(Rothamsted Research)다. 또한 이 로덤스테드 연구소는 수십 년, 심지어 수 세기에 걸쳐 집약적으로 경작된 밭을 비옥하게 유지하는 화학 물질의 힘을 보여주는 놀라운 기념비적 상징성을 갖고 있기도 하다. 당시 비료 연구의 실질적 결과는 놀라운 수준이었다. 한 연구에 따르면 1840~1880년 영국 곡물의 평균 수확량은 거의 2배로 늘어났다.[28]

그러나 로스가 자신의 경작지에서 화학적으로 효과가 증대된 뼈를 사용해 굉장한 성과를 내기 시작할 무렵, 자신의 실험실에서 고뇌하던 경쟁 관계의 다른 과학자들 역시 비슷한 방향으로 나아가고 있었다. 이런 경쟁자 중에는 뼈를 산과 혼합해 비료의 효력을 높일 수 있다는 동일한 결론에 도달한 독일의 유스투스 폰 리비히(Justus von Liebig)도 있었다. 그러나 리비히는 농장이 아닌 실험실 규모에서 대부분의 연구를 수행했다.

많은 사람이 유기화학의 창시자로 여기는 리비히는 식물을 태우면 공기와 물에 풍부하게 들어 있는 탄소, 산소, 수소, 질소 같은 원소들이 방출된다는 사실을 발견했다.[29] 리비히는 그 재 속에서 인과 포타슘을 분리해냈다. 이 연구를 통해 1840년 리비히는 무기 양분설(mineral nutrient theory)을 대중화하고, 한때 생명체였던 것에서 비료를 얻을 필요는 없다고 주장했다. 즉, 생명력이 없는 요소를 원자재로 사용해 비료로 만들 수 있다는 얘기였다. 마침내 화학 비료 혁명의 서막이 열리고 있었던 것이다.

●

햄치즈샌드위치 5개를 만들려면 식빵 10장과 햄 5개, 치즈 5개가 필요하다. 만약 빵이 8장밖에 없다면 햄치즈샌드위치를 4개만 만들 수 있다. 햄이 2개만 있는 경우에는 햄치즈샌드위치를 2개만 만들 수 있다. 그리고 빵이 없으면 햄과 치즈가 아무리 많아도 햄치즈샌드위치를 만들 수 없다.

이것을 당연하게 여길 수 있겠지만, '제한 요인'은 리비히와 그 밖에 다른 사람들이 이를 농경지 비옥화에 적용하기 시작할 때는 매우 혁신적인 개념이었다.[30] '제한 요인'의 기본 개념은 작물의 성장이 토양에 있는 필수 3요소인 인·질소·포타슘 **모두의 총합**에 의해 제한되지 않는다는 것이다. 대신 식물의 성장은 필수 3요소 중 **가장 적은 양**의 원소에 의해 결정된다.

오늘날 교수들은 최소량의 법칙을 설명할 때, 물이 채워져 있는 나무 배럴(barrel)을 상상해보라고 학생들에게 말한다. 배럴은 스테이브(stave)라고 부르는 30개의 굽은 판자를 활용해 바닥, 중앙, 상단을 강철 고리로 묶어 만든다. 이제 그 스테이브 중 하나를 18센티미터, 다른 하나를 5센티미터 짧게 해서 배럴을 만들었다고 생각해보자. 그러면 5센티미터 짧은 스테이브의 유무와 상관없이 절대로 18센티미터 짧은 스테이브의 높이 이상으로 물을 채울 수 없다. 이 경우는 18센티미터 짧은 스테이브가 제한 요인인 셈이다. 이제 그 18센티미터 짧은 스테이브를 고쳐서 다른 스테이브들과 높이를 같게 하면, 물을 더 채울 수는 있지만 결국 5센티미터 짧은 스테이브의 높이 이상으로는 채울 수 없다. 이 경우에는 5센티미터 짧은 스테이브가 배럴을 채우는 제한 요인이다.

최소량의 법칙은 농부들이 지속적인 작물 생산을 위해 시행착오를 거쳐 발견한 뼈, 소똥, 구아노, 머리카락, 피, 이회암 또는 기타 등등의 물질이 작물을 기르는 데 반드시 **필수적인 요소가 아니라는** 사실을 확립함으로써 농작물 재배에서 주술적 요소를 제거했다. 대신 천연 비료에 포함된 필수 토양 영양소, 즉 인·질소·포타슘이 필요했다. 그리고 화학의 발전과 함께 농업인들은 토양 샘플링을 통해 경작지에서 가장 부족한 영양소가 무엇인지 파악하고, 작물 생산량을 늘리는 방향으로 이를 개선할 수 있다는 생각을 하게 되었다. 리비히는 심지어 "열병과 갑상선종에 처방하는 약처럼" 각각의 토양에 대해 비료 처방을 작성하는 시대가 다가오고 있다고 선언했다.[31]

그의 말은 맞았다. 그러나 처방전을 작성하는 것은 그저 하나의 작업일 뿐 그것을 무엇으로 채우는지는 전혀 다른 문제였다.

1850년대에 이르러 구아노 무역이 활발해졌음에도 불구하고 여전히 영국 농부들은 쇄골, 대퇴골, 경골, 슬개골 등 모든 뼈를 가능한 대로 수입하고 있었다. 리비히는 인간의 유해와 미라화된 고양이(mummified cat)를 찾기 위해 이집트 유적지까지 약탈하는 상황에 경악을 금치 못했다.

리비히는 이렇게 개탄했다. "영국은 다른 나라의 비료 자원마저 다 빼앗고 있다. ……그들은 라이프치히, 워털루, 크리미아반도 전쟁터의 뼈들을 싹 다 긁어갔다. 또한 시칠리아의 지하 묘지에 있던 여러 세대의 유해마저도 전부 가져다 써버렸다. ……그들은 마치 흡혈귀처럼 유럽과 더 크게는 세계에 이빨을 꽂아 어떤 실제적 필요나 영구적 이득도 없이 생명의 피를 빨아 먹고 있는 것이다. 신성한 만물의 질서를 그처럼 죄악스럽게 어지럽히는 일을 아무런 처벌도 하지 않고 영원히 지속되도록 허용하는 것은 상상할 수 없는 일이다.

그리고 영국엔 넘쳐나는 금과 철·석탄을 가지고도 지난 수 세기 동안 경박하게 낭비해버린 생활 수준의 1000분의 1조차 다시 사들일 수 없는 때가 유럽 전역의 나라들보다 더 빨리 찾아올 것이다."[32]

그러나 새로운 발견은 곧 뼈를 비료로 만드는 일을 거의 구닥다리 방식으로 여기게 할 터였다. 존 로스는 1842년에 화학 비료 특허를 출원하고 몇 년 후, 그 제조법에 황산으로 뼈를 처리하는 것에 대해 구체적 언급을 하지 않는 방향으로 문구를 바꾸었다. 기본적으로 유용한 양의 인을 함유하는 모든 물질을 포함하도록 내용을 수정한 것이다. 훗날 밝혀진 바에 따르면, 그 물질의 범주는 뼈와 새똥보다 훨씬 더 다양한 것을 포함했다.

우리의 자연 세계는 그렇게 인공적인 것이 되어버리고 말았다.

3

뼈에서 암석으로

19세기 말경, 무한할 것만 같던 페루의 구아노 매장지가 고갈되면서 농부들은 새로운 인 공급원뿐만 아니라 다른 두 가지 비료 구성 요소를 찾기 위해 전 세계를 샅샅이 뒤져야 했다.

포타슘은 비교적 구하기 쉬운 편이었는데, 오랫동안 건조된 바다의 염(鹽) 형태로 오늘날에도 풍부하게 남아 있다. 질소를 구하는 것은 사정이 달랐다. 채굴 가능한 형태의 질산염(질소와 산소로 이루어진 화합물) 매장지는 19세기에 남아메리카의 일부 사막 지역에서 발견되었지만 농업에 유용한 지질학적 매장량은 전 세계적으로 부족했다.

우리가 들이마시는 공기의 78퍼센트가 질소일 정도로 자연에 질소가 부족한 것은 아니다. 문제는 물에 빠진 사람에게 물 분자(H_2O)의 산소 원자(O)가 호흡에 쓰일 수 없는 형태인 것과 마찬가지로, 자연계의 질소 형태를 대부분의 식물이 사용할 수 없다는 데 있었다.

그러나 대기의 질소를 작물에 필요한 형태로 변환시키는 식물군이 있는데 바로 콩과 식물이다. 완두콩, 콩, 땅콩, 렌즈콩, 클로버를 비롯한 모든 콩과 식물은 간단히 말하면 대기에서 질소를 흡수해 수소 원자와 결합시킬 수 있다. 따라서 농부들은 정기적으로 콩과 식물을 심고 이를 다시 갈아엎어 영양분이 고갈된 토양을 재충전하는 방식으로 밀과 쌀·옥수수같이 질소를 결합하지 못하는 작물에 질소를 공급할 수 있다.

19세기 말경 농업과학자들은 경작지에 질소를 공급하기 위해 콩과 식물을 심는 게 중요하다는 것을 알았다. 하지만 콩과 식물을 심는 것만으로는 급증하는 인구를 따라잡을 만큼 충분한 곡물을 생산할 수 없다는 점에 대해서도 우려를 표했다. 점점 줄어들고 있는 남미의 구아노와 질산염 매장지를 대체할 뭔가가 필요했다.

그즈음 훗날 전범으로 기소될, 독일이 배출한 과학자 중 가장 악랄하면서도 한편으로는 위대한 과학자가 기적을 일으켰다.

●

프리츠 하버(Fritz Haber)는 제1차 세계대전 당시, 최전선에서 전투에 임하는 군인의 모습과는 거리가 멀었다. 대머리에 안경을 썼고, 엉덩이가 컸고, 참호 속에서는 느릿느릿했다. 쉴 새 없이 스쳐 지나가는 전장의 포탄과 총알보다는 머리 위 바람의 흐름에 더 관심을 보였다. 프리츠는 명문 대학을 졸업했지만 중년의 나이에 고작 하사관으로 입대했다. 그러나 1915년 4월 22일 플랑드르 들판에서 공격 명령을 내린 사람은 바로 프리츠였다. 좀더 구체적으로 말하면, 독일군에게 통상적인 사격이 아닌 예상치 못한 비열한 방식의 공격을 명령한 것이다.

"정말 아름다운 날이었다." 프리츠의 명령을 따랐던 어느 독일군의 회상이다.[1] "햇빛이 좋고 잔디가 있는 곳은 짙푸른 녹색이었다. 우리는 차라리 그 일을 저지르지 말고 소풍을 갔어야 했다."

그들이 한 일은 6.4킬로미터에 달하는 벨기에 전선을 따라 약 5000개의 압축 가스통 밸브를 열어 연기를 방출한 것이다. 연기는 프리츠가 주의 깊게 지켜봤던 바람을 타고 연합군 쪽으로 흘러갔다. 무인 지대 반대편에 있던 연합군은 자신들을 향해 다가오는 녹회색 연기가 적의 무자비한 돌격을 예고하는 연막이라고 생각했다. 하지만 알고 보니 그 연기 자체가 **돌격**이었다. 그건 바로 염소 가스였다.

앞의 독일군은 그때의 기억을 떠올렸다. "우리가 본 것은 죽음뿐이었다. 아무것도 살아 있지 않았다. 모든 동물이 땅굴에서 나와 죽었다. 죽은 토끼, 두더지, 쥐, 생쥐가 도처에 널려 있었다. ……우리가 프랑스군 전선에 도착했을 때 참호에는 아무도 없었다. 하지만 반경 1.6킬로미터 안에 프랑스군 시체가 널부러져 있었다. 믿기지 않았다. 영국군도 몇몇 있었다. 그들은 숨을 쉬기 위해 자기의 얼굴과 목을 할퀴며 발버둥 친 것처럼 보였다. 어떤 군인은 스스로에게 총을 쏴 자살하기도 했다."

역사상 최초의 대규모 염소 가스 공격으로 1000명 이상의 사망자, 7000명 이상의 부상자가 발생한 것으로 추산된다. 이 작전 계획을 이끈 프리츠는 독일군과 연합군이 화학 공격을 사용하도록 도화선을 당긴 셈이었다. 전쟁이 끝나갈 무렵, 화학전으로 인해 발생한 사상자 수는 사망자 최대 10만 명을 포함해 130만 명에 달했다.[2]

1918년 전쟁이 끝난 후 몇 달 동안 프리츠는 독일의 가장 극악무도한 전범 중 한 명으로 세상에 악명을 떨쳤다. 그러나 다음 해에 그런 악명과 상반되게 노벨상을 수상했다.

프리츠의 업적은 양면성을 갖기 때문에 두 가지 평판 모두 가치가 있다. 독일의 과학자와 기술자로 이뤄진 부대는 더 큰 폭탄, 더 살상력이 높은 총, 더 튼튼한 탱크, 더 빠른 비행기를 개발하기 위해 칠판과 실험실 장비만 사용했을 것이다. 프리츠가 그들과 달랐던 점은 흰색 실험 가운을 입는 대신 독일군의 상징인 뾰족한 피켈하우베(Pickelhaube) 헬멧과 헐렁한 군복을 착용하고 직접 전장 학살을 지휘하려는 열망을 가졌다는 것이다.

그러나 수천 명에 달하는 연합군의 피로 물든 바로 그 손이 기적을 행해 그보다 많은 수백만 명의 민간인을 기아에서 구해냈고, 세계 인구가 1900년 16억 명에서 오늘날 70억 명 이상으로 늘어날 수 있는 길을 열었다. 그렇다면 프리츠는 도대체 무엇 때문에 노벨상을 받은 것일까?

프리츠 하버는 공기로 빵을 만드는 방법을 생각해냈다.

1909년 7월 2일, 그는 비료로 사용하기 어려운 대기 중 질소(N_2)를 비료용 암모니아(NH_3)로 전환해 수천 개의 콩밭 역할을 대체하는 방법을 고안함으로써 세계의 질소 비료 부족 문제를 종식시켰다. 고온 고압의 조건에서 금속 촉매를 사용해 메테인(메탄)에서 수소 원자를 분리한 후, 대기 중 질소와 반응시켜 비료를 만들어낸 것이다.

동료 화학자였던 독일의 카를 보슈(Carl Bosch)는 프리츠 하버의 방법을 산업 규모 수준으로 확장하는 방법을 개발했는데, 이는 탄약에 필수적인 암모니아를 대량 생산해야 했던 독일의 군사력에 행운이 따른 것과 다름없었다.

하버법, 또는 하버-보슈법으로 알려진 이 공정은 1900년대 초반과 마찬가지로 오늘날의 인류에게도 필수적이다. 2008년 〈네이처 지오사이언스(Nature Geoscience)〉에 실린 논문에는 다음과 같은 표현이 있다. "인류의 약 절반이 하버-보슈 질소에 의해 삶이 가능해졌다."[3]

프리츠 하버의 발견은 인 공급 문제를 전혀 해결하지 못했기 때문에 리비히의 최소량의 법칙은 아직 넘지 못할 벽이었다. 그러나 19세기 중반, 한 젊은 여성이 생각지도 못한 방법으로 이 벽을 무너뜨렸다.

●

런던 자연사박물관의 메인 홀은 자연계의 경이로움을 보여주는 기념물임과 동시에 영국 제국 시대의 남성성을 상징하기도 하다.

로마네스크 양식인 이 공간의 웅장한 계단 층계참에는 우뚝 솟은 찰스 다윈의 대리석 조각상이 있다. 다윈 왼쪽에는 진화론의 또 다른 아버지 앨프리드 러셀 월리스(Alfred Russel Wallace)의 초상화가 걸려 있다. 다윈 오른쪽에는 소총을 들고 모자를 쓴 프레더릭 셀로스(Frederick C. Selous) 대위의 동상이 있다. 영국의 유명한 박물학자(또는 사자 사냥꾼)인 그는 미국 대통령 중 가장 모험심이 강했던 시어도어 루스벨트의 '의형제'로 불리기도 했는데, 1917년 아프리카에서 벌어진 베호베호(Behobeho) 전투에서 사망했다. 이 동굴 같은 메인 홀 근처에는 조류학자들(대부분 남성)의 이름이 새겨진 몇 개의 청동 부조도 있다.

내가 그곳을 방문했을 때, 1981년 박물관 창립 100주년을 기념하는 엘리자베스 2세 여왕의 명판을 제외하고 정면에 보이는 이름 중 유일한 여성의 이름은 7층 높이의 서까래 근처에 있었다. 그 이름의 주인은 무게가 4톤에 달하는 거대한 대왕고래의 뼈였다. 이 대왕고래는 1891년 아일랜드 동부 해안에서 작살에 맞아 죽었는데, 이름이 호프(Hope)였다.

이어서 나는 19세기 여성 박물학자에 대한 흔적을 찾기 위해 메인 홀과 이어지는 복도를 따라 내려갔다. 그리고 '티렉스 그릴(T-Rex Grill: 런던 자연사박물관 안의 티렉스를 테마로 한 식당—옮긴이)' 건너편에서 촌스러운 녹색 드레스를 입은 근엄해 보이는 여성의 초상화가 걸려 있는 걸 발견했다. 그림 속 여성은 망치를 쥐고 있었는데, 초상화의 제목은 '메리 애닝(Mary Anning)—화석의 여인(the fossil woman)'이었다.

1799년에 태어난 애닝은 세상을 떠난 뒤에도 여전히 아이들의 혀를 꼬이게 하는 입풀이용 시 〈그녀는 해변에서 바다 조개를 판다(She Sells Sea Shells by the Seashore)〉에 영감을 준 것으로 유명해졌다. 그러나 애닝은 조개를 파는 것 이상의 일을 했다. 그녀는 **특출난** 화석 발굴가이자 최고의 고생물학자였는데, 심지어 당시에는 고생물학자라는 단어가 존재하지도 않았다. 저명한 과학사학자이자 진화생물학자 스티븐 제이 굴드(Stephen Jay Gould)는 이렇게 말했다. "〔그녀는〕 아마도 고생물학 역사상 가장 중요하지만 알려지지 않은, 또는 부당한 대우를 받는 수집가일 것이다."

애닝은 오빠 조(Joe)와 함께 영국의 바닷가 도시 라임레지스

(Lyme Regis) 근처 해안을 돌아다니며 암석과 시간 속에 갇혀 있는 바다 생물의 잔해를 찾곤 했는데, 당시 그녀의 나이는 채 열 살이 되지 않았다. 하지만 끊임없이 무너지는 절벽 아래를 탐색하며 위험을 무릅쓰고 암석을 캐내는 작업은 결코 놀이가 아니었다. 남매는 일용할 양식을 구하기 위한 방법의 일환으로 고군분투했던 것이다. 그들의 아버지는 말썽꾼이자 가난한 캐비닛 제조업자였는데, 애닝이 태어난 다음 해에 토양 악화와 일부 관련이 있을 수 있는 영국의 곡물 부족으로 인한 식량난에 항의하기 위해 벌어진 '식량 폭동' 때 군중을 이끌었다.

애닝의 가족은 생계를 유지하기 위해 캐비닛 장사를 그만두고 대신 그곳에서 화석을 판매하기 시작했다. 남매의 어머니는 가족의 새로운 사업에 당황했지만, 고대 생물을 발굴하는 메리 애닝의 탁월한 기술은 가족을 먹여 살리는 데 도움이 되었다. 그뿐만 아니라 18세기와 19세기 초에 영국이 겪고 있던 만성적인 비료 부족 문제를 해결하는 데 다른 방식으로 도움을 주기도 했다. 이는 하버의 발명과 함께 더 많은 수십억 명의 인류가 지구에서 살아갈 길을 열어주었다.

모든 것은 망치질을 하던 남매가 절벽에서 캐낸, 이빨 달린 짐승의 거대한 머리 화석에서 시작되었다. 그 화석은 오늘날 런던 자연사 박물관에 애닝의 초상화와 함께 전시되어 있다. 그 짐승은 PGA 선수의 골프 가방 크기만 한 (악어 같은) 주둥이에 시가보다 두꺼운 이빨, 디너용 접시만 한 눈을 가지고 있다. 넋이 나갈 정도로 위협적인 이 화석 표본은 식당으로 가는 복도를 따라 움푹 들어간 선반에 압착된 상태로 전시되어 있는데, 견학을 온 학생들은 어깨 너머에 있는 이 괴물이 자신을 통째로 삼킬 만큼 크지만 그 존재를 느낄 수 없는지 그냥 스쳐 지나갈 뿐이다.

애닝의 오빠는 바위 같은 머리 부분만 캐내면 충분하다고 생각했던 모양이다. 그러나 아버지로부터 절벽의 벗겨지기 쉬운 셰일(shale)을 신중히 떼어내는 작업을 훈련받은 애닝은 다음 해에 라임 레지스의 일꾼들을 모아 이 화석화한 짐승 유해의 다른 부분을 추가 발굴하는 작업을 진행했다.

애닝의 아버지는 이 화석을 완전히 발굴하기 전에 근처 절벽에서 떨어진 후 결핵에 걸려 사망했다.[4] 그녀가 발굴한 화석의 정체는 어룡(ichthyosaur, 魚龍)이라는 이름의 짐승이었는데, 이는 고대 그리스어에서 파생된 '물고기 도마뱀'이라는 뜻이다. 돌고래와 악어의 잡종처럼 보이는 이 파충류는 어떤 설명에 따르면 25미터 넘게 자라며, 모터보트에 버금가는 속도로 헤엄칠 수 있다고 한다.

고래와 마찬가지로 어룡도 폐호흡을 하는 육지 생물의 후손으로, 어떤 이유에서인지 다시 바다로 돌아간 생물이다. 또한 어룡은 오늘날의 범고래와 마찬가지로 매우 밝고 하얗게 빛나는 아랫부분의 색깔보다 등 색깔이 훨씬 더 어두웠다. 이는 아래에서 위로 공격하는 수생 동물에게서 볼 수 있는 색깔 분포와 똑같다.

애닝은 박물관과 관광객에게 판매하기 위해 계속해서 또 다른 바다 생물의 유해를 찾으러 다녔다. 그러던 어느 날 화석화한 소화기관에서 화석화한 배설물로 보이는 온전한 표본을 발굴했다. 이 덩어리들은 마치 러시아의 마트료시카 인형처럼 내부에 보물을 품고 있는 것처럼 보였다. 망치로 그것을 깨뜨린 애닝은 그 내부가 화석화한 뼈와 비늘로 가득 차 있는 걸 발견했다.

애닝은 급성장하던 영국 박물학계에 자신의 이름을 알리기 시작했다. 그녀는 정식 과학 교육을 받은 적이 없는데, 그렇다고 해서 공부를 전혀 하지 않은 것도 아니었다. 그녀는 자신의 결과물을 보러 온 과학자들이 공유해준 연구 논문의 사본부터 정교하고 상세한 삽화까지 모두 복사해 독학했다. 그녀가 아직 20대 중반일 때인 1824년 라임레지스에서 애닝을 만난 한 저명한 런던인은 다음과 같이 기록했다.

"이 젊은 여성의 뛰어난 점은 그녀가 너무나도 철저하게 과학을 알고 있어서 뼈를 발견하는 순간 그것이 어떤 부류에 속하는지 바로 알 수 있다는 것이다. 그녀는 시멘트 틀에 뼈를 고정한 다음 그림을 본뜨고 조각해서 새긴다. ……이 가난하고 교육받지 않은 소녀가 독학과 개인 실습을 통해 교수 및 다른 똑똑한 사람들과 함께 그 주제에 대해 글을 쓰고 대화를 나눌 수 있는 수준에 도달한 것은, 또한 그들로부터 학계의 그 누구보다도 과학에 대해 더 많이 이해하고 있음을 인정받았다는 것은 놀라운 하나님의 은총을 보여주는 사례다."[5]

그랬기 때문에 그녀가 멸종된 바다 생물의 먹이 활동에 대한 결정적 증거를 발견했다고 하자 당시 학계 사람들은 귀를 기울였다.

●

배설물 화석에 대한 개념은 애닝과 함께 발굴 작업을 하고 그녀의 "능력과 근면"을 칭찬한 옥스퍼드 대학의 선구적인 지질학자 윌리엄

버클랜드(William Buckland)가 1820년대 후반 런던 지질학회에 애닝의 발견에 힘입어 자신의 주장을 제출한 이후 주류로 자리 잡았다. 요컨대 어룡과 다른 고대 해양 생물의 유해 속에서 자주 발견되는 솔방울 모양의 돌이 실제로는 화석화한 배설물이라는 것이었다. 이 화석화한 배설물을 그리스어로 '배설물'을 뜻하는 코프로스(kopros)와 '돌'을 뜻하는 리토스(lithos)를 합쳐 '분석(coprolite, 糞石)'이라고 명명한 그는 이것이 화석화한 바다 생물의 뱃속에만 있는 건 아니라고 보고했다. 영국 일부 해안 지역에서는 "땅에 흩어진 감자처럼" 해안가를 뒤덮고 있는 수많은 분석을 그 자체로 발견할 수 있었다.[6]

버클랜드는 그 암석 덩어리가 평범한 똥과 비슷하다고 묘사하면서 다음과 같이 기록했다.

"이것들의 길이는 보통 5~10센티미터, 지름은 2.5~5센티미터로 다양하다. 어떤 것은 크기가 훨씬 더 크며 가장 큰 어룡의 거대한 몸집에 비례한다. ……일부는 마치 물질이 반(半)유체 상태로 비어 있던 것처럼 편평하고 무정형이다. 색은 보통 잿빛이며 간혹 검은색이 섞여 있기도 하고 아예 전체가 검은색인 경우도 있다. 단단한 흙 같은 질감을 갖는 물질로 이뤄져 있으며 단단하게 굳은 점토와 비슷한 느낌을 준다."[7]

이것은 배설물과 관련한 호기심 그 이상이었다. 어룡이 다른 바다 생물은 물론 자신의 새끼까지 잡아먹었다는 사실은 타락 이전에 하나님의 피조물이 조화롭게 살았다고 생각했던 당시의 기독교 신앙을 뒤집었다. 심지어 이것은 메리가 발굴한 많은 종의 화석에 생명감을 불어 넣었던 1830년의 삽화에도 영향을 끼쳤는데, 선사 시대의 생물이 다른 생물을 죽이거나 죽임을 당하는 현실을 생생하게 묘사했다. 이런 그림들은 어룡, 목이 긴 수장룡(首長龍), 발트해 해변의 비치코머 게르트 지만스키가 발견하고 가장 좋아했던 벨렘나이트를 포함한 온갖 종류의 야만적인 생물이 서로를 쫓고 잡아먹는 모습을 묘사했다.

수채화로 표현한 동물들은 입을 벌린 채 공격하거나 필사적으로 날아가는 모습을 하고 있다. 수면 위에서는 덩치 큰 거북이 해안가에서 뛰어들며 오징어 같은 생명체를 공격하고, 해변에서는 짖는 개처럼 입을 벌린 악어가 물속에 있는 수장룡의 공격을 받고 있다. 그리고 날개 달린 익룡들이 하늘에서 고생대의 공중전을 벌이는 동안 야자수가 바람에 휘청거린다.

에덴동산은 화석화한 배설물이 입증한 것처럼 평화로운 소풍 장소가 아니었다.

버클랜드는 이 그림을 보고 나서 이렇게 말했다. "분석은 우리 행성의 주민들이 연속해서 벌인 전쟁의 기록을 담고 있다."[8]

그 그림의 인기가 대단했기 때문에 화가는 복제본을 만들어 팔았다. 그리고 판매 수익금을 애닝이 발굴 작업을 지속할 수 있도록 후원했다. 애닝은 유방암에 걸려 47세의 나이로 세상을 떠날 때까지 그렇게 발굴 작업을 계속할 수 있었다.

●

1840년대 초, 존 로스가 로덤스테드에서 화학적으로 강화된 비료를 작물에 테스트하기 시작할 때, 버클랜드는 2명의 유명한 화학자 라이언 플레이페어(Lyon Playfair) 및 유스투스 폰 리비히와 함께 영국 해안을 샅샅이 뒤져가며 분석을 조사하고 있었다. 버클랜드의 동료들은 이 소시지 모양의 덩어리를 단순한 고생물학적 경이로움을 넘어 한정되어 있는 건조된 새똥(구아노)과 뼈가 빠르게 고갈되는 상황에서 잠재적인 비료 공급원으로 여겼다.

화학자인 플레이페어는 몇 년이 지난 후 다음과 같이 회상했다. "이러한 멸종 동물의 배설물에 그토록 높은 가치의 미네랄 성분이 포함되어 있을지에 대한 흥미로운 질문이 제기되었다. 우리는 지질학자의 견해를 화학적 분석(分析)으로 확인하기 위해 표본을 채취했다."[9]

리비히는 자신이 수행한 분석 결과에 깜짝 놀랐다. 해안선이 인으로 가득 찬 분석과 기타 암석 물질로 뒤덮여 있었기 때문이다. 리비히는 19세기 영국에서 증기 기관의 연료로 쓰이며 산업 혁명을 일으킨 석탄보다 이러한 암석들이 잠재적으로 훨씬 더 중요하다고 분명히 인식했다. 연료로 사용할 수 있는 석탄이 당시 고대 식물의 잔재로 알려졌던 것처럼, 리비히는 이러한 화석을 또 다른 의미에서 중요한 연료인 식량을 만드는 비료로 활용할 수 있을 거라고 믿었다.

분석에서 인을 검출한 후 리비히는 이렇게 외쳤다. "이 얼마나 호기심을 자극하고 흥미로운 주제인가!" 이어서 그는 말했다. "영국은 멸종된 **동물**의 잔해에서 농업 생산물의 부를 늘릴 수 있는 수단을 찾아야 한다. 왜냐하면 영국은 이미 **식물**의 잔해, 즉 고대 원시림의 보존 물질인 화석 연료를 통해 제조 산업에 큰 변화를 일으킬 수 있었다는 걸 알고 있기 때문이다."

하지만 모두가 그렇게 열정적으로 동조하는 것은 아니었다.

그들의 발견 후 몇 년이 지나 플레이페어는 다음과 같은 글을 남겼다. "나는 리비히의 이러한 표현이 엄청난 조롱을 받은 걸 생생히 기억하고 있다. 그럼에도 진실은 회의주의자들을 물리쳤고, 유사한 수천 톤의 동물 유해가 이제는 우리의 밭을 비옥하게 만드는 데 사용되고 있다. 고대 생명체의 증거를 찾는 지질학자들이 화학자의 도움을 받아 미래 세대에 새로운 생명을 불어넣을 멸종된 유적을 발굴해냈다."

●

1840년 리비히의 무기 양분설 발표 이전에는 상대적으로 작은 규모이기는 해도 비료로 사용할 특정 유형의 암석이 채굴되기는 했다. 분석에는 실제로 인이 풍부했지만, 거기에 포함된 인보다 더 중요한 것은 분식의 발견으로 인해 농업인이 더 많은 암석 기반 인 매장지를 찾는 데 관심을 보였다는 것이다.

그들은 영겁의 세월 동안 바닷속에서 비처럼 내리며 해저에 가라앉은 모든 종류의 죽은 해양 생물에 의해 생성된 특정 퇴적암층에서 상당한 농도의 인을 발견할 수 있다는 사실을 화학적 분석을 통해 결국 알게 되었다. 조건이 잘 맞아떨어지면 암석의 다른 요소들은 해류에 의해 제거되고 석화한 인이 농축 상태로 남는다.[10] 그리고 수백만 년에 걸친 지각 변동으로 인해 인을 함유한 암석이 육지로 끌어올려지면 채굴할 수 있게 되는 것이다.

'인산염 단괴(團塊)'로 알려진 초기의 퇴적물 대부분은 영국 전역에 흩어져 있었으며, 1870년대에 들어서면서 영국의 인산염 채굴은 최고

조에 달했다.[11] 매장량이 빠르게 바닥을 보이고, 페루의 구아노 매장량도 고갈되던 시기인 1890년대 초에 인산염 수확량이 급감했다.[12]

이 모든 일은 전 세계 인구가 한 세기도 채 지나지 않아 2배로 늘어나 20억 명이 되는 순간 벌어졌다. 하지만 늘어난 인구에는 다행스럽게도, 인이 풍부하고 채굴 가능한 비슷한 퇴적암층이 미국 남동부, 그러니까 1860년대에 사우스캐롤라이나주에서 처음, 이후 1880년대 초에 훨씬 더 큰 규모로 플로리다주 중부에서 발견되었다. 1890년대 들어서는 플로리다주의 기업 수십 곳과 수천 명의 광부가 매년 100만 톤 이상의 인광석을 채굴했다.[13]

플로리다주 '본밸리'의 퇴적층은 주로 놀이터의 그네 아래에서 볼 수 있는 정도 크기의 자갈 같은 퇴적암으로 이뤄져 있다. 그리고 영국 해안에서와 마찬가지로 이런 돌은 검치호랑이, 거대한 상어, 괴물 같은 해우(海牛), 초대형 곰 등 오래전에 멸종된 온갖 생물의 화석화한 잔해 사이에서 쉽게 발견되었다. 그러나 이 기이한 동물들의 과학적 가치는 서부 개척 정신으로 무장해 본밸리의 철도를 놓는 데 쓰인 자갈을 노리고 살인까지 불사하며 플로리다주로 몰려드는 탐광자(探鑛者)들에 의해 퇴색되었다. 플로리다주 잭슨빌의 일간지 〈타임스 유니언(Times Union)〉은 1890년 2월 13일 다음과 같이 보도했다.

"피트 다우닝(Pete Downing)은 총을 꺼내 들고 거리에 놓인 인광석에 대해 다른 두 사람보다 더 많은 지분을 갖고 있다고 주장하며 자신의 몫을 지켜내겠다고 말했다. ……그리고 그들은 30~40명이 달려들어 각자가 인광석에 대한 소유권을 주장하며 상대방이 포기하지 않으면 붉은 피로 물들일 것이라고 위협할 때까지도 총과 칼로 계속해서 상대방을 겨누고 있었다."[14]

20세기에 들어서면서 플로리다주의 인 광산은 전 세계에 화학 비료를 넘쳐나게 했다. 그러나 이 원소에 대한 인간의 끝없는 갈망은 종종 폭력적인 사냥으로 변해 전 세계로 퍼지면서 더욱 극심해질 뿐이었다.

이 욕심의 희생자는 개인뿐만 아니라 곧 문명 전체가 되었다.

●

베이커섬(Baker)은 태평양 한가운데 적도 바로 북쪽에 위치한 골프코스 비슷한 크기의 울퉁불퉁한 바위섬이다. 1858년부터 1879년까지 미국의 한 회사가 접근성 좋은 이 섬의 구아노 매장지를 채굴했는데, 만족스러운 수준으로 개발했다고 판단되었을 때 채굴권을 퍼시픽 포스페이트 컴퍼니(Pacific Phosphate Company)라는 영국 기업에 매각했다.

구아노가 거의 다 없어지자 새로운 소유자는 섬의 인산암 퇴적물을 채굴하기 시작했는데, 그 대부분은 곡괭이질로도 캐낼 수 있을 정도였다. 그러나 베이커섬의 인산암 중 일부는 밀도가 너무 높아 다이너마이트로 터뜨려 캐내야 했다. 조각낸 덩어리의 밀도는 마치 도어스톱(doorstop: 문을 열린 상태로 유지시키는 쐐기 모양의 멈춤쇠나 문 아래에 고이는 돌—옮긴이)으로 쓸 만했다.

앨버트 엘리스(Albert Ellis)는 1899년 어느 날, 오스트레일리아 시드니에 있는 퍼시픽 포스페이트 컴퍼니 실험실에서 일하던 중 도어스톱으로 쓰이는 암석이 베이커섬에서 나온 높은 밀도의 인산암 덩어리와 매우 유사하다는 사실을 발견했다. 그는 동료에게 이에 대해 질문했다. 하지만 동료는 그 암석이 베이커섬에서 나온 게 아니며, 그저 오래되고 무거운 돌덩이일 뿐이라는 회사 지질학자들의 답을 들었다고 말했다.

몇 년이 지난 후 엘리스는 이렇게 회상했다. "지질학자들의 의견은 의심할 여지가 없어 보였지만, 실험실에서 일할 때마다 그 돌덩이가 계속 내 눈을 사로잡았다. 계속해서 베이커섬의 인산암과 비슷한 점이 보였다. 이 돌덩이를 시험해보자는 생각이 든 것은 아마도 3개월 후였을 것이다. 돌덩이 일부를 조금 부수고 갈아서 인 성분 분석에 대한 일반적인 시험법을 수행했다."[15]

분석 결과, 도어스톱으로 쓰이는 그 돌덩이는 지금까지 발견된 것 중 가장 농축된 상태의 인산암이었으며, 일부 페루산 구아노보다 성분이 더 풍부하다는 게 밝혀졌다. 문제는 그 암석의 출처가 독일이 소유권을 주장하고 있는 태평양의 한 섬이라는 것이었다. 동료는 엘리스에게 그곳에서 동쪽으로 260킬로미터 떨어진 또 다른 섬에 대해 말해주었다. 마침 당시 그 섬에 대한 소유권을 주장하는 서구 세력은 없었다. 또한 그 섬은 독일 소유의 섬과 지질학적 역사 측면에서 동일하기도 했다. 당시 항해도에서는 이 섬의 이름을 찾기 어려웠는데, 그 섬의 이름이 그냥 오션아일랜드(Ocean Island)였기 때문이다.

엘리스는 서둘러 적도 바로 남쪽에 있는 면적 6제곱킬로미터의 바위와 코코넛나무뿐인 섬과 시드니 사이의 4200킬로미터에 달하는 망망대해를 횡단할 계획을 세웠다. 엘리스는 일기에 이렇게 적었다. "오션아일랜드가 내가 생각하는 그런 곳이 맞다면, 최소 한 가지 이상의 행운이 있을 게 확실했다."[16]

엘리스의 동료 중 한 명은 선원들 사이에서 악명 높은 그 작은 섬에 상륙할 때 닥칠 일을 냉혹하게 말해주었다. "오션아일랜드의 원주민을 대하는 것은 매우 까다로울 거야. ……소총과 리볼버를 가지고 해변에 도착하자마자 그들에게 그것을 사용할 수 있다는 걸 보여줘야 해."[17]

●

많은 사람이 17세기에 북아메리카의 바다 같은 오대호를 자작나무 껍질로 만든 카누를 타고 건너던 프랑스 항해자들의 무모함을 경이롭게 여기곤 한다. 슈피리어호만 해도 메인주 정도 크기이며, 동서로 항해할 수 있는 거리가 약 560킬로미터에 달한다. 그러나 연안에서 떨어져 물을 가로질러 반대편으로 이동하는 것은 항해자들이 일반적으로 사용하는 방법이 아니다. 아메리카 원주민의 안내를 받았던 이 탐험가들은 호숫가를 따라 노를 저으며 낮에는 물을 떠 마시면서 목을 축이고, 밤에는 정박해 모닥불을 피우고 구운 생선과 함께 위스키를 마시며 '단물의 바다(Sweet Water Seas: 오대호의 별칭—옮긴이)' 반대편에 도착했다.

이와 대조적으로, 새로운 땅을 찾기 위해 고향 섬을 떠난 고대의 태평양 이주민들은 끝없는 바다 한가운데에 내던져졌다. 이들은 코코넛 껍질을 벗겨 만든 끈으로 묶은 나무판자로 엮은 배를 타고 뜨거운 태양 아래에서 마실 물도 없이 수백, 어쩌면 수천 킬로미터에 달하는 망망대해를 건너야 했을 것이다.

돛과 노로 움직이는 이 배의 선원들은 해와 달, 별, 바람, 파도, 해류, 구름, 새 등 자신만의 항해 도구를 갖고 있었다. 그럼에도 수많은 이주 시도가 행복한 상륙이 아닌 식수가 바닥나서 끝났을 것은 확실했다.

그러나 유럽의 상선과 포경선이 18세기와 19세기에 사람이 거주하는 섬들을 우연히 발견했을 때, 그곳에는 독특한 문화가 번성할 만큼 성공적인 이주가 이뤄졌던 게 분명했다. 1800년대 초에 '발견'될 당시 최소 2000년 동안 사람이 거주한 것으로 보였던 오션아일랜드도 그런 장소 중 하나였다.[18]

오션아일랜드에 최초로 상륙한 백인의 기록은 1850년대 초 오스트레일리아의 선원이 쓴 것이다.

그 배의 선원들은 원주민 중 일부가 사람의 치아로 만든 목걸이를 착용하고 있는 걸 발견했다.[19] 하지만 원주민은 방문한 손님에게 새로운 어금니를 얻기 위해 그들을 사냥하지 않을 거라는 걸 재빠르고 분명하게 밝혔다. 이후 며칠 동안 원주민과 선원들은 각각 물새와 약간의 담배 및 손도끼를 주고받으며 교류를 이어나갔다. 큰 배가 다시 항해를 시작할 때, 해변 너머의 세상을 보고 싶어 하는 섬의 원주민 몇 명이 따라나섰다. 그 원주민들은 정말 운이 좋았던 셈이다.

오션아일랜드의 강수량은 매년 약 1800밀리미터 정도로 미국 본토의 그 어느 도시보다도 습하다. 그러나 땅의 크기가 너무나 작고 해가 내리쬐어 유지되는 개울이나 연못도 없다. 이 섬의 유일한 물 공급원은 하늘에서 내리는 비다. 그래서 비가 내리지 않으면 금방 문제가 발생한다.

수 세기 동안 이 섬의 원주민은 섬 표면에서 약 30미터 아래에 고인 탁한 물을 코코넛 껍질로 뜨기 위해 진흙 범벅인 동굴 안으로 미끄러져 들어갔다. 그들은 건조한 날씨가 닥쳤을 때 그렇게 살아남았다. 1870년대 초, 수년간 가뭄이 닥쳤을 때는 이 지하 저수지마저 마르기 시작했다. 섬의 지도자들은 하루 물 배급량을 가구당 코코넛 한 바가지로 제한했지만, 그럼에도 소비량이 너무 많았다.

가뭄이 3년째 계속되자 원주민은 해초에서 즙을 빨아 먹어야 했는데, 그마저도 소용없는 지경이 되었다.

섬의 생존자 한 명은 다음과 같이 회상했다. "사람들의 잇몸이 썩어 문드러졌다. 이빨이 빠지고 온몸이 궤양으로 뒤덮였다. 그들은 길가에 쓰러진 채로 죽었다. 시체는 그대로 방치되었다. 그 누구에게 장례를 치르기 위해 시체를 집으로 가져갈 힘이 남아 있었겠는가?"[20]

1870년대 중반에 다시 비가 내릴 때쯤에는 약 2000명의 원주민 중 4분의 3이 목숨을 잃은 뒤였다.

그러나 10년이 채 지나지 않아 또 다른 재앙이 그들을 덮쳤다. 섬 주민 중 누구도 그 재앙에서 벗어날 수 없었다.

●

1900년 5월 3일, 엘리스의 배는 오늘날 바나바섬(Banaba)이라고 불리는 오션아일랜드에 도착했다.[21] 원주민이 섬을 찾아오는 사람들에게 심각한 위협을 가할 수도 있다는 동료의 경고에도 불구하고, 엘리스는 그들이 친절하며 상어 이빨로 만든 칼과 과일, 물고기를 거래하고 싶어 한다는 걸 알았다.

선박에서 물물교환이 진행되는 동안 엘리스는 현장 시험 장비를 챙겨 이 섬에서 찾을 수 있길 바랐던 인산암을 조사했다. 그는 항해를 떠나기 전, 1만 톤의 인산암 매장지를 발견하면 파산 위기에 처한 회사에 '노다지'를 안겨줄 수 있을 거라고 생각했다. 첫날 서둘러 조사를 마쳤을 때, 그는 섬의 인산암 매장량이 600만 톤이 넘을 거라고 확신했다. 엘리스는 이렇게 회상했다. "마침내 우리의 유전이 터진 것이다. 정말 반갑고 시기적절하게 발견한 '분유정(gusher, 噴油井)'이 아닐 수 없었다."[22]

첫날의 해가 저물기 전 엘리스는 섬의 지도자로 보이는 소수의 바나바인과 섬의 인광석을 채굴할 권리에 대해 협상했으며, 나중에는 이를 근거로 그들이 자신에게 채굴 권리를 양도해야 한다고 주장했다. 양측은 영어에 대해 기초적 이해력만 갖춘 통역사를 통해 '협상'을 진행했다. 이 교묘한 협상으로 섬 주민들은 엘리스의 회사에 999년 동안 섬의 인광석을 채굴할 수 있는 권리를 부여했다. 그 대가로 원주민은 연간 총 50파운드, 즉 현재의 통화 가치로 8000달러에 불과한 돈을 받았다.[23]

첫해에는 섬에서 1500톤가량의 인광석을 캐냈다. 다음 해에는 수출량이 1만 3350톤으로 늘어났고,[24] 멀리 일본과 중국·하와이 등지에서 엄청난 규모의 노동자를 모집했다. 그들이 채굴해 분쇄한 암석을 더 큰 선박으로 운반하기 위해 항구의 규모는 더욱 커졌고, 수출량도 기하급수적으로 늘어났다.

1900년의 계약은 결국 수정되었지만 섬 주민들은 여전히 이 귀중한 암석에 대해 공정한 대가를 받지 못했고, 1900년부터 1913년까지 퍼시픽 포스페이트 컴퍼니는 170만 파운드의 수익을 올렸다. 그러나 바나바인들은 고작 1만 파운드도 되지 않는 금액만 벌었을 뿐이다.[25]

일부 바나바인이 자신의 사유지를 탐욕스러운 광산 회사에 양도하는 걸 거부하자, 그들을 섬에서 완전히 내쫓자는 의견이 나오기 시작했다. 〈시드니 모닝 헤럴드(Sydney Morning Herald)〉는 1912년에 이런 기사를 실었다. "500명에 불과한 오션아일랜드 태생 원주민이 그토록 막대한 가치를 지닌 〔제품〕을 채굴해 그들 외의 나머지 모든 인류가 사용할 수 있도록 수출하는 걸 막는다는 것은 상상할 수 없는 일이다."[26]

결국 원주민은 퍼시픽 포스페이트 컴퍼니가 추가로 채굴하는 노천 광산에 더 높은 비용을 지불하고, 암석을 수확할 때 톤당 더 높은 로열티를 내도록 요구하는 또 다른 계약을 체결했다. 그 돈은 섬 주민에게 직접 전달되지 않고, 그들을 위한 기금 형태로 관리되었다. 또한 채굴 회사는 바나바인이 회사 상점에서 콘드 비프(corned beef) 통조림과 생선, 설탕, 차, 쌀, 비스킷을 높은 가격에 구매하도록 강요하는 것을 중단하기로 했다. 특히 최근 가뭄으로 고통을 겪는 사람들에게 잔인할 만큼 비싼 가격으로 음용수를 팔지 않기로 했다.[27]

1920년 오스트레일리아와 뉴질랜드·영국 정부는 민간 광산 기업을 세 나라 정부가 운영하는 공공 기업으로 전환했다. 같은 해에 이 섬을 방문한 한 기자는 자연 그대로 훼손되지 않고 보존되었던 땅이 20년 만에 현대 세계에 의해 가장 산업적으로 약탈당한 땅 중 하나로 변화했다고 보도했다. 그는 파도가 부서지는 소리, 새들의 지저귀는 소리, 종려나무 가지의 바스락거리는 소리가 시간이 흐르면서 어떻게 울려 퍼지는 "소형 도시"의 소음에 묻혀버렸는지 묘사했다.

다음은 〈빅토리아 데일리 타임스(Victoria Daily Times)〉에 실린 글이다. "밤낮으로 엄청난 충돌음과 기계 돌아가는 소리가 들린다. 부정기 화물선이 농업에 적극적인 국가로 실어 나를 수 있도록 귀중한 인광석을 파쇄·건조해 통에 담을 수 있게 날카로운 기적 소리를 내며 철로를 따라 질주하는 기관차와 덜컹거리는 화물칸의 소음이 귀청을 찢을 듯 가득하다."[28]

일본은 필요성이 높은 바나바섬의 인을 놓치지 않았다. 제2차 세계대전 중 바나바섬을 침공한 그들은 원주민을 굶기거나 참수하거나 총으로 쏘거나 감전시켜 죽였다. 죽이지 않은 사람들은 섬에서 강제 노동 수용소로 보내버렸다.[29] 전쟁이 끝난 후 연합군은 태평양의 여러 섬에 뿔뿔이 흩어져 살아남은 약 700명의 바나바인을 모아 그들을 위해 재정착지로 마련한 피지의 외딴섬으로 이주시켰다. 그리고 바나바섬의 채굴 로열티를 그들에게 지불했다.[30]

연합군은 바나바인을 그들의 고향에서 남쪽으로 약 2600킬로미터 떨어진 섬으로 이주시킨 다음, 그들에게 겨우 두 달 정도 버틸 수 있는 양의 식량만을 주었다. 또 바나바인에게 펄럭거리는 허접한 천막을 제공했는데, 폭풍이 닥쳤을 때 보호 기능을 전혀 할 수 없어 첫해에만 수십 명이 사망했다. 이는 불을 보듯 뻔한 결과였다.

한편, 전쟁이 끝난 후 바나바인이 없어지자 영국인·뉴질랜드인·오스트레일리아인이 바나바섬으로 돌아왔고, 광산 채굴 속도는

1970년대 후반 매장량이 고갈될 때까지 가속화했다. 마지막으로 선적한 인 중 일부는 섬의 골프장에서 나왔는데, 이곳은 거의 80년 세월의 역사 속에서 인광석 광부들이 여가를 위해 마지막까지 보호와 보존에 관심을 기울인 몇 안 되는 지역 중 하나였다.[31]

1980년에 들어서면서 이 섬은 녹슨 창고, 무너져가는 석면 슬레이트 지붕의 집, 버려진 차량 그리고 암초를 가로질러 깊은 바다로 뻗어 있는 낡은 강철 컨베이어 벨트만 남은 바다 한가운데의 유령 도시로 전락했다. 그럼에도 소수의 바나바인이 수십 년 동안 자신들의 고향을 재건하기 시작했고, 오늘날 이 섬의 인구는 약 300명에 달한다. 현재 이 섬에는 활주로도 없고 주요 산업도 없다. 외부 세계와의 교류는 몇 달에 한 번씩 섬에 들어와 하루나 이틀 정도만 머무는 보급선에 한정되어 있다.

●

20세기 동안 바나바섬의 인광석은 태평양과 인도양을 가로질러 퍼져 있는 (매장량이 비슷한) 몇몇 다른 작은 섬의 인광석과 함께 배에 실려 전 세계로 운송되었다. 하지만 대부분은 토양의 양분이 매우 부족했던 오스트레일리아와 뉴질랜드의 들판으로 향했다.

태평양의 이러한 인광석 매장지는 이 두 섬나라가 19세기의 후미진 영국 식민지에서 20세기의 경제 및 문화 강국으로 성장하게끔 만든 큰 원동력이었다. 인을 기반으로 한 두 국가의 녹지화는 시민에게 좀더 풍요로운 육류 중심의 식단을 제공했을 뿐만 아니라, 북미·유럽·중동으로의 식품 수출을 통해 국가의 부(富)도 성장시켰다.

비료 관련 역사학자 그레고리 커시먼(Gregory Cushman)은 이렇게 말한다. "오스트레일리아와 뉴질랜드가 영국제도(British Isles) 및 영국령 북아메리카와 거울상처럼 비슷하게 변한 것은 자연스럽게 일어난 일이 아니다. ……이 적도 아래 지역의 토양과 생물군을 재창조하려면, 여러 열대 섬을 체계적으로 파괴해야 했다."

오늘날 뉴질랜드인은 비행기와 헬리콥터로 숲을 포함한 시골 지역에 연간 200만 톤에 달하는 비료를 뿌려대고 있다.

따라서 20세기 후반에 태평양 섬들의 인 매장량이 고갈되기 시작했을 때 뉴질랜드인은 새로운 인 매장지를 확보하는 데 필사적이어야 했다. 그리고 한 곳을 발견했는데, 곧 지구상에서 유일하게 바나바섬보다 더 끔찍한 운명을 맞이할 터였다.

4

모래 전쟁

2018년 6월 16일 토요일은 미국의 우주 비행사 앤드루 퓨스텔(Andrew Feustel)의 비번일이었다. 그는 국제 우주 정거장의 사령관이었으므로 90분마다 지구를 한 바퀴 도는 것 외에는 딱히 갈 수 있는 곳이 없었다. 세 번의 우주 정거장 투어 경험이 있는 베테랑이자 열렬한 아마추어 사진작가이기도 한 그는 궤도를 선회하는 관측소의 러시아 모듈(module)로 가서 선실의 현창 중 하나에 대고 자신의 니콘 D5 셔터를 눌렀다.

러시아 모듈의 현창은 우주 정거장의 미국 모듈 측에 있는 장엄한 '큐폴라(cupola: 작은 건물의 돔 같은 양식의 둥근 천장—옮긴이)' 관측소의 창문보다는 작았지만, 우주 비행용 유리의 광학 품질은 더 좋았다. 우주에서 퓨스텔의 취미는 전 세계 자동차 경주장의 사진을 찍는 것이었기 때문에 '르망 24시'가 열리던 그날은 그에게 특히 더 중요했다. 우주 정거장이 시속 2만 4700킬로미터 이상의 속도로 프랑스를 향해 돌진할 때, 지질학 박사이기도 한 퓨스텔은 내려다보이는 아프리카 대륙에서 눈에 띄는 무언가를 발견했다.

그는 자신의 고향 행성을 내려다보며 보낸 시간에 대해 이렇게 말했다. "나는 지질 구조나 습곡 및 충산 단층대(fold and thrust belt, FTB: 수축하는 힘을 받는 지각으로 형성되는 조산대에 인접한 일련의 산악 지대—옮긴이), 판 경계가 수렴하는 곳, 빙하 작용으로 인해 접힌 지형이 보이는 곳을 찾는 걸 좋아한다." 그러나 약 400킬로미터 아래 모래땅에서 보이는 에치 어 스케치(Etch A Sketch: 손잡이를 돌려 구슬을 수직으로 움직이며 화면에 알루미늄 가루로 그림을 그리는 장난감—옮긴이)로 그린 것 같은 모습은 그러한 지질 구조 중 하나처럼 보이지 않았다. 그것은 얼핏 보면 마치 거대한 곤충이 사하라사막의 표면을 긁고 지나간 흔적 같았다.

니콘 카메라로 이미지를 확대할수록 더욱 선명하게 관찰할 수 있었는데, 그것은 지금까지 퓨스텔이 본 적 없는 광경이었다. "주로 직선형이고 네모진 특징 때문에 이것이 자연적인 게 아니라는 걸 쉽게 알 수 있었다." 1600밀리 렌즈로 포착한 퓨스텔의 사진을 환경 운동가들이 봤다면, 이것이 세계 최대 규모의 범죄 현장 중 하나라고 말했을지도 모른다. 불과 일주일 전 서아프리카 해안의 약 640킬로미터 상공에서 위성이 촬영한 또 다른 사진이 퓨스텔이 찍은 사진의 비밀을 밝혀냈다.

이 위성은 청록색의 대서양을 향해 3킬로미터 가까이 뻗어 있는 부두 위의 컨베이어 벨트에서 산더미처럼 쏟아지는 모래로 화물창을 채우는 200미터 길이의 화물선을 감시하고 있었다. 우주의 관점에서 보면, 그 장면은 도무지 이해가 되지 않았다. 그것은 마치 미국 본토가 왜소해 보일 정도로 광활한 사막에서 숨겨둔 모래를 배에 실어 훔쳐가려고 애쓰는 것처럼 보였다.

그러나 선박을 찍은 구글 이미지를 육지가 보일 때까지 축소하면, 퓨스텔이 촬영한 기괴한 지형의 중심부까지 사막을 가로질러 내륙으로 수백 킬로미터 길게 이어진 직선 레일을 발견할 수 있다.

퓨스텔이 자신도 모르게 포착한 사진 속 지역은 에스파냐 식민지 시절에 건설된 거대한 인광석 광산이라는 사실이 밝혀졌다. 그리고 광산과 화물선 사이를 가로지르는 지상의 줄무늬는 백악질의 인산암을 북대서양으로(그곳에서 전 세계의 농장으로) 운반하기 위해 반세기 전에 건설된, 세계에서 가장 긴 컨베이어 벨트였다.

그것은 또한 새로운 전선(戰線)이기도 하다.

에스파냐는 1970년대 중반 서부 사하라로 알려진 지역에 대한 식민지 소유권을 포기했고, 이곳은 광산과 함께 즉시 인접 국가인 모로코로 흡수되었다.

오늘날 모로코는 광산을 운영해 이윤을 얻고 있지만, 사우디아라비아의 유명한 가와르(Ghawar) 유전을 포함해 세계가 가장 탐내는 사막 중 하나의 실질적 소유권을 놓고 모로코와 이 지역 원주민인 사라위족(Sahrawis)은 점점 거세지는 폭력적 분쟁에 휩싸이고 있다.

퓨스텔은 말했다. "그 장소에 그렇게 많은 연관성이 있는지 전혀 몰랐다."

퓨스텔만 그렇게 생각한 것이 아니다. 수 세기 동안 대부분의 세상 사람들은 서부 사하라를 토착 유목민이 독사, 설치류, 전갈과 생존을 위해 경쟁하는 황무지에 불과하다고 생각했다. 그러다가 제2차 세계대전이 이웃 나라인 모로코와 알제리로 확산된 순간, 에스파냐의 한 지질학과 학생이 낙타를 타고 이곳을 지나면서 모든 것이 바뀌었다.

●

마누엘 메디나(Manuel Medina)는 1940년대 초 마드리드 대학의 박사과정 학생으로 서부 사하라를 조사하려 했다. 그의 탐험은 학문적 활동 그 이상이었다. 에스파냐는 제2차 세계대전 동안 본질적으로 중립을 유지했음에도 불구하고 1930년대의 내전으로 나라의 경제 상태가 망가져 2700만 명의 국민이 극심한 천연자원 부족에 시달리는 상황이었다.

메디나는 에스파냐의 독재자 프란시스코 프랑코(Francisco Franco)가 석유, 석탄, 철, 인같이 절실히 필요한 천연자원을 찾기 위해 당시 에스파냐 식민지였던 사하라의 모래와 흙을 조사하기 위해 파견한 지질학자 그룹 중 한 명이었다.[1] GPS와 랜드로버가 없던 시절이었기 때문에 당시 메디나같이 낙타로 이동하던 여행자들은 파도에 흔들리는 배처럼 끝없이 펼쳐진 모래 언덕으로 가득한 풍경을 지나야 했다. 지구상에서 가장 건조한 사막에는 지리적 표지가 너무 적기 때문에 마치 뱃사람 같은 대상(隊商) 지도자들은 육분의와 별에 의존해 A(생존하기에 충분한 물이 있는 장소)와 B(생존하기에 충분한 물이 있는 다음 장소) 사이의 무인 지대를 헤쳐나갔다.

석공 망치와 돋보기 등 당시의 조악한 야외용 도구만 갖춘 메디나는 서부 사하라의 고대(古代) 강바닥에 있던 부싯돌처럼 검은 바위에 자리를 잡고 책의 한 챕터처럼 그곳에 담긴 지질학적 역사를 읽고 있었다. 전해 내려오는 이야기 중 하나는 서부 사하라가 한때 거대한 바다를 품고 있었으며, 그 고대 해저에 남겨진 퇴적암층이 1920년대 이후 집중적으로 채굴된 이웃 모로코의 풍부한 인 매장지와 놀라울 정도로 유사하다는 것이었다.

프랑코는 사하라의 인 매장지 중심부를 조사하기 위해 대규모 과학자를 파견했는데, 알려진 바에 따르면 이 인 매장지는 유목민이 광활한 사막을 여행할 때 지표로 사용하던 모래밭에서 튀어나와 자라고 있는 나무 한 그루 아래에서 극적으로 발견되었다고 한다. 매장물의 범위와 성격이 결정되자 지질학자들은 계산 결과 지구상에서 가장 크고 풍부한 인 퇴적물을 발견했다고 발표했다.

바나바섬의 인 매장량이 거의 다 소진되어가던 1970년대 초, 에스파냐는 이 광산을 개발하기 위해 약 4억 달러를 투자했다. 하지만 너무 동떨어진 곳에 있었기 때문에 독일 기업으로 하여금 사막에서 암석을 캐내 북아프리카 해안에 특별히 건설한 부두의 화물선에 실을 수 있게끔 세계 최대의 컨베이어 벨트를 설계하도록 해야 했다. 이 광산에서 처음 채굴한 인광석은 1972년 일본으로 향하기 위해 컨베이어 벨트를 따라 배에 실렸다. 몇 년이 채 되지 않아 광산은 약 2600명의 근로자를 고용했다.[2]

에스파냐는 이 광산이 자국 경제와 사라위족의 경제 모두에 도움을 주는 것으로 여겼다. 하지만 사라위족은 그것을 노골적인 강도 짓으로 간주하고 컨베이어 벨트에 대한 군사 공격을 시작했다. 프랑코에게는 또 다른 싸움을 벌일 여력이 없었다. 그래서 에스파냐는 1975년 서부 사하라에서 손을 떼기로 협상하고, 모로코가 이 영토에 대해 국제적으로 인정된 권리가 없음에도 불구하고 광산 주변 지역과 광산 자체에 대한 통제권을 그 나라에 넘기기로 했다.

반세기가 지난 지금도 유엔은 서부 사하라를 독립 국가로 분류하지 않고 있으며, 이 지역에 대한 모로코의 주장도 공식적으로 인정하지 않는다. 대신 서부 사하라를 "탈식민지화 과정에서 발생한 비자치 지역"으로 표현하고 있다.[3]

이것은 길고 피비린내 나는 과정일 게 확실했다.

●

1975년 모로코의 하산 2세(Hassan II)가 35만 명의 신민을 진홍빛의 모로코 국기와 《코란》 사본, 국왕인 자신의 모습이 담긴 포스터를 흔들며 국경을 넘어 에스파냐가 떠나간 그곳으로 서둘러 이주시킨 이후, 서부 사하라에 대한 통제권을 누가 가져야 하는지에 대한 논쟁이 벌어졌다.[4] 국왕은 자신의 정부가 "태초부터" 모로코의 일부였다고 주장하는 지역을 19세기 에스파냐에 점령당해 발생한 문화적 분열을 보완하는 것일 뿐이라고 주장했다.[5]

국왕이 서부 사하라에 이주시킨 모로코 국민 대부분은 그곳에 도착하자마자 방향을 틀어 곧바로 다시 고향으로 향했다. 그러나 남쪽으로 나아가는 동안 국민들 옆에 있던 수천 명의 군인은 그렇지 않았다. 그들은 가장 긴 전쟁 중 하나이자 듣도 보도 못한 일방적 전쟁이 되어버린 사라위족 저항군에 대한 학살을 자행했다.

이 전쟁은 처음부터 기울어진 운동장이었다. 전쟁 당시 모로코 인구는 2000만 명이었다. 반면 사라위족 인구는 고작 5만~10만 명이었으며, 그중 절반 정도가 인접 국가인 알제리의 임시 난민 캠프로 도망쳤는데, 그 대부분이 여성이나 어린이 또는 거동이 불편한 사람들이었다.

모로코와 서부 사하라에 파견된 수만 명의 군인에게 이 전쟁은 단지 그 지역에 대해 자신들이 주장하고자 하는 권리를 두고 벌어지는 것도 아니고, 또는 특히 인광석 광산에서 얻을 수 있는 잠재적 이익과 관련이 있는 것도 아니었다. 그것은 그저 사업상의 이유로 벌어진 전쟁이었다. 모로코는 자국 영토에 대규모 인광석 매장지와 광산을 보유하고 있었다. 1970년대에는 OPEC처럼 세계 시장에서 인광석 가격을 좌지우지할 수 있을 만큼 인 시장에 큰 영향을 끼쳤다. 하지만 서부 사하라 광산과 경쟁한다면 패배할 게 뻔했다.

1976년 캐나다의 한 신문은 이렇게 보도했다. "모로코의 점령은 단순한 소유 측면에서 볼 때는 중요하지 않지만, 하산 왕이 생산 제한을 통해 인의 가격을 유지하는 능력이 향상되었다는 측면에서는 그렇지 않다. 그는 이제 세계 인산염 무역의 80퍼센트를 통제하고 있다."[6]

처음에 취재한 소수의 언론인이 이따금 "모래 전쟁"이라고 언급한 이 분쟁(1960년대 모로코와 알제리의 분쟁도 종종 '모래 전쟁'이라고 불렸다)은 유엔이 1991년 휴전을 중재할 때까지 15년 동안 사그라지고 불타오르길 반복했다. 오늘날 서부 사하라를 둘로 나눈 길이 2750킬로미터, 높이 3미터의 모래와 바위로 만들어진 벽을 따라 게릴라전이 격화하면서 그 깨지기 쉬운 평화가 무너지고 있다. 모로코에서 건설한 장벽의 대서양 쪽에는 그 나라가 지금까지도 '남부 지방'이라고 부르는 곳이 있는데, 사라위족은 그곳을 '빼앗긴 고향'이라고 부른다. 대서양 연안을 따라 위치한 광산과 비옥한 어장은 또한 서부 사하라에서 경제적으로 가장 가치 있는 지역이다.

대포와 수백만 개의 지뢰로 둘러싸인 초소에서 활동하는 모로코 군인들이 순찰하는 이 둔덕은 오늘날 군사 활동이 이루어지고 있는 지구상에서 가장 긴 경계선이다.

이러한 화력 아래 광산은 1980년대부터 어느 정도 지속적으로 운영될 수 있었으며, 서부 사하라의 부(富)가 전 세계로 퍼질 수 있었다. 사하라사막의 인으로 만든 비료는 오랫동안 미국 대두 작물의 수확량을 증가시켰다. 또한 비둘기콩, 밀, 기장을 심은 인도의 진흙밭을 갈고 있는 트랙터 뒤에도 흩뿌려졌다. 유럽에서는 보리·감자·쌀·호밀 작물의 생산을 북돋아줬고, 멕시코에서는 옥수수 줄기가 나무만큼 자라도록 해줬다.

그러나 최근 몇 년 동안 사라위족을 지지하는 인권 단체들은 모로코로부터 인을 구매하지 말도록 유럽과 북미의 비료 회사들에 성공적인 압력을 가했다. 그럼에도 그들의 불매 운동은 사라위족의 망명 생활을 끝내는 데 아무런 도움이 되지 않았으며, 난민 캠프에는 전쟁에 대한 소문이 돌기 시작했다.

서부 사하라의 광산을 운영하기 시작하고 50년이 지나는 동안, 이곳에서 발생한 폭력 사태는 아프리카 대륙 이외의 지역에서는 큰 뉴스거리가 아니었다. 그러나 세계는 오늘날 이 사막을 뒤흔들고 있는 문제에 주목할 필요가 있다. 이것은 다음 반세기 동안 인류 문명이 직면할 문제로서, 리비히의 최소량의 법칙이 전 세계적으로 실현될 것이라는 위태로운 전망을 각국이 깨닫게끔 해준다.

●

매일 생산하는 거름이나 수년 또는 수십 년에 걸쳐 퇴적물이 보충될 수 있는 구아노와 달리, 세계의 현대 농업 시스템을 유지하는 인산암 퇴적물은 인간의 시간 규모에 맞춰 재생되지 않는다. 이것은 결국 지구상 모든 사람의 재정 상태와 식량 전부에 문제를 일으킬 가능성이 높다는 뜻이다.

서부 사하라의 인산암 퇴적층은 다른 퇴적층과 마찬가지로 고대의 해저에 죽은 유기체가 쏟아진 후 오랫동안 건조되어 만들어진 것이다. 지질학자들은 죽은 생명체가 해지에 축적되어 인이 풍부한 퇴적암을 형성하고, 그 암석 매장지가 융기를 통해 육지로 솟아나는 데 수백만 년이 걸린다고 지적한다. 이는 인간이 일단 기존의 인산암 매장지를 전부 파헤쳐버리면, 이후에 마치 기적처럼 무한한 자원이 또 나타날 것이라는 기대가 터무니없다는 걸 의미한다. 아울러 미국 대통령을 포함해 세계에서 가장 영향력 있는 정치인들을 오랫동안 불안하게 만들었으며, 인류가 직면한 현실이기도 하다.

미국 대통령은 플로리다주의 대유럽 인광석 수출이 증가하는 것과 더불어 자국의 인광석이 빠르게 고갈되고 있다는 점을 지적한 뒤 이렇게 선언했다. "농업과 토양 보존뿐 아니라 국민의 건강과 경제적 안보 차원에서 인의 중요성은 아무리 강조해도 지나치지 않다. 따라서 국가가 현세대와 다음 세대의 이익을 위해 인산염의 생산과 보존에 필요한 정책을 채택해야 할 때다."

대통령의 경고는 미국의 옥수수, 밀, 대두 및 채소 작물에 대한 비료 수요가 최고조에 달했던 '그해' 5월에 나왔다. 바로 1938년이었다.

프랭클린 루스벨트의 권고는 지구상에 약 20억 명의 인류가 살고 있을 때이자 20세기 후반 들어 쌀, 밀, 옥수수 같은 필수 작물의 수확량을 폭발적으로 증대시킨 녹색 혁명에 의한 첫 싹이 돋아나기 전에 발표되었다. 지구 전체의 신진대사를 촉진한 이 혁명은 1950년대에 시작되었으며, 많은 수확량을 얻을 수 있도록 하는 품종 개량, 현대적 관개 시스템, 다량의 인 및 질소 기반 비료의 조합 덕분에 일어났다.

녹색 혁명은 유엔에서 인류의 절반 이상이 기아 위험에 처해 있다고 계산한 바로 그 순간부터 시작되었다. 이는 제3세계 전역의 셀 수 없이 많은 생명을 구했을 뿐만 아니라, 1970년 대비 오늘날의 세계 인구를 거의 2배로 증가시켰다.

리비히의 최소량의 법칙에 따르면 질소 제한을 풀기 위해서는 인 공급도 거기에 맞춰야 하는데, 마침 광산 채굴 덕분에 1950~2000년 비료 생산량이 6배나 증가했다.[7] 그러나 우리가 향하고 있는 미래는 인 추출 속도가 계속해서 빨라져야 한다. 왜냐하면 지금부터 한 세대 안에 인구가 20억 명 더 늘어날 것이며, 그들도 매일 식사를 해야 하기 때문이다. 게다가 지금은 전 세계 식단이 육류 위주로 바뀌고 있다. 이것은 훨씬 더 많은 면적에 곡물을 재배해야 하는 상황을 요구하므로 일부 농업 전문가는 2050년까지 지구의 작물 생산 능력이 다시 2배로 늘어나야 한다고 보고 있다.[8] 하지만 이는 쉽지 않을 것이다.

2019년까지 미국, 알제리, 오스트레일리아, 브라질, 중국, 이집트, 핀란드, 이스라엘, 요르단, 카자흐스탄, 멕시코, 페루, 러시아, 사우디아라비아, 세네갈, 남아프리카공화국, 시리아, 토고, 베트남, 모로코, 서부 사하라와 일부 다른 국가의 몇 안 되는 소규모 작업장을 포함한 광산에서는 매년 약 2억 5000만 톤의 인광석을 캐냈다.[9]

이는 지구가 버틸 수 없는 수준의 추출 속도다. 쉽게 채굴할 수 있는 세계의 인산암 매장량 추정치는 수십 년(가망이 없는 수준)부터 수 세기 분까지 다양하다. 그러나 단순히 인산암의 완전한 고갈만이 문제가 아니다. 일부 인 전문가는 지구의 인 매장량 감소와 광석의 품질 저하, 수확 비용 상승으로 수요가 공급을 초과하기 시작하는 '피크 인'의 순간이 도달하면 문제가 발생할 것이라고 말한다. 지구의 인 매장량이 사라지면 우리도 마찬가지로 사라질 것이다. 모로코가 서부 사하라를 침공하기 전 해에 유명 작가 아이작 아시모프는 이런 말을 남겼다. "인이 모두 사라질 때까지 생명체는 증가할 수 있겠지만, 그 이후로는 아무것도 막을 수 없는 냉혹한 멈춤만이 있을 것이다."

오늘날 미국은 이 문제에 특히 취약하다. 일부 인 전문가는 미국이 이번 세기가 끝나기 전에, 어쩌면 그보다 더 빨리 인 부족에 직면할 수 있다고 말한다. 3억 명의 인구를 위한 에너지 안보 개념은 적어도 식량 안보에 비하면 갑자기 한층 다루기 쉬운 문제처럼 보인다.

'플로리다 산업 및 인 연구소'의 정보 프로그램 책임자 게리 앨버렐리(Gary Albarelli)는 "인은 석유보다 훨씬 더 중요하다"고 내게 말한 적이 있다.

●

미국은 식량 가격이 상대적으로 저렴한 편이다. 정부가 정한 빈곤층 기준에 부합하는 많은 사람 입장에서도 저렴하기 때문에 미국에선 기아를 상상하기 어렵다. 미국 빈곤층 하위 20퍼센트는 여전히 소득의 약 16퍼센트만을 식량 구입에 사용한다. 그래서 배를 곯기 전에 다른 지출을 줄일 여유가 있다. 그러나 식량 구입액이 가족 소득의 4분의 3에 달하는 베트남, 나이지리아, 인도네시아 같은 곳에서는 상황이 다르다.[10]

또 다른 지역에서는 식량 비용이 **모든** 가계 예산을 잡아먹기도 한다. 그리고 녹색 혁명에도 불구하고 매년 5세 미만 어린이 300만~400만 명이 영양실조로 사망한다. 이 아이들은 세계은행(World Bank) 총재 로버트 졸릭(Robert Zoellick)이 2008년 4월 경고한, 기아와의 싸움에서 이미 "여유가 없는" 곳에 살고 있다.[11] 그로부터 불과 일주일 뒤, 1만 명의 방글라데시인이 치솟는 쌀 가격을 따라잡지 못하는 임금에 항의하기 위해 거리로 몰려나왔다. 경찰은 정부 기관, 섬유 공장, 대중교통 시스템에 대한 시위대의 공격을 저지하기 위해 최루탄을 발사했다.

실제로 2008년에는 식량 폭동이 전 세계적으로 만연했는데, 당시 옥수수·밀·쌀의 가격이 불과 12개월 만에 거의 2배로 올랐다.

기아로 인한 불안이 이집트·카메룬·인도네시아·아이티를 뒤흔들었다. 특히 아이티에서는 대통령궁 습격을 포함한 식량 시위로 5명이 사망했다. AP 통신은 이렇게 보도했다. "몇 달 동안 굶주린 아이티인들은 배고픔으로 인한 복통이 마치 '락스를 먹는 것과 같다'고 비유했다. ……가장 절망적인 사람들은 전통적으로 허기를 달래던 방식인 흙, 식물성 기름, 소금으로 만든 가짜 쿠키에 의존하고 있다."

2008년의 식량과 인 비료 가격 급등은 중국과 인도처럼 빠르게 발전하는 국가에서 육류 수요가 증가한 데에도 이유가 있었다. 그뿐만 아니라 농작물을 파괴하는 폭풍, 치솟는 유가, 미국과 다른 부유한 국가에서 휘발유 공급 보충제로서 곡물 기반 에탄올 사용이 늘어난 것도 주요 원인이다.

대부분의 서구인은 배가 부른 상태인지라 이런 사건에 거의 관심을 기울이지 않았다. 게다가 그중 많은 사건이 그들과 반대편에 있는 세계에서 벌어졌다. 하지만 이는 곧 90억 명으로 늘어날 영혼들을 싣고 우주를 떠다닐 똑같은 행성에서 일어난 일이다.

지구를 우주에 떠다니는 구명보트로 생각한다면, 우리는 지구상에서 발생하는 그 어떠한 영양 결핍 문제도 절대로 가볍게 여겨선 안 되고 늘 경각심을 가져야 한다.

굶주린 생존자가 단 한 명이라도 올라탄 구명보트에서는 결국 그 누구도 안전하지 않다.

●

보스턴에 거주하는 억만장자 투자자 제러미 그랜섬(Jeremy Grantham)

은 다가올 불황을 예측함으로써 많은 돈을 벌었다. 그는 1989년의 일본 버블 경제, 2000년의 닷컴 버블, 2008년의 서브프라임 모기지에 대해 경고했다. 그러나 이러한 금융 붕괴 중 그 어느 것도 세계가 인 고갈을 맞이한 후 수십 년 동안 발생할 혼란에는 근접조차 못 하는 수준이다.

그랜섬은 이렇게 말했다. "이 비료가 고갈되면 어떻게 될지에 대해서는 도대체 만족스러운 답을 얻을 수가 없었다. 정말이지 나는 해답을 얻기 위해 계속 시도했다. ……결론은 단 하나뿐인 것 같다. 향후 20~40년 동안 인의 사용을 대폭 줄여야 한다. 그렇지 않으면 우리는 굶어 죽기 시작할 것이다."[12]

그랜섬의 엄중한 경고는 투자자들에게 보내는 연례 뉴스 레터나 〈파이낸셜 타임스(Financial Times)〉 같은 비즈니스 간행물에 실리지 않았다. 대신 아인슈타인이 상대성 이론을 발표하고 DNA의 선구자 제임스 왓슨(James Watson)과 프랜시스 크릭(Francis Crick)이 저 유명한 이중나선을 공개한, 그리고 세계 최초의 복제 포유류 돌리(Dolly)에 대한 논문을 게재한 과학 저널 〈네이처(Nature)〉에 실렸다. 저명한 과학 저널 편집자들은 그랜섬의 경고에 관심을 보였지만, 금융계나 광물 추출 업계는 그렇지 않았다.

보수적인 애덤 스미스 연구소(Adam Smith Institute)의 선임 연구원 팀 워스톨(Tim Worstall)은 그랜섬의 주장에—한편으론 흥미로워하고 한편으론 안타까워하면서—한 수 가르쳐주겠다는 식으로 대응했다.

〈포브스 매거진(Forbes Magazine)〉에 실린 워스톨의 대위법(對位法)은 기술적 채굴 용어인 매장량 대(對) 자원에 기반을 두었다. 매장량은 기존 기술과 경제성의 한계를 고려해 지질학적으로 정의되고 채굴 가능한 것으로 여겨지는 광물의 양을 의미한다. 반면, 자원은 지구 전체에 존재하는 것으로 알려진 것에 대한 전반적인 추정치를 말한다. 광산 회사나 정부가 새로운 매장지를 찾고 그걸 정의하는 비용을 부담한다면, 자원은 매장량이 될 수도 있다. 워스톨은 다음과 같이 말했다.

"털이 수북한 지질학자에게 작은 망치를 쥐여준 다음 언덕 위로 올려보내 구멍을 뚫고 샘플링 작업을 하게 하는 데 많은 비용이 든다는 사실을 당신이 지금까지 몰랐다고 할지라도, 이는 그다지 놀라운 일이 아니다. 그렇기 때문에 우리는 향후 수십 년 안에 발굴 가능성이 있는 경우에만 이 작업을 수행한다. 따라서 광석 매장량은 어느 시점에서든 수십 년 동안만 사용할 수 있는 것처럼 보인다."[13]

다시 말해, 워스톨은 지구의 인 매장량이 그토록 위험할 정도로 낮은 것처럼 보이는 이유가 아이러니하게도 여전히 다음 세대에 걸쳐 사용할 만큼 충분하기 때문이라고 주장한 것이다.

"그랜섬은 실제로 돈 버는 방법을 알고 있을 수도 있다. 그러나 다음에 그가 광산 매장량과 자원의 가용성에 대해 이야기하고 싶을 때는 기술 사전을 참고하길 권한다. 그는 학생들이나 하는 어처구니없는 생각의 오류를 범하고 있을 뿐이다."

컬럼비아 대학의 농업·식량안보센터 소장 페드로 산체스(Pedro Sanchez)는 지구의 인 매장량이 곧 고갈될 거라는 우려는 과장된 것이라는 데 동의했다. "내가 일하는 50년 동안, 10년에 한 번씩은 인이 고갈될 거라고 사람들이 말한다.[14] 하지만 이는 매번 반증되었다.

가장 신뢰할 만한 모든 추정치는 우리가 300~400년 이상 지속될 충분한 인산암 자원을 갖고 있음을 보여준다." 이어서 산체스는 인 채굴을 더욱 효율적으로 만들어줄 기술이 발전하고 있다고 설명했다. 그는 또한 해저(海底)에 언젠가 우리의 농경지로 향할 광대한 잠재적 매장량이 있다고 확신했다.

그러나 인 부족에 대한 이 논쟁에서 놓치고 있는 게 있다. 그건 바로 우리가 사는 곳의 생명을 파괴해가면서까지 지구의 인산암을 고갈시킬 필요가 있냐는 것이다.

인 매장량은 대륙은 물론 국가 전체에도 고르게 분포해 있지 않다. 우리가 살펴본 것처럼 대부분의 매장량은 모로코와 서부 사하라 국경 안쪽에 있으며, 이것이 세계 매장량의 70~80퍼센트를 차지한다. 세계적으로 필수적인 이 자원의 초집적화를 그랜섬이 "세계 경제 역사상 가장 중요한 준독점"이라고 부른 이유다.

예를 들어, 미국의 경우 약 10억 톤의 인산암 매장량이 남아 있고(플로리다주의 무분별한 개발이 매장량을 아끼려는 노력에 심각한 방해를 초래하고 있다), 연간 약 2500만 톤을 채굴한다. 이로 인해 세계에서 가장 부유한 국가임에도 불구하고 30년 또는 40년 내에 기존 인 매장량이 고갈될 위험에 처해 있다. 그 후에는 국민의 식량 문제를 해결하기 위해 다른 국가에 의존할 수도 있다. 그리고 알제리·오스트레일리아·브라질·이집트·요르단·카자흐스탄·페루·러시아·튀니지를 포함한 전 세계 국가들이 상대적으로 적은 양의 매장량을 개발하기 위해 안간힘을 쓰는 동안, 모로코가 언젠가는 세계 최고의 인 자판기로 떠오를 것이다. 그리고 생명에 필수적인 이 요소를 통제하는 건

단지 한 국가가 아닐 것이다. 한 가문, 심지어 한 사람이 모든 걸 통제할 것이다.

서부 사하라에서 모로코가 소유권을 주장한 광산을 포함해 모로코의 다른 인 광산을 소유한 회사의 주식 대부분은 정부가 보유하고 있으며, M6으로도 알려진 모로코 국왕 무함마드 6세가 모로코 정부 자체를 통제하고 있다.

만약 세계 최대 규모의 인 매장량을 누가 관리하고 있는지 궁금하다면, 모로코 최대 규모의 경제 기업 중 하나인 (모로코 정부가 운영하는) 인 비료 회사에 대한 최근 연례 보고서의 첫 장을 넘겨보면 확실하게 알 수 있을 것이다.[15] 거기에는 다음과 같은 문구와 함께 M6의 초상화가 있다. "무함마드 6세 폐하께 신의 영광이 함께하길." M6의 통치하에서는 이슬람을 비방하거나, 왕을 비방하거나, 동성애를 했다는 이유로 투옥될 수 있다.

그랜섬은 2018년 2명의 북유럽 여성 관광객이 모로코에서 휴가를 보내던 중 이슬람 극단주의자들에 의해 참수됐다는 소식이 전해지기 얼마 전 다음과 같이 발표했다. "이처럼 심한 격차를 지닌 자원의 매장 비율로 인해 OPEC과 사우디아라비아가 절대 강자처럼 여겨지는데, 인산염은 심지어 석유보다 훨씬 더 중요한 자원이다. 만약 ISIS(The Islamic State of Iraq and Syria: 이라크-시리아 이슬람 국가. 극단주의적 이슬람 테러 조직-옮긴이)가 모로코를 점령한다면 나는 …… 일주일 안에 중국이나 미국 또는 두 국가 모두의 군대가 개입할 거라고 확신한다. 우리에게 모로코의 매장량이 없다면 현재 이루어지는 농업 방식으로는 아마도 35~40년밖에 버틸 수 없을 것이다."[16]

•

1975년 모로코의 서부 사하라 침공 당시 탱크와 기관총 사격을 피해 피난처를 찾은 사라위족 난민 중에는 현재 30대 초반이 된 나즐라 무하메드라민(Najla Muhamedlamin)의 할머니와 어머니도 있었다. 나즐라의 어머니는 여섯 살 때 가족과 함께 알제리 국경의 난민 캠프 안전지대로 도망쳤다. 나즐라의 어머니와 형제자매들은 전운이 사그라들어 집으로 돌아갈 수 있을 때까지 몇 주 어쩌면 한두 달 동안 이 급조된 건물에서 버텨야 한다는 말을 들었다. 그런데 시간은 4개월이 4년이 되었고, 4년이 40년이 되어버렸다.

오늘날 그녀의 가족은 여전히 난민 캠프에서 살고 있다. 황갈색 천막 안에서 잠을 자고 유엔 세계식량계획(WFP)의 구호 요원들이 전해주는 50킬로그램짜리 쌀 포대에 의존하고 있다. 그들은 땅에 뚫어놓은 구멍을 화장실로 삼고, 여전히 주전자에 식수를 배급받아 마신다.

현재 약 12만 5000명의 사라위족이 알제리 내 여러 난민 캠프에서 이런 방식으로 살아가고 있다. 사라위족의 여러 세대가 천막촌에서 자라고 늙었다. 모로코가 운영하는 서부 사하라의 인 광산은 난민 캠프에서 서쪽으로 자동차로 하루도 채 안 걸리는 거리에 위치해 있고, 24시간 내내 가동하며 인권 운동가들의 보이콧 캠페인이 있기 전까지 적어도 연간 25억 달러 이상을 벌어들였다.

여덟 살 때 나즐라는 지구 전체가 사막으로 이뤄져 있고, 물을 한 컵이라도 엎지르면 모든 사람이 심하게 혼나는 세상이라고 믿었다. 그러던 중 한 인도주의 단체가 나즐라를 에스파냐로 데려가 여름

캠프에 참가할 수 있도록 해줬다. "맙소사!" 나즐라는 자신이 살아온 천막촌 밖의 세상을 처음 접한 경험을 나에게 말해주었다. "처음 수영장을 봤을 때 '뭐지?'라고 생각했어요. 우리에게 물은 정말 정말 소중한 것이에요. 그리고 물을 낭비하면 큰 문제가 생길 거예요. 그런데 이 소중한 물속에서 사람들이 **놀고 있는** 모습이라니요?"

그리고 그곳엔 텔레비전과 자동차, 쇼핑몰과 음식, 특히 내부가 거의 네온 핑크색에 가까운 과즙이 넘쳐나는 초록색 수박이 있었다. "이렇게 생각해보세요. '이런 게 다 존재한다고?' 그러면 이때부터 뭔가 한참 잘못되었다는 걸 깨닫게 될 겁니다."

천막촌으로 돌아온 나즐라는 처음엔 이웃 난민 캠프에 있는 작은 학교에서, 그다음엔 오스트리아와 에스파냐에 장기 체류하며 꾸준히 교육을 받았다. 2016년 미국 워싱턴주 서부에 있는 커뮤니티 칼리지에 진학했고, 2018년에는 준학사 학위를 받았다.

졸업 후 나즐라의 목표는 자신이 살던 난민 캠프뿐만 아니라 언젠가는 거의 50년 전에 모로코가 빼앗은 땅으로 돌아가는 것이었다.

비록 모로코가 서부 사하라를 점령한 목적이 관련 민족을 재결합하는 데 있다고 오랫동안 주장해왔지만, 사실은 해안 조업권과 더불어 인 광산이 주된 침공 이유라고 나즐라는 말했다. "만약 이 땅이 유목민만 살고 아무것도 없는 사막이었다면 누가 그걸 원하겠어요? ……우리의 죄는 단지 우리 땅에 인산염이 풍부했다는 것 하나뿐입니다."

최근 몇 년간 인권 운동가들이 여러 국가와 기업에 모로코 국왕의 부당한 재산, 즉 인을 구매하지 못하도록 압력을 가하면서 이런 지정학적 문제가 모로코를 곤경에 빠뜨리고 있다. 그들의 캠페인이 효과를 보고 있는 것이다. 2012년에는 전 세계적으로 서부 사하라 인산암이 3억 달러 넘게 판매된 것으로 알려졌으나, 이후 구매자가 급격히 감소하는 추세다. 2018년에는 서구 국가 중 뉴질랜드가 아마도 **유일한** 구매국이었을 것이다.

나즐라는 2018년 뉴질랜드의 미디어 매체 〈스터프(Stuff)〉에 게재한 공개서한에서 이렇게 썼다. "여러분의 토양을 녹색으로 바꾸는 데 우리나라의 국부(國富)가 쓰이고 있는 것입니다. ……영양실조에 걸린 난민들이 유엔으로부터 기부금을 받을 때마다 우리는 여러분을 떠올립니다. 그리고 다른 방법으로 생각해보시기를 부탁드립니다. 우리나라의 국부를 머나먼 곳으로 운송해 모로코가 돈을 버는 걸 그저 손 놓고 바라볼 수밖에 없을 만큼 우리는 불행하고 가난합니다."[17]

이 '피의 인(Blood Phosphate)' 캠페인의 목표는 모로코가 서부 사하라에서 철수하고 광산을 사라위족에게 넘겨 그들이 조상의 땅으로 돌아갈 수 있는 자유와 경제적 출발점을 제공하는 것이다.

모로코의 사라위족 정복 문제가 해결될지 여부는 (건설적이고 파괴적인 측면 모두에서) 점점 더 비좁아지는 지구에서 인 원자의 힘이 얼마나 강력한지를 깨닫는 데 달려 있다. 인은 정치적 구분을 넘어 흐르면서 국가들을 하나로 모으거나, 아니면 갈라놓을 것이다. 그 구분이 지도상의 선으로 그어져 있든, 서부 사하라의 둔덕이나 바다처럼 광대한 물리적 장벽으로 나뉘어 있든 말이다.

나즐라는 비관적이다.

2018년 알제리 난민 캠프로 돌아가기 직전 나즐라는 나에게 말했다. "결국 전쟁이 유일한 해결책이 될 것이라는 점이 매우 걱정스러워요."

2021년 무장한 사라위족은 둔덕으로 둘러싸인 광산에 특공대 공격을 재개했다.

THE DEVIL'S ELEMENT

2부

인을 사용한 대가

5

더러운 비누

1956년 3월의 어느 쌀쌀한 아침, 위스콘신주 리즈버그(Reedsburg) 시내에서 12세 소년 찰스 프로시(Charles Frosch)는 집으로 향하는 지름길로 가다가 제방에서 떨어져 거품이 이는 바라부강(Baraboo River)에 빠졌다. 함께 있던 친구가 줄을 던져 구해주려고 했지만, 푹 젖어 무거워진 겨울 외투의 무게 때문에 찰스는 줄에 닿지 못한 채 계속 강물 속으로 가라앉았다. 구조대 수십 명이 도착해 먼저 육안으로 찰스를 찾았다. 하지만 여의치 않자 물에 빠져 죽은 사람의 시체를 걸어 올리는 굴착기로 수로를 샅샅이 뒤졌다. (이로 인해 나중에 수로 복구에 애를 먹었다.)

곧이어 지역 소방서와 경찰서에서 달려온 수색대 수십 명이 현장에 투입되었다. 강둑에 줄지어 늘어선 구경꾼 수백 명이 코트 주머니에 손을 넣은 채 소년의 시신이 수면 위로 떠오르기만을 기다리고 있었다. 찰스를 찾는 데는 돌풍, 살을 에는 듯한 기온, 유빙뿐만 아니라 비누 거품도 방해를 했다. 비누 거품이 이쪽 강둑에서 건너편 강둑까지 가득 채워 마치 수로를 질식시키고 있는 것만 같았다.

소방관들이 고압 호스로 물을 뿜어 거품을 제거하려 했으나 실패했다. 제2차 세계대전 당시 사용하던 수륙양용 수송 차량인 '덕(Duck)'을 이용해 거품을 밀어내려고 노력했지만 그것도 헛수고였다. 다이너마이트도 효과가 없었다. 미 공군이 헬리콥터를 파견하기까지 했다. 조종사가 헬리콥터의 로터 블레이드(rotor blade)를 내려서 거품을 날려버릴 생각이었지만, 걷히는 것보다 더 빠르게 거품이 계속 만들어졌다.

소년의 겨울 모자만 며칠 뒤 발견되었다.

거의 두 달이 지나서야 리즈버그 경찰서장은 찰스가 수면 아래로 미끄러져 들어간 곳으로부터 불과 몇 미터 떨어진 곳에서 각종 잔해 속에 얽힌 찰스의 유해를 발견할 수 있었다. 당시 뉴스 보도에 따르면, 4월 22일 리즈버그 영안실에서 소년을 위한 묵주기도를 진행하고, 다음 날 인근 성심(聖心) 가톨릭교회에서 장례식이 열릴 것이라고 했다.

하지만 이상하게도 거품의 원인을 밝히려는 언론 보도는 없었다. 거품으로 가득한 강이 평범하지 않다는 보도 또한 없었다. 1950년대 중반의 일이니 당연했다. 당시는 세탁 세제 사용을 시작한 시기였고, 거품이 이는 강과 호수가 하룻밤 사이에 자연스럽게 여겨지기 시작한 때였다.

그러나 1950년대 슈퍼마켓 진열대에 갑자기 넘쳐나기 시작한 강력한 합성 비누 상자는 '자연스러울' 게 전혀 없었다. 새로운 세제에 들어간 화학 물질 중 하나가 (세탁기의 회전판이 휘저어 배출하는) 더러운 물을 그대로 받아들이는 강과 호수·바다에 거품을 생성하는 것으로 밝혀졌다.

새로운 합성 비누의 이 또 다른 중요 원소는 더욱 악마 같은 부작용을 초래했다. 그것은 수로만 오염시킨 게 아니었다. 그것은 온갖 것을 불태워버렸다. 그 끔찍한 성분은 바로 인이었다.

●

오늘날 비누와 세제는 종종 같은 의미로 쓰이지만, 두 단어는 기술 영역에서 마차와 테슬라 자동차만큼이나 멀리 떨어져 있다. 인류는 수천 년 전부터 동물성 지방과 잿물을 혼합해 피부, 머리카락, 옷에서 기름과 때를 제거하는 능력이 뛰어난 분자로 이뤄진 비누를 만들어왔다.

비누 분자의 놀라운 능력은 한쪽 끝이 친수성(親水性)이어서 물에 더 '젖게' 만든다는 것이다. 이는 물을 구형(球形)이 되도록 하는 물 분자 사이의 접착제 같은 결합력을 약화한다. 이렇게 되면 천 조각, 머리카락 한 가닥 또는 피부 조각의 보이지 않는 3차원 세계인 미세한 균열, 틈 및 이음새 속으로 비눗물이 쉽게 침투할 수 있다.

비누 분자의 꼬리 끝에는 또 다른 세정 관련 작용기가 있는데, 이것은 친유성(親油性)으로 미세한 기름과 때 입자를 끌어당겨 빠르게 결합한다. 따라서 비누에 '젖은' 물은 약간의 기름기와 때 사이를 떠다니며 세정을 시작할 수 있다. 그런 다음 오염 물질에 대한 친화도가 높은 비누 분자의 꼬리 끝부분이 떠다니는 얼룩 때를 둘러싸는 동시에 비누 분자의 (물을 좋아하는) 다른 끝부분은 주변 물 분자에 비슷한 힘으로 부착된 상태를 유지한다. 그 결과 닦아낸 모든 먼지·오염물·박테리아로 가득한 작은 방울이 물속을 떠다니고, 이것이 세탁물과 다시 결합하기 전에 씻어내면 세정이 이뤄진다.

비누는 수 세기 동안 가정에서 수작업으로 만들었지만, 1800년대 중반부터는 산업 규모로 생산하기 시작했다. 가장 큰 제조업체 중 하나는 신시내티에 본사를 둔 프록터 앤드 갬블(Procter & Gamble, P&G)이었는데, 이 회사는 남북전쟁 당시 도시의 도살장에서 발생하는 지방 폐기물을 양초와 비누로 전환해 돈을 벌어들였다. 〔당시 포코폴리스(Porkopolis), 즉 '돼지 도시'로 알려졌던 오하이오주 남부의 이 도시에서는 너무나 많은 돼지를 도살해 운하가 돼지 피로 붉게 물들었다고 한다.〕 군인에게는 총알, 군화, 담요가 필요한 것만큼이나 어둠을 헤쳐 나가기 위해 양초가 꼭 필요했다. 그들에겐 또한 비누도 필요했는데, 사실 비누에는 그들이 아는 것보다 훨씬 더 많은 쓸모가 있었다. 남북전쟁 당시에는 군인 한 명이 전사하면 질병으로 인해 2명이 더 사망했다.[1] 의학계가 치명적인 질병을 일으키고 퍼뜨리는 미생물의 역할과 이에 대적하는 비누의 강력한 능력을 파악하기 전에 전쟁이 끝났기 때문에 설사와 이질만으로도 수만 명의 군인이 목숨을 잃었다.

전쟁이 끝나고 몇십 년이 지난 후 전구가 발명되어 양초 제조 사업이 위기에 처했지만, P&G는 값싼 비누를 생산해 계속해서 많은 돈을 벌 수 있었다. P&G처럼 청결에 대한 대중의 갈망을 잘 활용한 회사는 없었다.

1800년대에 비누는 일반적으로 정육점에서 고기를 파는 방법과 비슷한 방식으로 판매되었다. 즉, 앞치마를 두른 상인이 손님의 요구에 따라 커다란 비누를 자른 다음 갈색 종이로 싸서 파운드 단위로 판매했다. 1870년대에 P&G는 미리 포장한 정형화된 비누 바(bar)를 팔기 시작하면서 이러한 흐름을 바꾸었다. 더 중요하게 그 포장지에는 브랜드 이름이 적혀 있었는데, 아이보리(Ivory)라는 그 이름은 얼마 지나지 않아 전국의 건물과 광고판을 도배했다.

당시 대부분의 비누는 품질이 비슷했다. 그러나 아이보리는 제조할 때 공기를 제제에 섞는다는 점에서 다른 비누들과 달랐다. 비누를 연못, 욕조 또는 흐려진 물로 가득 찬 세면대에 떨어뜨려도 코르크처럼 둥둥 떠올라 건지기 편리했다. 이는 P&G의 첫 번째 시그너처 슬로건 중 하나인 "물에 뜬다(It Floats)"를 탄생시킨 특성이었지만, 이것으로 끝이 아니었다. 고급 청결 제품으로 시장을 장악하기 위해 브랜드를 활용하는 P&G의 기묘한 능력은 미국 소비사에세 환상적이었을지 몰라도 미국의 해양에는 결국 비극이 될 터였다.

아이보리의 성공에도 P&G의 비누 사업은 1930년대에 전동식 세탁기가 미국 전역의 지하실에 자리 잡기 시작하면서 어려움을 겪었다. 당시 세탁기 제조업체는 버튼 하나만 누르면 종일 고된 일로부터 벗어날 수 있다고 홍보했다. 문제는 자동 세탁기가 손으로 문지르는 것보다 탁월하지 않다는 데 있었다. 특히 미네랄이 풍부한 경수(칼슘 이온이나 마그네슘 이온 따위가 비교적 많이 들어 있는 천연수, 센물—옮긴이)를 사용하는 가정에서는 마그네슘과 칼슘이 세탁 효율성을 둔화시켰다.

세탁기 붐을 활용하기 위해 P&G는 세탁기용으로 특별히 제작한 고성능 합성 세제를 개발하려 했다. P&G의 대표 윌리엄 쿠퍼 프록터(William Cooper Procter)는 연구원들이 다양한 화학 세제를 연구하기 시작하자 이렇게 경고했다. "이것이 비누 사업을 망칠 수도 있다. ……하지만 비누 사업을 망칠 회사가 있다면 우리 프록터 앤드 갬블이 그러는 게 더 나을 것이다."[2]

P&G는 1930년대에 최초의 합성 세제를 판매하기 시작했지만, 여전히 세탁을 완벽하게 완료할 만큼 강력하지는 않았다. 그래서 P&G의 화학자들은 본질적으로 경수의 미네랄을 중화할 수 있는 연수제(軟水劑)를 첨가함으로써 세제의 효능을 더욱 강화하는 '빌더(builder)' 화학 물질로 혼합물을 강화하는 데 집중했다.[3] 빌더 화합물의 중요한 원소는 무엇일까? 바로 인이다. 조금 더 구체적으로 말하면, 트리폴리인산나트륨(sodium tripolyphosphate)이다.

인을 첨가한 합성 세제로 세탁한 옷은 만족스러울 만큼 깨끗했지만, 옷감이 거슬릴 정도로 뻣뻣하고 딱딱해진다는 문제점이 있었다. 그래서 P&G에서 '프로젝트 X'라고 부르는 업무를 담당하는 화학자는 옷을 깨끗하게 만들 만큼 충분하지만 옷감이 산뜻하게 유지될 수 있는 적당한 수준의 빌더 화합물의 배합을 고안해냈다. 그는 정반대 방향을 택하기 전까지 프로젝트의 진전을 거의 이루지 못하고 있었는데, 가능한 한 적은 양의 인을 세제에 섞는 대신 과량으로 첨가하자 모든 문제가 해결되었다. 많은 빌더 화합물 때문에 옷이 뻣뻣해질 거라는 직감과는 반대로, 이 세제로 세탁한 옷은 깨끗한 데다 벨벳처럼 부드러웠다.

당시 P&G의 과학자들은 인을 풍부하게 첨가한 세제가 왜 그렇게 효과적인지 정확히 알지 못했다. 단지 현상이 그랬다는 것만 알고 있었을 뿐이다. 그리고 누군가는 P&G가 미국 전역의 마트 진열대에 밀어 넣은 수천 톤의 인과 석유 기반 합성 세제가 지하실의 배수구와 전국의 수로로 흘러 들어감으로써 발생할 잠재적 피해에 대해 심각하게 고민했을 수도 있지만, 적어도 그 회사의 마케팅 담당자는 아니었다. P&G의 마케팅 담당자들은 당연하게도 자사가 다시 한번 아이보리 비누 같은 혁신적인 제품을 선보인다고 미국 소비자를 설득하는 일에만 집중했다.

P&G의 광고 담당자(당시 마케팅 업무는 거의 남성이 맡았다)는 세탁을 전담하는 여성(당시 옷 세탁 작업은 주로 여성이 맡았다)이 세탁물에서 거품이 나는 걸 좋아한다는 사실을 알고 있었다. 그래서 P&G가 프로젝트 X를 통해 시장에 도전하기로 결정하고 얼마 지나지 않은 어느 날, 프로젝트 X에 참여한 발명가는 광고 부서 직원들에게 그 제품의 특성과 일반 비누보다 훨씬 나은 이유를 설명하던 중 그들이 자꾸 말을 가로막는 바람에 냉정을 잃어버렸다.

광고 부서 직원들은 계속해서 물었다. **그런데 거품은 어떤가요?**

화가 난 연구원은 결국 이성을 잃고 자신이 만든 비누는 거품을 잘 낸다고 소리쳤다. 세제 한 상자로 "거품 바다(oceans of suds)"를 만들 수 있다고 말한 것이다.[4] 이 '거품 바다'에서 또 다른 슬로건이 탄생했다. 다음 단계는 이 새로운 혼합물로 대중을 매료시키는 것이었다. 그들은 이것을 **타이드**(Tide)라고 부르기 시작했다.

P&G의 마케터들은 신문과 광고판이라는 전통적인 홍보 매체에만 집중하지 않고 라디오를 거쳐 최종적으로는 텔레비전 광고 송출 시간을 확보했다. 그렇게 타깃 청중, 즉 집안일로 하루 종일 바쁜 하

루를 보내면서 새로운 세계를 갈망하며 자녀들과 생활하는 여성들에게 독창적이고 기발한 이야기를 전달했다.

당대의 미디어 평론가들은 세제 광고 사이에 끼어 있는 이 특별 편성 드라마를 텔레비전 쇼나 라디오 프로그램이라고 부르지 않았다. 그것을 소프 오페라(soap opera: 일일 연속극처럼 많은 등장인물, 장기 방영, 신파가 특징인 텔레비전과 라디오 드라마의 일종—옮긴이)라고 불렀다. 1950년대 초 P&G는 매년 마케팅에 약 4500만 달러를 지출해 미국에서 가장 큰 광고주가 되었다.[5] 그 비용 중 대부분은 대중에게 '텔레비전 연속극(soaps)'으로 알려진 것과 관련이 있었다. 전략은 효과가 있었다. 1946년에 타이드를 출시하고 불과 5년 만에 P&G와 그 경쟁 업체는 연간 45만 4000톤에 달하는 합성 세제를 판매했다.[6] 미국 전역의 옷들이 전통적인 비누로 세탁한 것보다 더 부드럽고 하얗고 밝아졌다.

하지만 옷을 깨끗하게 만드는 이 더러운 사업의 흔적은 사라진 게 아니었다. 그냥 그대로 하류로 흘러 들어갔다.

●

과학자들이 1950년대 미국의 물길을 망가뜨리기 시작한 거품의 원인이 세탁기에서 비롯되었다는 걸 추적하는 데는 그리 오랜 시간이 걸리지 않았다. 문제는 P&G의 타이드와 경쟁사의 세제가 오일의 변형 형태를 기반으로 한다는 것이었는데, 이는 전통적인 비누 분자와 달리 바다에 서식하는 천연 미생물에 의해 쉽게 분해되지 않았다.

강에서 일어난 거품 덩어리는 갑자기 눈보라처럼 뭉치고 너무 두터워져서 자동차 사고를 일으키기도 했다.[7] 일리노이주의 록강

(Rock River)에서는 둑 위로 거의 5층 건물 높이까지 거품 덩어리가 솟은 적도 있었다.[8] 이 거품은 잘 흩어지지도 않고 광범위하게 발생해 1960년대 초에는 하수 처리 시스템을 통과할 수조차 없었고, 당연히 하천이나 강과 호수로도 흘러갈 수 없었다. 이 거품은 배출된 비눗물(세탁실의 물)과 같은 수원을 끌어다 쓰던 공공 식수 시스템의 파이프를 따라 역류해 꾸르륵 소리를 내며 시작점이었던 가정으로 되돌아갔다.[9] 당시 수돗물에 합성 세제 거품이 너무 많이 일어서 사람들이 수도꼭지에서 나온 물로 설거지를 할 수 있을 정도였다는 뉴스 보도도 있었다.

타이드를 발명한 과학자가 거품 바다를 만들겠다고 약속한 것이 비꼬는 말이었는지는 모르지만, 얼마 지나지 않아 대서양 양안의 정치 지도자들은 세제 제조업체가 말 그대로 거품 바다를 만들고 있다고 비난했다.

1962년 유럽을 여행한 미국 하원의원 헨리 로스(Henry Reuss)는 합성 세제가 덴마크의 북해에 순식간에 만들어낸 엄청난 규모의 혼란을 도저히 이해할 수 없었다. 여행에서 돌아온 로스는 의회 동료들 앞에서 다음과 같이 증언했다. "햄릿 왕자가 살해당한 아버지의 유령을 만났던 엘시노어(Elsinore), 바다가 내려다보이는 그 성벽 위에서 저는 유령의 심령체 또는 거대한 빙산 같은 것이 북쪽으로부터 떠내려오는 걸 보았습니다. 해양학의 모든 이론에 의하면 거기에는 빙산이 있을 수 없고, 실제로 그것은 빙산이 아니었습니다. 빙산이라고 생각했던 것은 물 위에 고요히 떠다니는 거대한 거품 산이었습니다."[10]

로스는 단지 관광을 위해 그 여행을 떠난 게 아니었다. 제2차 세계대전 이후 유럽을 재건하는 데 일조한 마셜 플랜(Marshall Plan)의 법률 고문을 지낸 이 하버드 법대 졸업생은 독일 과학자들이 터무니없이 지속되는 거품을 생성하지 않는 새로운 '부드러운' 세제를 만드는 데 성공했다는 사실을 알고 있었다. 그래서 이 새로운 '생분해성' 세제의 생산을 직접 확인하기 위해 실험실을 방문했다.

이후 로스는 미국의 세제 제조업체들이 새로운 방법을 도입하도록 요구하는 법안을 발의했다. 하지만 세제 업계는 이미 수백만 달러의 막대한 자본을 쏟아부어 확신시킨 대중이 거품이 없는 걸 받아들이지 못하는 상태가 되었으므로 돌이키기에는 너무 늦었다고 주장했다.

전국비누세제협회의 대변인은 1962년 미네소타 대학에서 열린 심포지엄에 참석해 위생공학자 그룹을 상대로 다음과 같이 말했다. "화난 주부들만큼 감당하기 어려운 사람도 없습니다. 그들은 산업에 막대한 영향력을 행사할 수 있죠. 우리는 거품이 전혀 일지 않는 효과적인 세제를 개발할 수도 있지만, 그것을 현실화할 수는 없습니다." 그는 이렇게 거품 문제를 설명하며 말을 이었다. "주부들에게 비누 거품 없이도 세척할 수 있다는 걸 설득한다고 한번 상상해보십시오."[11]

1964년 독일에서 널리 채택한 새로운 제조법도 여전히 많은 거품을 발생하긴 했다. 다른 세제와의 차이점은 세탁기에서 배출된 후엔 거품이 사그라든다는 것이었다. 미국 대중은 빨래 세탁을 기적적으로 만드는 대신 발생하는 환경 오염을 해결하기 위한 비용이 경악할 수준이라는 걸 점점 깨달았다. 시민들은 압력을 가해 미국 세제 제조업체가 1965년 새로운 제제로 변경하도록 했으며, 거품 문제는 이로써 거의 즉시 사라졌다.

하지만 파괴적인 합성 세제가 환경에 끼친 영향은 강과 호수에서 거품이 사라진다고 해서 없어진 것이 아니었다. 하얀 솜 같은 거품 이면에 숨어 있는 것은 세제와 관련된 훨씬 더 심각한 문제라는 게 밝혀졌다. 그건 바로 대륙 전체에 걸쳐 호수와 강에서 폭발적으로 증식한 후 부패해 1960년대 중반에 들어서는 생명체가 숨을 쉬지 못하도록 만든 녹조류였다.

●

생태학자들은 호수가 얼마나 많은 수생 생물을 부양할 수 있는지와 관련해 호수에 대한 세 가지 기본적인 분류법을 정해놓았다.

빈영양 상태의 호수는 깨끗하고 맑은 물로 채워져 있으며, 영양분이 부족하기 때문에 상대적으로 적은 양의 플랑크톤과 물고기가 서식한다. 타호호(Lake Tahoe)와 슈피리어호가 여기에 속한다.

부영양 상태의 호수는 위와 정반대의 개념이다. 일반적으로 영양이 풍부하고 따뜻하며, 물이 탁하고 먹이 사슬의 아래에 해당하는 플랑크톤이 많기 때문에 물고기로 가득하다.

중영양 상태의 호수는 깨끗한 빈영양과 탁한 부영양 상태의 중간을 말한다. 독일의 콘스탄츠호(Lake Konstanz: 보통은 보덴호라고 한다—옮긴이)와 볼리비아의 티티카카호(Lake Titicaca)가 여기에 속한다.

부영양 상태의 호수는 해당 상태가 오랫동안 유지되지 않는 경우가 많다. 끊임없이 번식하고 끊임없이 죽어가는 식물과 동물이 서식하고 있기 때문에 호수 바닥에는 이 유기체들이 끊임없이 축적되어 결국 물고기와 다른 수생 동물을 위한 공간을 압박하고 시간이 지남에 따라 물 자체를 압박하게 된다. 그리고 어느 시점에 도달하면 부영양 상태의 호수는 습지나 늪의 형태로 변하고, 결과적으로는 풀숲이 무성한 주변 풍경에 동화되어 그 흔적을 찾아볼 수 없는 상태가 된다.

이는 호수의 자연스러운 변화 과정으로, 수만 년 이상의 시간이 걸릴 수 있다. 적어도 인간이 20세기에 산업 화학 물질을 배출하고 하수 처리를 제대로 하지 않아 조류가 급격하게 퍼지기 전까지는 그랬다.

1900년대 중반의 이리호보다 인간이 촉진한 조류 대발생으로 큰 피해를 입은 호수는 없다. 당시 오염으로 인해 발생한 조류가 불가피하게 죽고 부패해 호수의 산소를 너무나 많이 고갈시켰다. 그 바람에 거의 아무것도 살 수 없게 된 수천 킬로미터의 이리호는 '죽은' 것으로 선포되었다.

상황이 지나치게 나빠져서 신문 칼럼니스트들이 이리호를 추도하는 글을 쓸 정도였다. 1966년 펜실베이니아주의 한 편집자는 이렇게 썼다. "이리호는 우리가 바라보고 배를 띄울 수 있도록 늘 제자리에 있을 것이다. 하지만 조류와 물지렁이를 제외하고는 곧 죽음에 다다를 수도 있다."[12] 그리고 오하이오주 출신의 편집자는 다음과 같이 썼다. "이리호가 얼마나 거대한지 상상이나 할 수 있는가? 그 넓은 호수를 바로 우리 미국인이 캐나다인과 힘을 합쳐 죽은 바다로 만들어버렸다는 사실이 경악스럽지 않은가?"[13]

1971년 미국 작가 닥터 수스(Dr. Seuss)는 《로렉스(The Lorax)》에서 죽은 호수로 변해버린 이리호의 상황을 다시 한번 알리며, 물이 너무나 오염되어 물고기들이 물가로 내몰리는 세계를 묘사했다. "그들은 깨끗한 물을 찾기 위해 지느러미로 움직이다가 지쳐버리고, 결국에는 참담한 상황에 처할 것이다. ……이리호에서도 상황이 그다지 좋지는 않다고 들었다."

당시 과학자, 정치인, 비즈니스 리더들 사이에서 가장 큰 질문은 바로 어떤 유형의 영양 오염이 생명에 치명적 폭발을 일으켰는지였다. 유스투스 폰 리비히의 최소량의 법칙에 따라 만약 조류의 성장을 제한하는 한 가지 영양소를 제거해 하수를 방출할 수 있다면, 이론적으로는 조류가 증식하는 것을 제어할 수 있기 때문에 이는 매우 중요한 질문이었다.

당시 유력한 원인 물질로 질소, 탄소, 포타슘, 인이 거론되었다. 호수로 쏟아져 들어오는 수많은 폐기물 속에서 이 모든 요소를 발견할 수 있었지만, 생물학자들은 특히 한 가지 원소에 주목했다. 1942~1967년 채취한 이리호의 물 샘플에서 용해된 인의 양이 거의 3배 증가한 것으로 나타났기 때문이다.[14] 이는 이리호뿐만 아니라 대륙 전역의 물길에서 녹조가 폭발적으로 증가한 것과도 부합하는 현상이었다. 또한 인을 많이 함유한 합성 세제가 시장에 쏟아져나오던 시기와도 일치했다.

1960년대 후반까지 미국은 매년 약 182만 톤의 세제를 생산했으며,[15] 위생 당국은 하수에 존재하는 인의 70퍼센트가 미국과 캐나다 전역의 지하실에 있는 모든 분말 세제통에서 나온 것이라고 계산

했다.[16]

당시 많은 소비자가 이 탁한 녹조 물이 더 깨끗한 옷을 입는 데 따른 정당한 대가라고 생각했지만, 이는 잘못된 선택이었다. 세제에서 인의 주요 기능은 경수의 미네랄을 중화해 주력 세제 분자가 제 역할을 할 수 있도록 하는 것이다. 당시의 인산 세제 한 상자는 사실상 연수제 한 상자와 다름없었다. P&G의 타이드는 중량 기준으로 거의 50퍼센트가 인산염이고, 콜게이트-팔모라이브(Colgate-Palmolive)의 액시온(Axion)은 63퍼센트 이상이 인산염이었다.[17] P&G의 비즈(Biz)는 인산염 수준이 74퍼센트에 달했다. 그러나 1960년대에는 미국의 100대 대도시 거주자 중 3분의 1 이상이 이미 연수(단물)를 공급받고 있었다. 이는 수천만 명의 미국인이 사용하는 세제에 들어 있는 인이 기본적으로 세탁 촉진제로서 쓸모가 없다는 걸 의미했다.

세제 제조업체 측은 양심적인 소비자가 인 함량이 낮은 대안을 선택할 수 있도록 제품에 인 함량을 표시하도록 압박을 받자 그러한 조치가 의도한 효과와 반대되는 결과를 가져올 것이라고 주장했다. 그들의 요점은 '연속극'이 그 역할을 너무나 잘했다는 것이다.

1969년의 의회 청문회에서 세제 업계 측 대변인은 이렇게 증언했다. "우리가 수행한 일부 설문 조사와 우리가 얻을 수 있었던 기타 정보를 바탕으로 볼 때, 일반 주부들은 라벨에 표시된 더 높은 비율의 〔인〕 함량을 보면 **자동적으로** 이것이 더 나은 세탁 능력을 갖는 것으로 여긴다고 우리는 **완전히** 확신합니다"[18](강조는 저자 추가).

이번에도 문제 되는 세정제의 대체품을 찾아내도록 압력을 가한 사람은 헨리 로스 의원이었지만, 역시나 세제 업계는 물러설 생각이 없었다. 당시 P&G는 최대 규모의 텔레비전 광고주였으므로, 현대 사회는 인산이 풍부한 세제 없이는 더 이상 기능할 수 없다는 주장을 담은 홍보 캠페인을 벌일 만한 자금과 자원을 갖추고 있었다.

1970년 미국 하원 천연자원보존소위원회는 이렇게 기록했다. "비누세제협회가 보여준 자료는 정말 무섭다. 〔세제〕 산업의 입장이 타당하다면 미국은 단지 깨끗한 셔츠냐 깨끗한 물이냐를 선택하는 것뿐만 아니라, 미국의 건강을 역병으로부터 지키기 위해 세제에 인을 억제해야 할 필요성이 있다. 호수의 부영양화는 이렇게 뛰어난 화학 물질을 사용하는 데 따른 작은 대가에 불과한 것일 수 있다."[19]

이 주장은 세제 산업을 관리·감독해야 하는 일부 정부 규제 당국에 영향을 미쳤다. 한 연방 공무원은 미국 전역의 가게 선반에 있는 인 세제는 그대로 놔둔 채—그것을 강과 호수로 방출하기 전에 제거할 수 있도록—하수 처리장을 개선하는 방법을 제안하기도 했다. 그가 하수 처리 시설의 개선 비용으로 제시한 금액은 현재 가치로 약 2600억 달러에 달했다.

로스 의원은 1969년 의회 청문회에서 이 방법의 부조리를 지적하며, 세제 업계에 유리한 계획을 지지하는 내무부 차관에게 물었다.

"하수 처리장에서 볼 수 있는 인산염은 대체로 가정에서 사용하는 세제와 사람의 배설물이 두 가지 주요 원인인데, 맞습니까?"

"네, 맞습니다." 차관이 대답했다.

로스가 거듭 물었다. "그 가정용 세제는 3대 제조업체에서 만들고요?"

"네, 맞습니다." 차관이 다시 대답했다.

"사람의 배설물은 수억 명의 사람들이 만드는 것이고요?"

차관은 맞다고 대답했다.

로스는 그 말을 듣고 되물었다. "그러면 당신은 수억 명을 어떻게 하는 것보다 제조업체 셋을 어떻게 하는 게 더 쉬울 거라는 생각은 못 하는 건가요?"[20]

한편, 세제 업계는 포토맥강(Potomac River)에서 이리호, 태평양 북서부의 워싱턴호(Lake Washington)에 이르는 미국 전역의 물길과 그 사이사이의 수많은 강과 호수에서 폭발적으로 증가하는 조류와 인 세제의 연관성에는 "근거가 없다"고 주장했다.[21]

하지만 과학이 그 연관성의 증거를 보여주기 일보 직전이었다. 그것도 상상할 수 있는 가장 거대한 방법으로 말이다.

●

데이비드 신들러(David Schindler)는 10대 시절이던 1950년대에 미네소타주 서부에 있는 가족 농장에서 일하거나 근처 할아버지의 창고에서 45킬로그램짜리 감자 포대를 옮길 때를 빼고는 1단 자전거를 몰고 동네를 누비며 그가 좋아하는 소녀들과 함께 오후를 보내곤 했다. 그중에는 샐리(Sallie), 모드(Maud), 유니스(Eunice), 멜리사(Melissa) 그리고 리지(Lizzie)도 있었다. 이들은 학교나 교회 친구가 아니었다. 그것은 파고(Fargo)에서 남동쪽으로 약 48킬로미터 떨어진 신들러의 집 근처에 있는 자매 호수(sister lakes: 지리적으로 가깝거나 비슷한 특징을 가진 호수들을 지칭하는 용어—옮긴이)의 이름이었다.

젊은 시절의 신들러는 정확한 용어에 대해 몰랐지만, 당시 호수는 얕고 따뜻하며 조류로 가득 찬 부영양 상태와 차갑고 깊으며 상대적으로 물고기가 적은 빈영양 상태의 중간 정도 호수로 분류되었을 가능성이 높다. 예컨대 이들 호수는 중영양 상태에 있었다. 신들러가 기억하고 있는 대로 호수들은 완벽했다. 특히 폭 3킬로미터에 나무들이 둘러싸고 있는 리지호가 그러했다.

리지호 근처에 살던 주름 가득한 노르웨이 출신 농부는 신들러 같은 젊은 낚시꾼한테 50센트를 받고 보트를 빌려주는 부업을 했다. 신들러는 나와 대화하며 이렇게 회상했다. "배는 나무껍질이 벗겨져 있고, 특히 나무가 불기 전인 봄에는 물이 샜죠. 이 호수에 혼자 앉아 있노라면 몇 시간 안에 아주 큰 월아이를 낚을 수 있었습니다."

그러나 농부들이 호숫가를 따라 제곱피트당 20센트에 불과한 가격으로 부지를 팔기 시작하고 별장들이 자리 잡으면서 자매 호수는 빠르게 노화하기 시작했다. 그 여름 별장들과 함께 근처에는 새로 발생하는 사람들의 배설물을 담을 정화조 탱크가 들어섰다. 그런데 그 정화조 탱크들이 제대로 기능하지 못했다. 신들러에 따르면, 어떤 사람들은 몇 개의 낡은 통이나 녹슨 차체를 정화조 탱크로 사용한다고 자랑하기도 했다. "당시 이러한 시스템은 제대로 관리되지 않았어요."

몇 년 후, 녹조류가 창궐하면서 호수가 오염되기 시작했다. 그러나 10대였던 신들러는 학업을 위해 미네소타 대학으로 떠났기 때문에 땅 위에서 일어나고 있는 일과 어릴 적 깨끗했던 호수가 갑자기 그토록 혼탁하게 변한 것과의 연관성을 이해하지 못했다.

신들러는 공학이나 물리학 분야의 경력을 쌓기 위해 트윈시티스〔Twin Cities: 미네소타주에 있는 두 도시 미니애폴리스(Minneapolis)와 세인트폴

(St. Paul)을 일컫는 말—옮긴이)로 향할 때 뒤도 돌아보지 않고 고향을 떠났지만, 곧 도시의 캠퍼스 생활 속에서 우울감에 빠져들었다. "갇힌 듯한 느낌이 들었죠. 더 이상 1단 자전거를 타고 도시 밖으로 나갈 수 없다는 게 나를 너무 불행하게 만들었습니다."

신들러의 경력은 당시 '무유(Moo-U: Moo University. 노스다코다 주립대학이 낙농업과 식품과학으로 유명해 소의 울음소리를 따서 붙인 이름—옮긴이)'라고 부르던 지금의 노스다코타 주립대학에 다니는 고등학교 때 친구를 만나러 갔다가 극적으로 바뀌었다. 대학교 2학년이던 신들러는 겨울 방학 중 복도에서 친구의 수업이 끝나기를 기다리며 시간을 보내다가 한 교수와 대화를 나누게 되었다. 그 교수는 자신이 방금 '열량계'라고 부르는 새로운 장비를 받았다고 말했다. 열량계는 열(에너지)이 유기체 사이를 이동할 때 그 흐름을 추적하는 데 사용하는 민감한 장비다.

신들러가 미네소타 대학에서 열량 측정 작업을 해본 적이 있다고 말하자 교수는 몇 가지 실험에 도움을 줄 수 있는지 물었고, 그는 이듬해 여름 그 노스다코타 주립대학 교수의 연구실에서 극미한 수준의 유기체 간 열 교환을 측정하는 일을 하게 되었다.

열량계로 측정하는 작업을 하려면 많은 기다림이 필요했는데, 신들러는 교수의 선반에 있는 책을 읽으며 그 시간을 보냈다. 그중 옥스퍼드 대학의 유명한 과학자 찰스 엘튼(Charles Elton)이 쓴 《동식물 침략의 생태학(The Ecology of Invasion by Plants and Animals)》이—마치 리지호에서 월아이를 낚아챌 때처럼—신들러의 마음을 사로잡았다. 이것이 신들러가 노스다코타주로 대학을 옮기고 전공을 물리학에서 동물학으로 바꾸게 했으며, 당시 새롭게 떠오르던 생태학 분야로 곧장 진출하게끔 영감을 주었다.

신들러는 새로운 대학교와 강의실, 열량계 측정 작업을 하는 연구실에서 대학 생활에 잘 적응해나갔다. 또한 학교 미식축구팀 바이슨(Bison)에서 체중 88킬로그램의 라인맨(lineman) 수비수로 활동하며 존재감을 뽐냈다. 4학년이 시작될 무렵 신들러는 대학 생활의 모든 측면에서 매우 뛰어난 재능을 보였고, 교수는 예일이나 듀크 대학의 대학원에 지원할 것을 제안했다. 하지만 신들러에게는 그보다 더 큰 야망이 있었다. 그는 로즈 장학금(Rhodes Scholarship)을 받고 옥스퍼드 대학의 유명한 찰스 엘튼 밑에서 공부하고 싶었다.

신들러는 자기 자신을 포함해 그 누구에게도 이것이 쉽지 않은 일이라는 걸 알고 있었다. 그러나 그것만이 계속해서 학업을 이어나갈 유일한 방법이었다. 당시 그는 너무나 가난해서 1961년 말 면접을 위해 다른 로즈 장학생 희망자들과 함께 오리건주 포틀랜드로 향하는 기차에서 밥을 사 먹을 여유조차 없었다. 그는 이때의 기차 여행을 이렇게 회상했다. "나는 비참하고 배고픈 상태로 거기 앉아 있었죠. ……다른 학생들은 셰익스피어를 낭송하는 등 즐거운 시간을 보내는데 말입니다."

면접 당일 아침, 긴장한 신들러는 남은 1달러로 햄버거를 사서 꾸역꾸역 배를 채웠다. 그런 다음 면접장에 들어갔더니 장학위원회 위원들이 **하필** 셰익스피어와 관련된 질문들, 예컨대 오셀로와 음흉한 이아고(Iago) 사이의 역학 관계 등을 비롯한 예상치 못한 질문들을 던졌다.[22] 순간, 햄버거를 먹은 뱃속이 꽉 조여들었다.

신들러는 자신이 어떻게 대답하려고 했는지 정확히 기억하지 못했지만, 노력을 한 것은 분명했다. 이어서 미술사와 미술 이론에 대한 질문이 쏟아졌고, 신들러가 엉뚱한 대답을 하고 있다는 게 면접장 안의 모든 위원에게 금세 분명해졌다. 한 면접관이 마침내 이렇게 말했다. "미술을 공부하기 위해 옥스퍼드에 가고 싶은 게 맞나요? 그런데 왜 그 분야에 대해 그렇게 아는 것이 거의 없죠?"

순간 신들러는 당황스럽기보다 당혹스러웠다. 그러다 문득 옥스퍼드에서 육수학(limnology, 陸水學: 담수를 연구하는 학문—옮긴이)을 공부하려고 로즈 장학금 지원서를 작성했다는 사실이 떠올랐다. 그는 당시의 상황을 이렇게 설명했다. "면접관들은 훌륭한 학자였기 때문에 라틴어를 알고 있었고, 육수학을 뜻하는 limnology의 어근 limn이 라틴어로 그림을 그리거나 스케치를 한다는 뜻이기 때문에, 내가 예술 관련 분야에 지원한다고 생각했던 거예요. 그걸 깨닫자 환해지는 기분이었습니다."

그는 면접관들에게 자신이 옥스퍼드에서 공부하려는 학문의 어원이 실제로는 그리스어에서 유래한 것이라고 정중하게 알려주었다. "나는 육수학이 담수에 관해 연구하는 학문이라고 설명했습니다. 그러자 그들은 그곳에 앉은 채로 내가 20분 동안 이야기할 수 있도록 해줬죠."

1961년 크리스마스이브, 미니애폴리스의 신문 〈스타 트리뷴(Star Tribune)〉의 지역 소식 첫 페이지에 신들러가 로즈 장학금을 받은 32명의 미국 대학생 중 한 명이라는 뉴스가 실렸다. 이듬해 여름, 자신의 낚싯대와 엽총, 배기가스를 내뿜는 선외 모터를 챙긴 그는 영국으로 가는 배의 편도 티켓을 구입했다. 미네소타주 출신 시골 소년이 찰스 엘튼의 옥스퍼드 연구소로 향한 것이다.

4년 후, 생태학 박사 학위를 받고 북미로 돌아온 신들러는 실험실 너머에서의 경력을 모색했다. 실험실 방식이 그의 야외 활동 방식과 그가 수행하고 싶은 실험 유형 모두에 너무 협소하다고 생각했기 때문이다.

신들러는 옥스퍼드에서 공부하는 동안, 호수를 가로지르는 에너지의 흐름을 이해하기 위한 열쇠는 실험실 장비나 칠판에 적어둔 "멋진" 수학적 모델이 아님을 확신했다.[23] 그는 호수 자체를 전체 생태계 실험을 수행할 수 있는 잠재적인 실험실이라고 보았다. 당연하게도 문제는 누군가가 딱 적합한 호수를 선택하고, 여기에 다양한 오염 물질을 투여한 다음 무슨 일이 일어나는지 가만히 앉아서 지켜보겠다는 그 아이디어였다. 그 누군가가 수십 개의 호수에서 이런 실험을 할 수 있는 허가를 받을 거라고 생각하는 것은 불가능했다.

적어도 신들러의 시대 이전에는 그랬다.

●

옥스퍼드에서 미국으로 돌아온 신들러는 예일 대학과 미시간 대학의 교수직 면접을 보았으나, 이곳들이 너무 실험실 중심적이고 그를 생태학 분야에 몸담게 한 호수와 숲에서 너무 동떨어져 있다는 사실을 깨달았다. 그래서 대신 온타리오주에 새로 생긴 트렌트(Trent) 대학에 취직했는데, 당시 이 대학교는 다른 기관보다 학문적 명성은 부족했지만 인근 호수와 숲에 대한 연구를 수행하는 경력을 시작하기엔 더

할 나위 없었다. 그렇게 일을 시작하고 1년이 되었을 때, 아주 근사한 제의가 들어왔다.

캐나다 연방 정부와 온타리오주는 위니펙(Winnipeg)에서 남동쪽으로 약 320킬로미터 떨어진 곳에 위치한 야생 지역을 개척하기로 했는데, 이리호와 대륙 전역의 호수에 걸쳐 창궐한 조류의 발생 원인을 규명하는 실험을 수행할 생태학자를 찾고 있던 터였다. 그들은 1967년 헬리콥터를 활용해 국유지에 대한 광범위한 조사를 진행한 후, 약 500개에 달하는 호수를 '호수 전체 실험'의 후보로 지정했다. 이렇게 선택된 호수는 마치 거대한 실험용 쥐 같았다.

생태학자들은 문제 해결에 유용하다면 수단과 방법을 가리지 않고 연구 대상 호수를 자유롭게 다룰 수 있었다. 이 야외 실험이야말로 정확히 신들러가 원하던 규모였다. 하지만 아내와 어린 딸을 데려오기에는 조건이 너무 열악하다는 실험 담당자의 말에 마지못해 일을 거절했다.

신들러의 상사가 될 수도 있었던 담당자의 말은 일리가 있었다. 호수 전체 실험을 수행하기 위해 선택된 지역은 너무 멀리 떨어져 있고, 도중에 가로질러야 할 호수가 너무 많아 카누를 타고 가거나 하이킹을 하며 이동할 때 길을 잃을 수도 있었다. 마치 광활한 숲에 점재하는 호수가 아니라, 거대한 호수에 점재하는 섬처럼 느껴질 수도 있었다. 그리고 당시 숲 한가운데 있던 연구 예정지 현장에는 전기도 들어오지 않았다.

다음 해에 캐나다 정부가 신들러에게 다시 연락을 취했을 때, 그 혁신적인 야외 연구소는 지도 위에 스케치로 표시되어 있는 정도였다. 이번에는 갓 태어난 아들과 함께 아내와 딸을 데려올 수 있다는 얘길 들었다. 그런데 아직 20대였던 신들러가 전 세계에서 모집한 12명 이상의 현장 생물학자를 이끌어갈 이 연구 캠프에서 실제로는 가족이 살 수 없다는 게 문제였다.

그래도 신들러는 다시 찾아온 기회에 뛰어들었다. 1968년 봄, 현장에 도착한 그는 텐트와 요란한 소리를 내는 발전기를 갖춘 연구 기지에서 카누를 타고 약 5분 거리에 있는 작은 섬에 즉시 거주지를 만들었다. 그가 이 섬을 택한 이유는 직장을 오가기 위해 이리저리 얽힌 자작나무와 소나무 사이로 길을 뚫을 필요가 없었기 때문이다. 그리고 몇 날 며칠이고 현장에 있을 때, 아내와 자녀들이 야생 동물, 특히 흑곰과 맞닥뜨려 위험한 상황이 발생할 수도 있다는 걱정을 딱히 할 필요가 없다는 것도 그런 선택을 한 이유였다. 그해 여름, 신들러의 가족은 작은 섬에 있는 3×4미터 크기의 빨간색 텐트에서 지냈다. 아기를 위한 유아용 침대는 연구실에 있는 수심 측정기(depth finder)를 보관하던 나무 상자로 만들었다.

신들러의 집중력과 체력에 동료들은 깜짝 놀랐다. 그의 동료 중 한 사람은 다음과 같이 회상했다. "아침 식사를 한 후 연구실로 돌아오고, 점심 식사를 한 후 연구실로 돌아오고, 저녁 식사를 한 후 다시 연구실로 돌아오는 그의 모습은 늘 나를 놀라게 했다. 그는 일을 마친 다음 서류 가방을 들고 연구실을 나와 보트를 타고 호수 건너에 있는 집으로 노를 저어 퇴근했다. 한 번은 하루에 3시간 정도만 잔다고 내게 말했다. 그는 프로젝트에 전적으로 헌신했다. 그런 모습을 보면 나는 그러지 못하는 것 같아 죄책감이 들 정도였다."

생물학자들의 첫 번째 업무는 각 호수의 화학적 성질, 온도, 깊이, 수생 생물에 대한 데이터를 수집하는 것이었다. 신들러와 동료들은 카누를 이용해, 필요한 경우에는 헬리콥터를 이용해 작업을 수행했다. 헬리콥터를 이용할 경우에는 물 샘플을 채취하기 위해 신들러가 종종 항공기의 폰툰(pontoon: 수상기가 물 위에 떠 있을 수 있게 하는 부유체—옮긴이) 중 하나에 올라탈 때도 있었는데, 그 과정에서 헬리콥터의 엔진이 뿜어내는 심한 매연에 구토를 하기도 했다.

첫 여름이 끝날 무렵, 실험 호수 지역으로 알려진 전초 기지의 과학자들은 공식적으로 생태학적 조사를 위해 확보할 수십 개의 호수를 식별해냈다.

본격적인 작업을 시작할 준비가 되자 신들러는 간단한 계획을 세웠다. 세제 업계에서는 이리호의 조류 문제가 그들의 제품으로 인해 발생하는 (인이 풍부한) 폐수에서 기인하는 것이 아니라 (탄소가 풍부한) 가정의 하수 때문에 발생한다고 주장해왔다. 물론 이러한 유입은 업계가 책임질 문제는 아니었다. 그래서 신들러는 탄소가 문제를 일으키는 것이 맞는지 시험해보기로 결정했다.

신들러는 다음과 같이 말했다. "그래서 우리는 227번 호수를 실험체로 확보했습니다. 나의 계획은 이 탄소 이론에 긍정적 또는 부정적 영향을 줄 수 있는 실험을 해보는 것이었죠. 그래서 나는 이렇게 말했습니다. '우리는 호수 전체에 질소와 인을 추가할 겁니다. 만약 조류가 번성한다면, 탄소 이론 전체가 무너지겠죠.'"

실험은 이듬해인 1969년 봄, 베이스캠프에서 두 번의 포티지(portage: 뭍으로 카누를 빼서 짊어지고 이동하는 것—옮긴이)와 8킬로미터를 패

들링해 도착할 수 있는 약 5만 제곱미터 면적의 호수에서 시작되었다. 베이스캠프 자체가 너무 멀리 떨어져 있어 숲이 우거진 바위 지형을 가로질러 '길'을 뚫어야만 트레일러, 텐트, 발전기, 실험실 장비를 옮길 수 있었다. (오늘날에도 이 길은 너무 험해서 추가 렌터카 보험을 들지 않고 이곳을 방문하는 것은 정말 어리석은 일이다.)

227번 호수에 연구용 배를 보내는 것조차 큰 일이었는데, 수상 헬리콥터 다리에 묶어서 날라야 했다.

신들러의 동료 중 한 명은 호수 전체 실험에 착수한 첫날을 아직도 기억하고 있다. 그들은 10마력의 엔진이 달린 보트에 시동을 걸고 호수 한가운데로 나아갔다. 그런 다음 엔진을 끄고 보트 뒤쪽에 있는 배수 플러그를 뽑았다. 시동이 꺼진 보트에서 배수 플러그를 뽑으면 물이 빠지지 않고 그저 바닥에 구멍이 난 상태가 될 뿐이다. 이윽고 그 구멍으로 물이 밀려 들어오기 시작했다.

호숫물이 발목까지 빠르게 차오르면 그들은 배수 플러그를 다시 꽂고 상점에서 구입한 인 및 질소 기반 비료 두 봉지를 부은 엄청난 혼합물을 노로 휘저었다. 그런 다음 시동을 걸고 출발하면서 보트의 배수 플러그를 다시 뽑고 원형으로 호수를 돌며 보트 바닥에 있는 비료 혼합물이 배수구 밖으로 나가 호수로 흘러 들어가도록 운전했다. 탄소 문제와 관련한 결과를 얻는 데는 그리 오랜 시간이 걸리지 않았다.

신들러가 말했다. "우리는 2주 후에 답을 얻었습니다. 녹조류가 호수에 창궐한 것입니다."

과학자들이 물에 탄소를 전혀 뿌리지 않았기 때문에 인간이 방출한 탄소가 녹조 창궐의 원인일 수는 없었다. 그렇다고 할지라도 생태학자들의 계산 결과, 물속에 자연적으로 존재할 수 있는 탄소의 양은 그들이 질소와 인을 첨가한 후 발생한 규모만큼 큰 녹조를 발생시킬 만한 수준이 아니었다.

신들러는 227번 호수 실험 결과에 대해 "우리가 가장 깊게 관심을 기울인 점은 대체 조류가 충분한 탄소를 어디서 얻었는지 알아내는 것이었다"고 말했다. 연구원들은 24시간 탄소 측정을 통해 결국 조류가 광합성을 하고 성장하며 낮 동안에 호수의 이용 가능한 탄소를 소비한다는 결론을 내렸다.

해가 지고 조류가 밤사이 광합성을 중단하면 탄소가 고갈된 호수는 본질적으로 화학적 균형을 회복하기 위해 스스로 대기 중 이산화탄소를 흡수한다. 측정 결과, 매일 아침 해가 뜨고 조류가 다시 자라기 시작하는 시간에 맞춰 자연에서 공급되는 신선한 양의 탄소가 물속에 존재하는 것으로 나타났다. 이것이 바로 연구자들이 대규모 실험에 눈을 돌리게 된 이유였다. 실험실 수준에서는 호수가 밤에 이산화탄소를 흡수하는 것과 같은 놀라운 능력을 재현할 수 없었다.

실험 결과에 대한 소문이 퍼지기 시작하자, 신들러는 세제 업계가 조류 발생에 대한 책임을 탄소에서 다른 것으로 돌리려 한다고 말했다.

신들러는 이렇게 회상했다. "227번 호수의 실험 결과가 호수의 부영양화를 좌지우지하는 요소는 탄소라고 믿는 사람들을 침묵시켰음에도 불구하고, 인 함량이 높은 세제에 크게 의존하는 비누 및 세제 업계는 인 제어만으로는 문제를 해결할 수 없다고 계속해서 주장했어요. ……그들은 많은 호수에서 진행한 소규모 실험에서 1년 내내 또는 일정 기간 동안 질소를 제한했기 때문에 질소를 통제해야 한다고 제안했습니다."[24]

그래서 신들러는 다음 실험에서 질소를 시험해보기로 결정했다. 그의 아이디어는 땅콩 모양의 226번 호수를 반으로 잘라 표면에서 바닥까지 이어지는 폴리우레탄 칸막이를 설치하는 것이었다. 연구원들은 유출된 기름을 가두기 위해 고안한 재료로 대형 샤워 커튼 같은 칸막이를 만들어 호수 표면에 떠 있는 줄에 꿰매 매달았다. 그리고 잠수부들이 이 커튼을 끌고 내려가 호수 바닥의 육중한 바위에 고정시켰다.

칸막이로 가로막자 한 개의 호수가 갑자기 2개로 나뉘었다. 연구원들은 양쪽 모두에 탄소와 질소를 투여하고 한쪽에만 인을 추가로 공급했다. 영양 공급을 시작하고 불과 몇 주 만에 한쪽 호수가 확연히 밝은 녹색으로 변했다. 바로 인을 공급한 쪽이었다.

신들러가 나에게 말했다. "어느 날 헬리콥터를 타고 조사를 나갔던 기술자 중 한 명이 놀라면서 호수를 살펴봐야 한다고 야단법석을 떨었습니다. 그래서 우리는 카메라를 들고 하늘로 올라가 호수의 사진을 찍었는데, 그게 바로 유명해진 그 사진입니다."

칸막이로 나뉜 호수 한쪽의 깨끗하고 짙푸른 물과 다른 쪽의 골프장 잔디 같은 녹색 물은 인이 조류 문제를 일으키지 않는다는 세제 업계의 주장에 큰 타격을 입혔다.

물론 인이 호수에서 조류를 증식시키는 **유일한** 영양소는 아니었지만, 신들러 팀은 226번 호수 실험과 후속 실험을 통해 이것이—모든 담수에서는 아니더라도—대부분의 조류 성장에서 **제한 요소**라는 것을 확신했다. 오늘날까지도 일부 호수에서는 질소가 제한 요소일 수 있다고 주장하는 연구자 집단이 있는데, 신들러는 죽는 날까지 이 의견에 콧방귀를 뀌었다.

그는 인을 줄이면 녹조 발생이 줄어든다고 주장했다. 그러면서 여러 주의 입법부를 설득하기 위한 방법으로 호숫물의 리터당 인의 마이크로그램 단위 함유량과 조류 밀도의 연관성을 보여주는 막대그래프를 이 현상에 대한 증거로 제시하곤 했는데, 헬리콥터에서 찍은 사진을 보여주는 것은 이런 방식과는 차원이 달랐다고 했다.

신들러는 사진과 관련해 다음과 같이 말했다. "청문회의 패널이 원했던 게 바로 이런 것이었습니다. 많은 패널 구성원이 과학자가 아니었기 때문에 데이터를 보여줄수록 그들이 멍해지는 것을 확인할 수 있었죠. 한 장의 사진이 단어 1000개만큼의 가치가 있다면, 과학에서는 아마도 10만 개의 가치가 있을 겁니다. 이 사진은 인의 역할을 설명하는 데 엄청나게 효과적이었습니다."

●

신들러가 사진 증거를 확보하기 전부터 대중은 공공 수역에 방출된 수십만 톤의 화학 물질이 조류 문제를 일으키지 않는다는 세제 업계의 주장을 의심하기 시작했다. 가장 맹렬한 비판 중 일부는 예상치 못한 곳에서 튀어나왔다.

1970년 전국 신문에 실린 한 광고는 이렇게 선언했다. "이리호는 재앙이 되어버렸고, 타호호는 위험에 빠졌다. 퓨젓사운드〔Puget Sound:

워싱턴주 북서부에 있는 만(灣)—옮긴이)는 생태학적 악몽이 되어버렸고, 찰스강은 명성을 잃었다. ……더 이상 시간이 없다. 우리는 **당장** 오염 문제를 해결해야 한다. 그렇지 않으면 결코 해결하지 못할 수도 있다. 우리는 쓰레기 더미 세상 속에서 여생을 살아가야 할지도 모른다."[25]

이 반쪽짜리 광고는 계속해서 세제의 인을 문제의 근원으로 지목했다. 이것은 시에라 클럽(Sierra Club: 미국의 환경 보호 단체—옮긴이)이나 다른 환경 활동가 단체 같은 곳에서 만든 광고가 아니었다. 이는 **타이드**의 경쟁사가 환경적으로 책임 있는 선택을 한다면서, 자사의(인 함유량이 낮은) 세제 분말을 홍보하기 위한 광고였다. 이 광고는 인 함량이 가장 높은 브랜드의 이름뿐만 아니라, 경쟁 브랜드의 인산염 비율도 제시했다.

그해 말, 미국 세제 업계는 제품의 인 함량을 중량 기준 8.7퍼센트 이하로 제한하기로 합의했다.[26] 비슷한 시기에 인 세제에 대한 전면적 금지 명령을 내린 시카고의 경우에는 이런 제한으로 충분하지 않았다. P&G는 연방 법원을 통해 조율을 시도했지만 실패했다. 인디애나는 미국 최초로 주 전역에서 인 세제를 금지했다. 이와 비슷하게, 세제 업계는 인을 금지한 디트로이트와 애크런, 오하이오에서도 소송에 패했다.[27]

1973년 이후 많은 주에서 인디애나주를 따랐고, 1990년대 중반부터는 세제 업계가 자발적으로 가정용 세제에서 인을 제외했다.[28] 세제 속 빌더 화합물이던 인은 다른 것으로 대체되었는데, 바로 탄산나트륨이다. 탄산나트륨은 오늘날에도 여전히—출시된 지 75년이 넘도록 시장을 지배하는—타이드의 분말 제형에 쓰이고 있다.

이후 주방 세제에서도 유사하게 인의 단계적 퇴출이 이뤄졌다. 1970년대에 들어서면서부터 전국적으로 수십억 달러에 달하는 금액을 투입해 하수 처리장을 개선하자 공공 수역으로 유입되는 생활 하수 기반 인 폐기물은 더욱 감소했다.

그리고 신들러와 당시 다른 과학자들이 예측한 것처럼, 녹조로 황폐화한 북미의 호수와 강은 1980년대 전반에 걸쳐 다시 회복되기 시작했다. 이리호도 매우 빠르게 회복되어 1980년대 중반에 닥터 수스는《로렉스》의 다음 판본에서 이리호와 관련된 언급을 삭제하기로 했다.

●

오늘날 이리호에는 녹조가 다시 창궐하고 있다. 죽음이 드리워 암울했던 1960년대의 상태보다 더 하면 더 했지 나은 상황은 아니다. 이번에는 썩어가는 조류가 이리호의 산소만 빨아들이는 게 아니라 호수를 중독시키고 있다. 그리고 1970년대와 마찬가지로 녹조는 이리호에만 국한되지 않고 플로리다주에서 태평양 북서부까지 점점 더 퍼지며 호수와 강을 병들게 하고 있다.

다시 한번 말하지만, 인이 원흉이다. 생물학자들이 이걸 밝혀냈고, 관련 업계는 책임을 져야 한다.

그러나 다시 한번 관련 산업은 처벌받지 않고, 오염물 방출에 대해 아무런 제재도 받지 않고 있다.

6

유독한 물

이리호는 1950년대 오하이오주 털리도에 살던 소녀 샌디 빈(Sandy Bihn)에게 잊을 수 없는 추억을 남겼다. 특히 여름의 이리호가 더욱 그러했다. 그녀의 아버지는 드라이클리닝 가게를 운영했는데, 매년 7월 4일 독립기념일 연휴에는 가게 문을 닫고 미시간 주계(州界) 바로 건너편 호숫가에 있는 별장을 빌려 가족들과 함께 시간을 보내곤 했다.

아버지는 첫 주에는 가족들과 함께 쉬고, 두 번째 주부터는 매일 30분씩 운전해서 가게로 돌아가 일을 했다. 그래서 빈과 여동생, 그리고 여름방학을 함께 보내기로 한 친구들은 찌는 듯한 도시에서 벗어나 어른의 감시 없이 꽤 긴 시간 동안 자유롭게 지낼 수 있었다. 소녀들은 아침이면 작은 배를 빌려 타고는 농어 낚시를 갔다. 오후에는 호숫가에서 수영을 하며 놀았다. 그리고 밤에는 낮에 잡은 생선에 빵가루를 입혀 버터에 튀겨 먹었다.

연휴 동안 최소 며칠씩은 북동풍 때문에 물살이 거세 낚시를 할 수 없었는데, 그럴 때면 빈과 여동생은 예쁜 돌을 찾아 호숫가를 뒤지거나 내륙으로 하이킹을 가곤 했다. 어떤 활동을 하든 빈은 맨발로 돌아다녔다. 연휴가 끝날 즈음에는 발바닥이 가죽처럼 변해 별장 근처 자갈길을 뛰어다닐 수 있을 정도였다. 빈은 내게 이렇게 말했다. "그때는 내가 1년 중 가장 좋아하는 시기였어요. 그리고 내가 살아가면서 무엇을 하든 그 호수 옆에 있어야겠다는 걸 일찍부터 깨달았죠."[1]

1987년, 이리호가 1960년대와 1970년대의 세제로 인한 죽음의 시절로부터 회복하고 있을 때, 빈과 남편은 털리도 근처 호수 서쪽 수변에 집을 지었다. 그때는 호수의 수질이 매우 좋아져서 휴가를 가기 위해 차를 몰고 멀리 여행할 필요가 없었다. 그녀의 아이들은 뒷마당에 있는 호숫가에서 맨발로 여름날을 보냈고, '섬'이라고 이름 붙인 움직이지 않는 뗏목에서 수영을 하며 놀았다.

오늘날 그 뗏목은 사라졌다. 호수의 부활을 상징하던 1980년대와 1990년대의 깊고 푸른 물도 사라졌다. 이리호는 또다시 만성적인 녹조에 시달렸다. 빈의 가족은 신발을 벗고 물결에 발을 담그곤 했던 게 언제였는지 기억조차 할 수 없을 정도가 되었다. 이제 빈의 가족은 뒷마당의 (염소로 소독한) 수영장에서만 물놀이를 한다. 호수에서 수영을 하면, 더러운 물로 인해 남편의 귀에 염증이 너무 자주 생겼기 때문이다. 심각하게 망가져가는 이리호의 모습에 빈은 뭔가 행동을 하기로 결심했다.

빈은 1980년대 레드 랍스터(Red Lobster: 고급 랍스터 레스토랑—옮긴이)의 로비처럼 항해 분위기를 풍기는 거실에 앉아 내게 말했다. "내가 바라는 것은 호수가 녹색이 되지 않도록 하는 거예요."

빈이 말하는 녹색은 피클 국물 같은 투명한 녹색이 아니다. 그것은 두껍게 칠한 페인트만큼 진한 에메랄드빛 녹색이고 유독하다.

●

근래의 전염병 같은 이리호 녹조는 그 발생 원인이 세제 제조업체, 산업 폐기물 처리장 또는 하수 처리장 배출에만 국한되지 않는다. 이러한 오염원은 현대의 오염 배출 법규에 따라 엄격하게 규제받고 있다. 그러나 오늘날의 녹조 발생 원인인 농업 분야는 그렇지 않다. 특히 이리호의 녹조 문제는 호수 서쪽 끝에 있는 광활하고 평탄하고 비옥한 모미강(Maumee River) 유역 농경지의 과도한 인 비료 사용에서 비롯된 것이다.

백인들이 정착하기 이전에 모미강 지역은 그레이트블랙 습지(Great Black Swamp)로 알려졌는데, 이곳은 약 3900제곱킬로미터 규모의 습지로 야생 동물이 많으며 탁하고 자연적으로 과영양화한 빗물이 이리호로 흐를 때 수천 년 동안 이를 걸러주는 천연 필터 역할을 했다. 백인 정착민들은 1800년대부터 도랑과 지하 수도 시스템을 이용해 습지의 물을 빼내고 길들였다. 한때 물에 잠겨 있던 모미강 유역에서는 오늘날 칼같이 줄 세운 옥수수와 대두를 재배하고 있으며, 밀·건초·귀리도 그보다는 적지만 재배하고 있다. 또한 엄청난 규모로 가축도 사육하고 있는데, 이 면적을 전부 합하면 약 1만 2000제곱킬로미터에 달한다.[2] 과거 거대한 정수 시스템의 일부였던 모미강은 이제 매년 수천 톤의 잉여 농업용 인을 직접 이리호로 꽂는 주사기 같은 역할을 하는 꼴이 되어버렸다. 이는 농부들이 어떻게든 책임을 회피하려고 해도 이리호에 대규모 현대적인 녹조를 발생시키는 주요인임에 분명하다.

그들은 문제의 원인이 하수 처리장에서 배출되는 오수와 산업 공해물뿐 아니라 비료를 과다하게 사용한 골프 코스, 잔디밭, 심지어 주택의 정화조에서 누출된 오염물 때문일 수도 있다고 주장한다. 완전히 틀린 말은 아니지만, 이러한 오염원의 출처를 모두 합쳐도 모미강을 통해 호수로 흘러드는 연간 인 유입량의 15퍼센트에 불과하다. 호수의 인 문제를 해결하려는 생물학자들은 최근 몇 년간 모미강 유역의 농부들이 실제로 농작물에 뿌리는 (공장에서 만든) 화학 영양소의 양을 줄여왔다는 점을 인정한다. 하지만 그것을 감안하더라도 농업이 나머지 85퍼센트에 대한 책임이 있는 것은 맞다.[3]

농부들은 또한 정부 규제 기관 및 세금의 도움을 받아 자신이 사용하는 화학 비료가 농작물에 흡수되기 전에 자연으로 흘러 들어가는 것을 방지하려 노력하고 있다. 여름 재배 기간이 끝난 후 과잉 살포 비료를 흡수하고 인으로 포화된 토양을 고정시켜 호수로 흘러 들어가지 않도록 '피복 작물'을 심게끔 농부들에게 지불하는 정부 자금도 있다. 또한 빠져나가는 인 입자를 포집해 이리호로 흘러드는 도랑과 개울로 유입되지 못하도록 하기 위한 초목 완충 지대를 들판 가장자리에 조성하는 농부들에게 지급하는 보조금 명목의 정부 자금도 있다. 또 다른 공공 자금 지원 프로그램은 농장의 고인 물을 배수하는 지하 파이프에 인으로 오염된 빗물의 흐름을 늦추는 수문을 설치하도록 농부들에게 자금을 제공하기도 한다.

그러나 녹조는 계속 발생한다.

많은 문제점 중 하나는 화학 비료 가격이 상대적으로 낮았던 시기에 밭에 비료를 마구잡이로 뿌려댄 까닭에 '잔존' 인이 침출된다는 것이다. 또 다른 문제점은 기후 변화다. 점점 더 세차게 내리는 봄비로 인해 농부들이 뿌린 비료가 그해 농작물에 흡수되기도 전에 씻겨 나간다. 농부들이 농경지를 매끄럽고 평평하게 만드는 '무경운' 농업 방식으로 전환함에 따라 최근 몇 년간 이는 특히 심각한 문제가 되었다. 이러한 방식은 표토의 유출을 방지하지만, 매년 가을에 뿌린 딱딱한 비료층이 4월의 소나기에 녹아 호수로 씻겨 내려간다.

그러나 환경 단체 '이리호 수질 지킴이(Lake Erie Water Keeper)'의 전무이사 빈은 호수의 인 과잉을 유발하는 대부분의 원인은 폭발적으로 늘어난 모미강 유역의 가축 수에 있다고 본다.

"상업용 비료에 문제가 없다는 게 아니라, 가축 분뇨 문제를 숨기고 있다는 거예요. ……그들이 빠져나간다는 건 정말 어처구니없는 일이에요." 빈이 말했다.

●

20세기의 이리호 오염 문제로 인해 인 세제 사용이 금지되었고, 의회는 1972년 청정수법을 통과시켰다. 이 법안에 의하면 도시와 산업계는 전국의 강·호수 및 연안 해역으로 배출하는 비료를 비롯한 오염 물질을 극적으로 줄여야 했다. 그러나 이 획기적인 환경법은 농업계에는 면책권을 주었다.

당시 이 법안의 근거는 세제에서 인을 제거하고 산업과 도시에서 과영양화한 오수의 배출을 줄이면 영양분 감소를 통한 미국 수역의 회복을 달성할 수 있다는 것이었다. 이런 오수가 인 오염의 가장 큰 원인일 뿐 아니라, 이를 규제하는 것이 농경지에서 침출되어〔규제 용어로 '비점오염원(nonpoint source: 특정되지 않은 지점에서 발생하는 오염 물질 배출원—옮긴이)'〕 흘러나오는 화학 비료와 거름으로 인한 오염을 통제하는 것보다 훨씬 쉬웠기 때문이다. 배관을 따라 이동하는 '점오염원(point source: 특정한 지점에서 발생하는 오염 물질 배출원—옮긴이)'의 경우 원인을 특정 짓고 처리할 수 있다. 수만 제곱킬로미터의 광범위한 땅에 퍼져 있는 오염원(과도한 영양분)을 처리하는 것은 차원이 다른 문제다.

그러나 청정수법 통과 후 반세기 동안, 미국의 농장은 점오염원에 훨씬 더 근접했다고 할 수 있을 정도로 극적인 변화를 겪었다.

오늘날 미국의 농업은 산업 규모로 이루어지는 경우가 많다. 여느 공장과 마찬가지로, 1만 마리 이상의 소를 사육하는 농장에서는 다른 어디로 퍼질 수 없는 예측 가능한 일일 오염 물질(분뇨)이 발생한다. 농부들은 그 물질을 액화시켜 수천만 리터를 담을 수 있는 오수 처리용 인공 못에 퍼붓는다. 이 인공 못이 넘치는 것을 방지하기 위해서는 정기적으로 인이 가득한 폐기물을 농장에 뿌려야 한다. 때로는 해당 농장에 영양분 공급이 필요하지 않은 경우에도 마찬가지다.

규제 당국이 '집중형 가축 사육 시설(concentrated animal feeding operations, CAFOs)'이라고 부르는 이런 공장형 농장 중 가장 큰 규모는 축사나 분뇨 저장소같이 분뇨를 집중적으로 배출하는 장소에서 분뇨 관리 방식을 규제하는 허가를 받아야 한다. 그러나 이러한 허가는 느

슨하게 시행되는 경우가 많으며, 분뇨를 농장에서 트럭으로 운반해 인근 목초지에 뿌려도 규제가 이루어지지 않는다. 그리고 실제 농장 규모가 크더라도 농부들은 발생하는 분뇨의 양과 이를 폐기하는 방법 및 위치를 정부와 규제 당국이 알지 못하도록 농장 규모를 특정 수준 이하로 유지함으로써 교묘하게 규제를 피해간다.

예를 들어, 오하이오주의 돼지 2500마리 미만인 돼지 농장이나 산란계 8만 2000마리 미만인 양계장, 또는 소 700마리 미만인 낙농장은 대부분 분뇨 처리 작업에 대한 규제를 받지 않고 또한 대중의 시선에서도 벗어날 수 있다.[4]

그러나 2019년 환경보호론자들이 최근의 농장 확장과 관련한 분석에서 항공 사진을 사용해 비밀을 밝혀낸 후, 모미강 유역의 분뇨 부하 증가 규모의 실체가 드러나기 시작했다.

각 농장의 가축 유형에 따라 필요한 실내 공간의 규모에는 정부의 표준 규격이 존재한다(젖소 성체의 경우 평균 7.4제곱미터, 돼지의 경우 0.7제곱미터, 산란계의 경우 10.4제곱센티미터 필요).[5] 따라서 보고서를 낸 저자들은 새로 확장 공사를 하고 있는 농장의 사진을 토대로 그 구조를 분석했는데, 사육 동물에 따라 뚜렷한 규모적 특징이 있기 때문에 헛간의 크기와 모양을 역추적해서 내부에 어떤 동물이 몇 마리 있는지를 계산했다. 환경보호론자들은 이것이 완벽한 조사는 아니지만, 가축 수에 대한 자신들의 추정치가 정부 및 규제 기관 등이 집계한 수치보다 더 훌륭하다고 주장한다.

그들이 밝혀낸 것은 충격적이었다. 모미강 유역의 가축 수는 2005~2018년 2배 이상 증가해 2000만 마리에 달했으며, 이 유역의 분뇨에 기반한 인의 양은 67퍼센트 증가해 연간 1만 600톤에 이르렀다.

이러한 농장들은 적어도 수백만 명이 거주하는 도시 하나만큼의 많은 배설물을 배출한다. 그러나 차이점은 도시의 경우 하수 처리장에서 인간 배설물의 인을 포함한 상당량의 오염 물질을 제거한다는 것이다. 모미강 유역에서 발생하는 분뇨 폐기물은 화학적·생물학적 오염 물질을 제거하기 위한 폐수 처리를 거치지 않는다. 대신 다음 날 발생하는 분뇨의 저장 공간을 확보하기 위해 농경지에 뿌릴 뿐이다. 이렇게 매일 발생하는 분뇨는 모미강 유역 외곽으로 반출되는 경우가 거의 없다. 엄청난 양의 분뇨를 트럭으로 운송하는 데 드는 비용 때문이다. 경제적 이유로 분뇨는 일반적으로 그것이 발생한 축사로부터 약 16킬로미터 반경 안에 있는 들판에 뿌려진다.

그리고 모든 것이 그러하듯 옥수수 알갱이와 콩, 밀 줄기에 흡수되지 않은 모든 성분은 거의 평지에 가까운 모미강 유역을 따라 흘러 (이 경우에는) 결국 이리호에 도달한다.

오하이오주의 농부 빌 마이어스(Bill Myers)는 이리호 서쪽 기슭에 있는 모미베이 주립공원(Maumee Bay State Park) 건너편에서 옥수수와 콩 그리고 밀을 재배하고 있다. 이곳은 그의 증조부모가 1800년대 후반 독일에서 건너와 정착한 후, 농사를 짓던 바로 그 땅이다. 그는 자신의 경작지가 가축을 기르는 대형 거름 생산자와 너무 멀기 때문에 그들이 생산한 동물 분뇨를 비료로 사용하지 않는다고 했다. 그러면서 근처에 그들과 같은 비용 효율적인 공급원이 있고, 그들이 제공하는 충분한 양의 비료 성분과 토양을 건강하게 유지하는 유기물도 포함하고 있다면 사용할 것이라고 말했다. 하지만 그는 모미강 유역에서 발생하는 거름의 일부(그 양이 얼마인지는 모른다고 했다)가 유기물과 영양분이 필요하지 않은데도 들판에 뿌려진다는 것을 인정했다. 정기적으로 농경지에 분뇨를 뿌리지 않으면 모미강 유역의 농부들은 아마도 넘치는 분뇨에 파묻혀 익사할 것이기 때문이다.

"그들은 노력하고 있어요." 음흉한 표정으로 장난스럽게 좌우를 살피며 마이어스가 내게 말했다. "자신의 똥을 없애려고 말입니다."[6]

마이어스는 누구보다도 더 이런 상황에 좌절감을 느꼈지만, 동료 농부들이 쓰레기를 싸게 버려서 부자가 되려고 한다는 생각을 일축했다. 그는 농부들 대부분이 단지 생존을 위해 노력하고 있으며, 21세기의 농업이 얼마나 경제적으로 어려워졌는지 일반 대중은 알지 못한다고 말했다. 그러면서 하루 14시간을 일해야 연간 3만 5000~5만 달러를 벌 수 있다고 했다.

"당연히 우리도 먹고살아야 합니다. 맨입으로 이 일을 하는 게 아니거든요." 그가 씹는담배를 한 꼬집 아랫입술 안쪽으로 밀어 넣으며 말했다. "당신은 그 수첩을 손에 들고 돌아다니면서 온갖 사람들을 만나 대화를 나누고 있는데, 상대방이 그저 인심 좋은 사람이라서 공짜로 이야기하는 거겠어요? 모두가 그에 맞는 대가를 받아야 합니다."

마이어스는 이리호의 인 문제와 관련해 농부들이 끼친 악영향을 인식하고 있었다. 그리고 이를 해결하기 위해 할 수 있는 일을 하고 있는 농부를 많이 알고 있다고 말했다. 또한 과도한 오염을 일으키는 소수의 농부가 있다는 걸 인정하며, 모미강 분지의 농민 20퍼센트 정도가 전체 분뇨 오염의 약 95퍼센트를 차지할 거라고 짐작했다. 그리고 상황이 걷잡을 수 없게 되자 왜 빈 같은 사람들이 정치인을 압박해 농부들이 분뇨 폐기물을 더 잘 관리하도록 규제하려 하는지 그 이유도 이해하고 있었다.

그는 이렇게 말했다. "호수의 녹조가 견디기 힘든 순간은 항상 있을 겁니다. 그것이 10년에 한 번이라면 사람들은 그걸 견딜 수 있겠죠. 그러나 만약 10년에 9년 동안 일어난다면 사람들은 더 이상 견딜 수 없을 겁니다. 그리고 사람들은 지금 매우 화를 내고 있죠."

●

20세기 중반의 이리호 녹조 문제는 세제에서 인을 제거함으로써 없앨 수 있었다. 중서부 전역의 도시들이 이리호를 비롯한 다른 오대호로 배출하는 하수 기반 영양분의 양을 줄일 수 있도록 하수 처리장 개선에 약 80억 달러를 사용했다. 미국과 캐나다는 이리호 복구 계획의 일부로 하수 처리장을 개선해 호수로 유입되는 인의 양을 연간 평균 2만 9000톤에서 1만 1000톤으로 줄임으로써 녹조 문제를 해결할 수 있도록 했는데, 이것은 적절한 조치였다.

오늘날 호수로 유입되는 연간 인의 총량은 임곗값인 1만 1000톤 미만으로 유지되고 있다. 그러나 녹조는 다시 발생했고, 그 어느 때보다도 넓게 번졌다. 현재 농경지에서 씻겨 호수로 흘러 들어가는 인 대부분이 엄청나게 잘 녹는 형태이기 때문이다.

1960년대 이후의 또 다른 변화는 초기의 녹조가 여러 종의 집합체로 구성되어 있고 대부분 독성이 없었던 반면, 오늘날 '남조류'에 의해 발생하는 녹조는 이리호와 미국 전역의 강과 호수를 황폐화하고 있다.

남조류는 엄밀히 말하면, 조류가 아니라 일종의 광합성 박테리아다. 사이아노박테리아라고도 알려진 이 단세포 유기체는 그걸 먹은 개가 죽고, 수영하던 사람이 실수로 들이마시면 몇 초 만에 구토를 일으킬 만큼 강력한 간(liver) 독소를 생성할 수 있다.

사이아노박테리아는 독성이 있지만 완전히 자연적이기도 하다. 발견되는 화석에 따르면 사이아노박테리아는 적어도 35억 년 동안 지구상에서 번성해왔다. 가장 오래된 화석의 경우에는 40억 년 전의 것도 있는데, 어찌 보면 이는 잘된 일이다. 사이아노박테리아는 말 그대로 지구에 오늘날의 생명체를 있게끔 한 역할을 했다고 할 수 있다. 그들의 집단 호흡 덕분에 약 20억 년 전, 오늘날 인간을 포함한 우리가 알고 있는 지구상의 모든 생명체를 존재할 수 있게 한 충분한 양의 산소가 대기 중에 있을 수 있었다.

그러나 인을 좋아하는 다양한 종의 사이아노박테리아는 또한 강력한 독소를 생성하는데, 이런 현상은 100년 넘게 확인되었다. 1878년 〈네이처〉에 실린 논문에서 오스트레일리아의 한 화학자는 머리강(Murray River) 하구 근처 호수에 “녹색 유성 페인트 같은 거품”과 “죽처럼 걸쭉하고 반죽 같은” 물질이 있다고 보고했다.[7] 그의 관찰 중에는 이 오염된 물을 핥아먹은 가축들이 금세 혼미해지며 경련을 일으키다가 쓰러졌다는 내용도 있다. 이것을 본 화학자는 이 독성 있는 물을 여러 종의 동물에게 투여했고, 그 결과 독성 효과가 나타날 때까지 걸리는 시간이 동물마다 다르다는 사실을 발견했다. “양:

1~6 또는 8시간, 말: 8~24시간, 개: 4~5시간, 돼지: 3~4시간.” 시간이 얼마나 걸렸는지와 상관없이 이 독성 조류에 대한 노출의 최종 결과는 동일했다. 바로 죽음이었다.

이와 유사하게 남아프리카공화국 연구자들은 20세기 초에 말, 노새, 당나귀, 산토끼, 가금류, 물새와 함께 ‘수천’ 마리의 소와 양이 조류로 오염된 물 때문에 죽었다고 보고했다. 남조류로 오염된 남아프리카 저수지의 물을 먹고 죽은 가축을 부검한 결과, 혈액 정화 장기(신장, 간)가 석탄처럼 검게 변할 정도로 손상이 심각한 것으로 나타났다.[8]

카스피해 지역에 서식하는 말조개와 콰가홍합은 이 새로운 독성 조류의 폭발적 번성과 관련이 있다. 호수 바닥을 뒤덮고 있는 이 여과 섭식 동물이 남조류를 제외하고 물에 떠 있는 거의 모든 걸 먹어 치우기 때문이다. 그 결과 남조류는 경쟁 상대가 거의 없는 상태에서 번성할 수 있는 최적의 조건에 놓인다. 그렇기 때문에 이리호를 포함한 오대호같이 큰 호수라 할지라도 앞서 언급한 조개류에 감염된 상태에서 녹조가 번성하면 독성을 지닐 가능성이 더 높다.

이 사이아노박테리아 군집은 조류 창궐이 특히 심한 예외적인 해에는 이리호의 약 5200제곱킬로미터에 걸쳐 퍼지기도 하는데, 농부인 마이어스가 지적했듯 지난 10년 동안은 거의 모든 해마다 심각했다.

이번 창궐은 생물학자, 수영을 즐기는 사람, 어부들에게 더 이상 가볍게 볼 문제가 아니다. 2014년 8월, 사이아노박테리아가 수중에서 피워 올린 독소 기둥이 털리도의 공공 수자원 시스템이 운영하는 이리호 취수구로 빨려 들어가 공무원들이 한밤중에 음수 금지령을 발동하는 사태가 발생했다. 보건 당국은 오염된 물을 끓여도 음용수로 안전하지 않다고 경고했는데, 실제로 물을 끓이면 독소를 농축시키는 셈이었다.

음수 금지령 소식은 엄청난 속도로 퍼졌고 털리도 사람들은 크게 동요했다. 금지령 발동 몇 시간 만에 인근 최대 한 시간 거리에 있는 상점들의 생수가 동이 나버렸다. 공황 상태에 빠지자 오하이오주 전역에 주 방위군이 동원되었고, 추가적인 화학 처리를 통해 안전한 물 공급이 가능할 때까지 주민을 위한 생수, 휴대용 정수기, 유아용 분유를 쌓은 팰릿(pallet)을 트럭으로 실어 날랐다.

사태가 터지고 두 달 후, 3000만 명 넘는 사람들의 식수원인 오대호 인근 12개 남짓한 도시의 시장들이 시카고에 모여 다른 지역에서 털리도 대참사 같은 일이 반복되지 않도록 필요한 모든 조치를 취하겠다고 약속했다.

비록 4년이 걸렸지만, 마침내 2018년 미국과 캐나다 정부는 2025년까지 이리호로 유입되는 연간 인의 양을 40퍼센트 줄이기로 합의했다.

과학자들은 반세기 전에 인을 줄일 때 그랬던 것처럼 이러한 영양화 조절이 이리호를 회복시킬 것이라고 확신한다. 하지만 이번에는 이 계획에 인 방출 감소를 강제하는 새로운 법률이 포함되어 있지 않기 때문에 그런 일은 벌어지지 않을 것이다. 농민과 정치인을 제외한 거의 모든 사람의 항의에도 불구하고 모든 인 방출 감소는 기본적으로 자발성에 근거하고 있다.

2018년 봄, 〈털리도 블레이드(Toledo Blade)〉에 실린 기사에서 한 비평가가 불만을 제기했다. "우리는 마치 농무국이 완전 소유한 자회사 같은 입법부가 존재하는 주에서 살고 있다. ……미안하지만 이것이 현실이다."[9]

이것은 전문적인 환경 운동가의 목소리가 아니었다.

털리도 시장이 직접 제기한 현재의 문제였다.

●

2019년 한여름, 나는 100명 넘는 과학자, 정치인, 환경 운동가, 농업 전문가, 기자 및 전문 낚시 가이드와 함께 페리를 타고 털리도에서 동쪽으로 약 100킬로미터 떨어진 이리호의 섬에 위치한 생물학 연구 기지로 향했다. 우리는 오하이오주 사람들에게는 암울한 연례행사가 되어버린 녹조 발생과 관련된 일을 함께 하기로 했는데, 바로 늦여름에 남조류가 창궐할 때 이리호의 독성 녹조가 얼마나 심해질지 공식적으로 예측하는 것이었다.

녹조 시즌이 도래했다는 주요 신호인 싹 돋은 남조류 덩어리가 모미강 어귀에서 이리호로 흘러 들어가는 모습을 확인하기엔 7월 11일은 일반적으로 너무 이른 때였다. 그러나 이제 과학자들은 다가오는 작물 성장 기간을 위해 농부들이 자신의 밭에 살포한다고 보고한 비료의 양, 봄비의 강도와 시기, 여름철 수온, 장기간의 날씨 패턴을 기반으로 가을바람과 서늘한 기온에 의해 독성 물질이 사라지기 전까지 녹조가 얼마나 커질지를 인상적인 정확도로 예측할 수 있었다.

호수 위의 보이지 않는 미국과 캐나다 국경에서 남쪽으로 약 6.5킬로미터 떨어진 곳에 있는 (숲이 우거진) 섬으로 떠나기에 좋은 화창한 아침이었다. 그곳에는 107미터 높이(뉴욕항의 '자유의 여신상'보다 높다)의 화강암 석상 그늘 아래 소박한 오두막집들이 몰려 있는데, 이 석상은 1812년 미영 전쟁 중 영국 함대와의 전투에서 승리한 올리버 해저드 페리(Oliver Hazard Perry) 제독의 승전을 기념하기 위해 세운 것이다. 페리 제독은 이 전투에서 휘하 지휘관에게 "우리는 적을 만났고 그들은 우리의 것이다(We have met the enemy and they are ours)"라는 유명한 선언을 담은 편지를 보냈다.

페리 제독의 이 인용문은 인기 많은 월트 켈리(Walt Kelly)의 신문 연재 만화 〈포고(Pogo)〉에 (1971년 지구의 날에 맞춰 변형되어) 등장할 만큼이나 유명하다. 이 만화의 제목과 이름이 같은 캐릭터인 주머니쥐 포고는 온갖 종류의 쓰레기로 오염된 숲 바닥을 바라보며 이렇게 선언한다. "우리는 적을 만났고, 그는 바로 우리 자신이다(We have met the enemy, and he is us)."

이는 현대의 이리호에서 벌어지고 있는 전투와 관련해 특히 적절한 평가다. 베이글을 먹거나 아이스크림을 구매하고 가족 단위 바비큐 잔치를 벌이는 사람은 누구나 호수 문제에 어느 정도 책임이 있다고 주장할 수 있다. 농부가 하는 일에 문제가 있다고 생각한다면, 먹지 말라는 주장도 있다!

그러나 오늘날 미국의 농업은 단순히 식탁에 음식을 올려놓는 것에 국한되지 않는다. 모미강의 물을 끌어다 재배한 옥수수는 대부분 에탄올로 만들어지고, 우리는 그걸 자동차 연료에 섞어 사용한다.

남은 옥수수는 대부분 소의 사료로 쓰이거나 청량음료의 감미료로 가공해 사용한다. 또한 이 유역에서 수확한 대두는 바이오디젤과 동물 사료로 쓰인다.

미시간 대학의 농생태학자 제니퍼 블레시(Jennifer Blesh)는 말한다. "우리는 사실 그곳에서 인간을 위한 식량을 재배하고 있는 것이 아닙니다. 대부분은 기술적으로 다른 제품의 원자재죠."[10]

하지만 오하이오주 서부의 농업은 단순한 산업이 아니라 지역 정체성의 중요한 부분이다. 그건 이리호도 마찬가지다.

이러한 긴장감은 그날 아침 페리에 탑승한 오하이오주 민주당 의원 마이클 시히(Michael Sheehy)의 혈관 속에도 흐르고 있었다. 시히의 어머니는 농부로 성장했고, 그는 오하이오주에서 가장 크고 정치적으로 가장 영향력 있는 산업에 엄청난 존경심을 가지고 있다고 언급했다. 그러면서도 이 산업이 야기하는 피해에 목소리를 내는 걸 두려워하지 않았다.

페리에서 내려 기자 회견장으로 향하는 동안 그가 나에게 말했다. "이 호수는 신이 우리에게 준 가장 놀라운 선물 중 하나입니다. 우리가 이 호수를 그토록 무례하게 대하고 경멸하는 것은 비양심적인 짓이죠." 우리가 도착한 기자 회견장에서 오하이오주 농업 관리 관계자들은 폭우로 인해 축축해진 들판에서는 농기구를 사용할 수 없기 때문에, 작물 성장기 동안 사용한 화학 비료의 양이 평소의 50퍼센트 미만이었다고 보고했다. 그들은 또한 일반적인 분뇨량에 비해 극히 적은 양만 살포했다고도 말했다. 그들의 주장이 뭔가 의심스럽게 들렸다. 인간과 마찬가지로 소, 돼지, 닭도 날씨가 습하다고 해서 배변을 멈추진 않는다. 따라서 농장에서 발생하는 분뇨를 저장하는 데에는 한계가 있고, 그렇기 때문에 날씨와 상관없이 정기적으로 밭에 뿌려야만 한다.

그들의 보고대로라면 작물 성장기 이전에 농장에 영양분을 적게 살포했다는 것인데, 그럼에도 확인된 소식은 나빴다. 그날 연구원들은 폭우처럼 쏟아진 봄비로 인해 (여전히 넘쳐나는) 인이 호수로 쏟아져 들어와 녹조 발생 예상을 1~10등급 중 7.5등급으로 끌어올렸다고 보고했다. 이것은 털리도의 식수 시스템을 오염시킨 2014년보다 더 큰 녹조 발생이 예상된다는 걸 의미했다.

기자 회견장에서 발언하는 어느 누구도 전년도에 환경 운동가들이 소송을 제기하기 전까지 주 규제 당국이 청정수법에 따라 호수의 서쪽 끝이 '훼손'되었다고 선언하는 간단한 조치조차 취하길 거부했다는 사실을 언급하지 않았다. 이 소송에 대한 법원의 판결은 호수 서쪽 유역으로 유출되는 인의 양에 대해 오하이오주가 연간 제한을 두도록 요구했지만, 그걸 위반할 때의 처벌은 포함하고 있지 않았다. 또한 법원의 판결에도 불구하고 당시 주 정부가 그러한 제한 설정을 거부했다는 사실을 누구도 언급하지 않았다.

그리고 회견장에 있던 어느 누구도 오하이오주 농무부가 불과 일주일 전에 매년 약 380만 리터의 분뇨를 발생시킬 수 있는 돼지 4800마리를 추가해 모미강 유역 내 가축 사육 규모를 2배로 늘리려는 한 양돈 농가의 요청을 승인했다는 사실을 언급하지 않았다. 해당 폐기물의 처리 운영 계획은 그냥 토지에 뿌리는 것이었다.

이리호전세보트협회(Lake Erie Charter Boat Association)의 부회장 데

이브 스팽글러(Dave Spangler)는 보트를 타고 본토로 돌아가는 동안 고개를 저었다. 그는 농업을 지지하지만, 본인의 사업을 희생할 수 없다는 걸 분명히 했다.

스팽글러는 다음과 같이 말했다. "그들이 하는 모든 일은 기본적으로 자발적인 것이며, 호수는 예전과 마찬가지로 여전히 상태가 좋지 않습니다. 규제를 강화하는 것 외에는 어떤 답이 있는지 모르겠네요. 다른 방도가 전혀 보이지 않습니다."

콘퍼런스 전날 밤, 나는 공공 용수가 직면한 실제적인 문제를 해결하기 위해 연방 자금을 지원받아 학문적 연구에 적용하는 오하이오 주립대학의 시 그랜트(Sea Grant: 해양 발전 프로그램 명칭—옮긴이) 이사이자 콘퍼런스 주최자인 크리스 윈즐로(Chris Winslow)를 만났다. 윈즐로는 이리호를 회복하기 위한 열쇠는 더 스마트한 농업, 즉 올바른 종류의 비료를 적절한 양으로 사용하고 적시에 적절한 장소에 뿌리는 것이지 반드시 더 많은 규제가 필요한 것은 아니라고 말했다.

"당신은 정부가 당신의 사유지로 찾아와서 당신이 그 법으로 무엇을 할지 지시하길 원합니까?" 수산생물학자 윈즐로는 내가 이제는 오염 물질을 너무 많이 배출하는 농장을 규제하는 새로운 법을 제정할 때가 되지 않았느냐고 묻자 이렇게 되물었다.

나는 그러한 규제는 개인이 사유지에서 무엇을 할지에 관한 것이 아니며, 그런 행동이 초래하는 결과, 즉 **공공** 수역에 미치는 영향에 관한 것이라고 대답했다.

"무슨 말인지는 알겠어요. 그런 게 바로 공유 자원의 비극이죠."

오하이오주에서 일어나고 있는 일은 사실 상식을 벗어난 비극이다.

몇 주 후, 유독성 녹조가 발생했고, 그 규모는 과학자들이 예측한 것과 거의 정확히 일치했다. 무려 1820제곱킬로미터, 즉 롱아일랜드주의 절반에 달하는 크기였다.

●

오하이오주 정부 관리들이 이리호로 쏟아져 들어오는 인 유입을 멈추기 위한 작은 조치조차 강제하지 않았기 때문에 이리호가 고통받고 있는 반면, 위스콘신주 그린베이(Green Bay)에서 북서쪽으로 약 640킬로미터 떨어진 곳에서 발생한 일은 다른 이야기다. 또는 적어도 그래야만 한다.[11]

190킬로미터 길이의 미시간호 서쪽 지류는 얕고 수온이 따뜻하며 물고기로 가득하다는 점에서 이리호 서쪽 유역과 생대학적으로 동일하다고 볼 수 있다. 이 호수 역시 대규모 녹조로 인해 질식하고 있다. 오하이오주 규제 당국과 달리 위스콘신주의 환경 관리자들은 10여 년 전부터 청정수법에 근거해 그린베이 남부 지역이 '훼손'되었다고 선언했다. 이를 해결하기 위해서는 주 정부가 인이 과도한 만(灣)에 영양 감소 조치를 시행해야 했다. 하지만 농부들이 계속해서 사업 규모를 늘리고 있음에도 아직까지 큰 변화를 가져오지는 못했다. 주 정부는 원하는 어떠한 계획이라도 세울 수 있지만, 농부들이 오염을 유발하는 방식을 바꾸도록 강제할 방법이 별로 없다. 청정수법 통과 당시인 반세기 전에는 소를 100마리만 키워도 꽤 큰 규모의 농장으로 여겼다. 하지만 오늘날 위스콘신주에는 8000마리에 달하는 소를 기르는 농장도 일부 있다.

지속 가능한 낙농업을 위한 일반적 지침은 방목해서 키우는 젖소 한 마리당 1만 제곱미터의 목초지를 필요로 한다. 이는 토양의 유형, 날씨 패턴, 목초지의 풀 등 다양한 변수가 있기 때문에 정확한 수치는 아니다. 그러나 그 정도 크기의 토지는 기본적으로 소들이 먹고살기에 충분한 풀을 제공할 뿐만 아니라, 소들이 생산하는 분뇨가 거름으로서 땅에 안전하게 흡수되는 데에도 필요한 규모다. 그러면 그 거름은 목초지의 풀을 잘 자라게 하고, 그 풀을 뜯어 먹은 소는 더 많은 풀이 자랄 수 있도록 배설을 더 많이 한다. 계속해서 이런 선순환이 지속된다.

위스콘신주 그린베이 남쪽 끝에 있는 브라운 카운티(Brown County)라는 적절한 이름이 붙은 지역을 포함해 전국의 수많은 농장에서 이런 선순환의 시절은 이미 지나갔다. '미국의 낙농지' 중심부에 위치한, 빠르게 교외화하고 있는 이 카운티[12]에는 약 770제곱미터의 면적에 약 12만 5000두의 가축이 밀집해 있다.[13] 오늘날 브라운 카운티의 대부분 젖소는 목초지에 방목하지 않고 헛간에 가두어 농장에서 재배한 곡물을 먹인다. 그리고 추산에 따르면, 소 한 마리가 발생시키는 배설물의 양은 인간이 배출하는 양의 18배에 달한다. 그린베이의 공공 하수 처리장에서는 그 어느 것도 처리하고 있지 않다. 발생한 대부분의 분뇨는 그린베이로 흘러 들어가며, 그곳에서는 녹조가 창궐하고 산소가 부족한 데드 존이 너무나 심해져 (닥터 수스가 묘사한 것처럼) 물고기가 물에서 탈출하려고 시도한다. 그린베이 연안에 위치한 주택의 소유자들은 실제로 낙엽 송풍기를 사용해 뭍에서 펄떡거리며 질식 상태에 있는 물고기 수천 마리를 물속으로 돌려보내려고 시도했다.

"우리가 비닐봉지를 뒤집어쓰고 있으면 얼마나 오랫동안 버틸 수 있을까요?" 그린베이의 대규모 물고기 폐사 사건 중 하나를 조사한 생물학자는 나에게 이렇게 물은 적이 있다. 이어서 그가 말했다. "이 불쌍한 물고기들이 처한 상황이 바로 그렇습니다."[14]

나는 1970년대에 그린베이로 흐르는 폭스강(Fox River)에서 1.6킬로미터도 채 안 떨어진 곳에서 성장했다. 어렸을 때는 이 강에서 수영은 물론 강둑에서 노는 것조차 허락되지 않았다. 부모님은 내가 물에 빠져 죽을까 봐 두려워한 게 아니었다. 부모님은 강을 흐르는 쓰레기장으로 여겼고, 실제로도 그러했다. 강을 따라 늘어선 제지 공장에서 비롯된 오염은 이후 청정수법의 통제를 받았고, 강의 수질은 극적으로 향상되었다. 그러나 그린베이 연안에 있는 호숫가에서는 수영이 영구적으로 금지되었다. 브라운 카운티의 낙농장에서 인이 과잉 유입되는 게 그 이유 중 하나다.

지구본을 한 번 들여다보라. 당신이 담수를 좋아한다면, 지구상에서 위스콘신주 동부와 거의 800킬로미터에 달하는 미시간 호수의 연안선만큼 매력적인 곳은 없다. 인구 10만 5000명이 사는 호숫가 도시의 이 개방 수역에서 수영하는 것은 전혀 이상한 일이 아니다. 시카고, 로스앤젤레스, 뉴욕처럼 크고 산업화한 도시에서도 어린이들이 인근 해변에서 안전하게 수영을 즐길 수 있다. 그러나 그린베이의 호숫가를 다시 개방하는 데 일조할 수 있는 인 유입 감소는 당분간 이뤄지지 않을 것이며, 이는 청정수법의 작동 방식이 원인이다.

어쩌면 이 청정수법은 작동하지 않고 있는 것일지도 모른다.

청정수법에 따른 그린베이의 인 감소 계획은 그린베이의 대도시 하수 처리장뿐만 아니라 제지 공장 같은 인 배출 산업에 대해 값비싼 하수 처리 개선을 요구한다. 그러나 청정수법 때문에 이러한 인 배출원은 이미 인 배출량을 줄이기 위해 하수 처리 시스템에 수백만 달러에 달하는 막대한 자금을 지출한 상황이며, 따라서 인 배출을 이보다 더 줄이는 데에는 막대한 비용이 추가로 필요할 것이다.

하지만 청정수법의 농업에 대한 '비점적(nonpoint)' 면제는 위스콘신주 규제 당국이 농업 산업계에 유사한 인 배출 저감을 요구할 수 없다는 걸 의미한다. 농업 산업은 지금까지 그린베이로 배출되는 인의 단일 공급원 중 가장 규모가 크다.

매년 폭스강을 따라 그린베이로 유입되는 인의 약 50퍼센트는 화학 비료와 거름을 사용하는 농업계에 책임이 있다.[15] 공장과 하수 처리장에서 강으로 방류하는 폐수는 만으로 유입되는 연간 인 부하량의 각각 약 21퍼센트와 16퍼센트를 차지한다. 그리고 나머지 인 부하량 대부분은 빗물 유출수에 의한 것이다. 그러나 청정수법에는 농부들이 운영 방식을 바꾸도록 강제할 법적 권한이 포함되어 있지 않다. 그 때문에 환경 규제 당국은 공장과 하수 처리장에 이미 도입한 최첨단 수처리 시스템을 수억 달러를 들여 개선해야 할 가능성에 직면해 있고, 이는 환경적 이점을 거의 또는 전혀 얻을 수 없는 조치다.

그린베이의 하수 처리장은 딜레마에 빠져 있다. 이곳은 약 23만

5000명의 주민에게 하수 처리 서비스를 제공하고, 매년 약 12톤의 인을 그린베이로 흘려보낸다. 이는 만으로 유입되는 전체 연간 인 부하량의 6퍼센트 미만을 차지한다.

위스콘신주의 인 저감 계획을 충족하기 위해 규제 당국은 그 구역의 연간 인 배출량을 약 4톤 줄여야 한다고 말했다. 하수 처리장 관리자는 배출되는 폐수에서 상대적으로 적은 양의 인을 제거하기 위해 처리 시스템을 개선하는 데 약 1억 달러의 비용이 들 수 있다고 말한다. 과학자들은 이런 방법이 그린베이의 오염 수준에 의미 있는 변화를 가져오지 못할 수도 있다고 주장한다.[16] 이런 상황은 최근 수십 년 동안 그린베이로 폐수를 배출하는 자체 하수 처리 시스템을 대폭 개선한 다른 산업에서도 비슷하다.

위스콘신주의 규제 당국 관계자 중 한 명은 이렇게 말했다. "우리는 10억 달러를 지출할 수 있지만, 현명한 방법이 아니라면 수질 개선은 기대할 수 없을 것이다."[17]

농업계에 대한 청정수법의 맹점을 해결하기 위해 그린베이의 하수 처리장은 그린베이로 흘러드는 한 작은 지류에서 운영되는 소수의 농장을 대상으로 실험을 시도했다. 대상 농부들은 하천 완충 지대 설치, 피복 작물 재배 등 밭에서 씻겨나가는 인을 줄이기 위해 고안한 농법을 수행하기 위한 보조금을 받았다. 하수 처리장 측의 아이디어는 농부들에게 오염을 막기 위한 방안에 비용을 지불하는 것이 산업 및 하수 처리장의 배출을 줄이기 위해 수억 달러를 추가로 지출하는 것보다 훨씬 더 경제적이라는 걸 보여주려는 것이었다. 실험은 성공적이었으며, 하수 처리장은 이제 유역으로 이 프로그램을 확대할 계획이다.

이는 규제 및 환경적 관점에서 볼 때 의미가 있다. 인을 최대한 줄일 수 있는 곳에 돈을 쓰는 것이다. 다른 사람들은 규제 당국이 농부들에게 오염 방지를 강제할 수 있도록 청정수법을 변경하는 게 더 합리적이고 더 공정한 것인지 의문을 갖기도 한다.

"그린베이 도심에서 화장실 변기의 물을 내리면 수도 요금이 오를 겁니다. 농업계에 보조금을 주기 위해서죠." 전직 하수 처리장 직원 중 한 명이 농부들한테 오염 방지 비용을 지불하려는 계획에 대해 내게 말했다. "왜 남의 폐수를 하수 처리장 측이 책임져야 하죠?"[18]

위스콘신주의 규제 당국이 농부들에게 인 저감 계획을 따르도록 강요할 수는 없지만, 서류상으로는 여전히 인 배출을 엄청나게 줄여야 한다. 서류에 의거해 계산해보면, 그린베이에 유입되는 작은 개천 한 곳당 인 부하량 저감 목표는 연간 17톤 이상에서 2.7톤 남짓으로 줄이는 것이다. 이는 해당 개천에 걸쳐 있는 토지에 허용하는 소의 마릿수를 급격하게 줄이거나 소의 거름을 처리하는 방법을 크게 바꾸지 않고는 달성할 수 없는 수치다.

그러나 그린베이 오염에 상당 부분 책임이 있는 농부들은 이 계획이 채택된 지 몇 년이 지난 후임에도 그 세부 사항을 알고 있지 못하는 듯했다.

나는 소 8000두 규모의 한 공장식 농장 운영자에게 이 계획에서 요구하는 감축량을 충족하는 데 어떻게 기여할 것인지 물어본 적이 있다. 그의 대답은 이랬다. "내가 당신에게 알려주는 것보다 당신이 나에게 알려줄 수 있는 게 더 많을 것 같군요."[19]

●

그린베이와 이리호는 발생한 녹조의 크기와 연안선을 따라 많은 인구가 분포해 있기 때문에 세간의 주목을 받았지만, 전국의 호수와 강에서도 이와 비슷한 상황이 펼쳐질 수 있다. 사실, 녹조 문제가 얼마나 널리 퍼져 있고 심각한지 확인하기 위해 그린베이에서 멀리 이동할 필요는 없다. 심지어 당신이 머릿속에 떠올린 여러 호수 중 마지막 호수에 대해서도 마찬가지다.

대표적인 예로 위스콘신 대학의 매디슨 캠퍼스 북쪽 가장자리에 있는 37제곱킬로미터 규모의 멘도타호(Lake Mendota)를 들 수 있다. 이 대학의 유명한 육수학 센터가 말 그대로 이 호수의 연안선 위에 세워졌기 때문에 멘도타호는 수십 년 동안 세계에서 가장 많이 연구된 호수 중 하나였다. 또한 녹조로 인해 가장 많이 파괴된 곳 중 하나이기도 하다.

이 호수의 녹조 문제는 당연히 그 유역에서 운영되고 있는 낙농장까지 거슬러 올라간다. 이 일대는 오랫동안 영양분이 포화해 있었기 때문에 과학자들은 당장 비료 및 화학 물질의 살포를 금지해 인의 유입을 막더라도 이 유역 토양의 영양분 수준이 더 이상 녹조를 발생시킬 수 없을 정도로 떨어지기까지는 몇 세대가 걸릴 거라고 말한다.

호숫가에 있는 학생 회관에는 인명 구조원 의자를 설치한 수영용 부두가 아직 남아 있다. 하지만 늦여름에 이 수영 가능 구역에서 볼 수 있는 유일한 생명체는 과카몰레(guacamole: 아보카도를 으깬 것에 양파, 토마토, 고추 등을 섞어 만든 멕시코 요리—옮긴이)처럼 두껍게 덮여 있는 죽은 남조류 덩어리뿐이다.

학부생인 캠린 클루엣마이어(Camryn Kluetmeier)는 2019년 찌는 듯한 8월 오후에 호숫가 너머로 모험을 떠난—내가 알고 있는—몇 안 되는 사람 중 한 명이었다. 수영을 하러 간 게 아니라, 연구용 보트를 준비해 남조류 샘플을 채취하기 위해서였다. 당시 클루엣마이어는 스무 살이었다. 매디슨에서 자란 그녀는 어린 시절 여름날이면 도시의 호숫가에서 물놀이를 하곤 했다.

이제 클루엣마이어는 호수를 즐기기보다 어릴 때 병에 걸린 친구를 대하듯 호수를 돌보고 있다. "여기서 자라면서 변해버린 내 삶을 직면한다는 것은 정말 말도 안 되는 일이에요. 우리는 여름 내내 수영을 했죠. 이제 7월이 다가오면 수영은 꿈도 꿀 수 없을 거예요. 절대로 들어가지 마세요. 정말이지 슬퍼요."[20]

이것은 단지 샌디 빈의 이리호, 캠린 클루엣마이어의 멘도타호, 또는 내 젊은 날의 그린베이에만 해당하는 얘기가 아니다. 2019년 말 〈네이처〉는 남극 대륙을 제외한 모든 대륙에서 수행한 대규모 호수 조사에서, 연구 대상 수역의 거의 70퍼센트가 1980년대 이후 녹조가 악화했다고 보고했다.[21] 그리고 오늘날 남조류 발생으로 신음하고 있는 미국 호수와 강의 지도는 마치 미국 지도 그 자체라 해도 될 만큼 녹조가 폭넓게 퍼져 있다.

플로리다주에서 메인주, 워싱턴주, 캘리포니아주 남부, 텍사스주, 노스다코타주에 이르기까지 수백 개의 하천, 강, 연못, 저수지 및 호수가 현재 이와 유사하게 인으로 인한 독성 조류 창궐로 고통받고 있다. 이렇게 연례적으로 발생하는 녹조는 이미 미국에서 어업,

레크리에이션 산업 및 식수 공급에 40억 달러 이상의 피해를 입히고 있으며, 과학자들은 기온 상승과 인 유출 증가로 인해 전 세계적으로 녹조 발생이 악화할 가능성이 있다고 말한다.[22]

독성 녹조는 이미 생물학자들이 당황할 만큼 퍼지고 있다. 한때 사이아노박테리아가 살기에는 온도가 낮고 영양분도 부족(빈영양 상태)한 것으로 여겨진 슈피리어호도 최근 사이아노박테리아로 인해 고통받기 시작했다. 많은 생태학자가 바닷물은 남조류의 출현에 영향을 받지 않을 거라고 생각했지만, 2019년에 대량 발생한 담수형 남조류는 처음으로 멕시코만을 강타했다.

어떻게 이런 일이 발생했는지 알아보기 위해 나는 매디슨에서 클루엣마이어와의 인터뷰가 끝나자마자 그 무더운 8월에 자동차를 몰고 다음 날 개막하는 아이오와주 박람회장으로 곧장 향했다.

7

텅 빈 해변

나는 2019년 '아이오와 주립 박람회(Iowa State Fair: 미국에서 가장 오래되고 규모가 큰 농업 및 산업 박람회—옮긴이)' 첫날, 조 바이든이 그 유명한 '비누 상자(soapbox: 정치적 주세에 내해 즉석연설을 하기 위해 세운 임시 연단. 과거 서양에서 비누를 담아놓은 나무 상자에 올라가서 가두 연설을 한 데서 유래—옮긴이)', 즉 건초 더미로 장식한 무대에 올랐을 때 간단한 질문을 했다. 보통 예비 대통령 후보는 일반 참석자로부터 즉석 질문을 받곤 한다.

나는 바이든에게 옥수수에 대해 어떻게 생각하는지 물어보려고 디모인(Des Moines)으로 차를 몰았다. 특히 바이든이 미국 자동차 연료의 약 10퍼센트를 대부분 재생 가능한 자원인 옥수수에서 추출하도록 하는 2005년의 연방 명령을 계속 지원할 것인지 알고 싶었다.

대선에 진지하게 도전하는 모든 후보가 그렇듯 아이오와주가 반세기 전에 대통령 예비 선거 일정의 첫 번째 경선지가 된 이래 아이오와주 코커스(caucus: 미국 대선 후보를 선출하는 각 당의 경선—옮긴이)는 대선 후보자에게 가장 중요한 이벤트였다. 바이든이 그곳에 올 거라는 것을 알았기 때문에 나는 가족 휴가를 연기하고 디모인으로 향한 터였다. 아이오와주의 코커스가 첫 번째 경선지로 자리 잡았다는 것은 300만 명이 거주하는 작은 농촌 지역(아이오와주는 토지의 90퍼센트가 농경지이고 인구의 90퍼센트 이상이 백인이다)의 유권자에게 중요한 것이 모든 주요 대선 후보자에게도 중요하다는 걸 의미한다. 그렇기 때문에 아이오와주 사람들은 인기에 영합하는 비누 상자 연설에 익숙했다.

"우리는 아첨하는 말을 듣기 위해 여기에 있는 겁니다." 뜨거운 8월 초, 후보자들이 도착하길 기다리던 나에게 한 단골 연사가 말했다. "그들은 모두 아첨하기 위해 여기에 오는 것이고, 우리는 그걸 좋아하죠!"

얼마 지나지 않아 파란색 폴로 셔츠를 입고 조종사 선글라스를 쓴 바이든이 무대로 뛰어 올라와 환호하는 군중에게 화답하며 칭찬을 퍼붓기 시작했다. "우리는 분열보다 통합을 선택합니다. 우리는 소설보다 과학을 선택합니다." 그날의 뜨거운 열기 속에서 바이든이 외친 마지막 말은 그럴싸했다. "우리는 사실보다 진실을 선택합니다!"

그러나 진실은 조지 W. 부시 대통령 시절 압도적인 초당파적 지지를 받아 통과시킨 '에탄올 의무 사용 명령'이 경제적으로, 환경적으로, 심지어 도덕적으로도 점점 더 허위로 여겨지고 있다는 것이었다. 공식적으로는 재생 가능한 연료 표준 프로그램으로 알려진 이 정책은 미국이 외국의 연료 의존에서 벗어나고, 동시에 온실가스 배출을 줄이자는 그럴듯한 아이디어를 갖고 있다. 그러나 1갤런(약 3.8리터)의 에탄올을 만들어내기 위해 약 10킬로그램의 옥수수를 심고, 비료를 주고, 수확하는 데 필요한 에너지가 상당하기 때문에 에탄올 사용을 강제하는 것은 탄소 배출과 관련한 이점이 미미하거나 전혀 없을 수도 있는 것으로 나타났다. 또한 에탄올은 갤런당 에너지가 휘발유의 약 3분의 1 수준이며, 자동차 엔진 내부를 부식시킬 수 있는 것으로 악명이 높다.

이런 규제 때문에 환경에 입히는 피해를 고려하면 에탄올의 환경 비용은 천정부지로 치솟는다. 이 법안이 통과되고 채 10년도 지나지 않아 옥수수와 (연방의 재생 가능한 연료 프로그램의 또 다른 구성 요소인) 바이오디젤을 만드는 데 쓰이는 대두의 미국 내 재배 면적이 6만 4000제곱킬로미터 이상 증가했는데, 이는 버몬트주·뉴햄프셔주·코네티컷주를 합친 것보다 넓은 면적이다.

또한 현재 미국에서 재배하는 옥수수의 무려 40퍼센트가 에탄올을 만드는 데 쓰이고 있는데, 이러한 식량이 사람의 입으로 들어가지 않고 연료 탱크로 향하는 것에 대한 도덕적 문제도 있다.

나는 연단 맨 앞줄에 앉아 있었지만, 20분의 질의응답 시간 동안 바이든의 눈길을 사로잡지 못했다. 그래서 연단 뒤로 몰래 들어가기로 마음먹고 실행에 옮겼다. 몇 분 후, 화장실에서 나오던 바이든과 마주쳤는데, 갑작스러운 상황에 놀랐음에도 그는 내 질문에 대답을 해줬다.

바이든은 내 어깨에 손을 얹으며 연방의 에탄올 의무 사용 명령을 지지한다고 했다. 그러나 핵심은 옥수수 알갱이뿐만 아니라 옥수수 줄기 같은 비(非)식용 부분에 있는 섬유질이나 다른 식물에서도 연료를 만들 수 있는 '첨단' 바이오 연료 기술을 추구하는 것이라고 덧붙였다. 이러한 방법은 실제로 환경적·경제적 측면에서 큰 성과를 거둘 수도 있다. 실제로 바이오 연료 기술의 세계에서 경제적으로 실현 가능한 '셀룰로스 에탄올'의 개발은 성배(聖杯)로 여겨지고 있다. 그만큼 오늘날에도 여전히 꿈만 같고 달성하기 어려운 일이라는 뜻이다.

나는 미래의 대통령에게 다그치듯 물었다. **하지만 현재의 에탄올은 어떤가요?**

바이든은 보좌관들에게 둘러싸인 채 아이스크림 가판대를 향해 돌아서며 이렇게 대답했다. "나는 현재의 에탄올을 지지합니다!"

이는 현재 재생 가능한 연료 산업이 4만 개 이상의 일자리를 창출해내는 특정 주에는 좋은 소식이었다. 그러나 이후 영향을 받게 될 모든 사람한테는 나쁜 소식이었다.

오늘날 키가 기괴하게 큰 옥수수 줄기는 햇빛과 물로만 성장하는 것이 아니다. 정부의 에탄올 의무 사용 명령은 사실상 '비료 의무 사용 명령'이기도 하다. 이는 미시시피강 유역에서 멕시코만에 이르기까지 넓은 지역에 점점 더 심각한 환경적 악영향을 미치고 있다. 현재 이곳에는 매년 여름마다 거대한 인공 데드 존이 생겨나고 있으며, 이 주기는 늘 예측 가능하다.

이는 미시시피강이 〔루이지애나주 중남부를 통과해 그 강의 지류인 아차팔라야강(Atchafalaya River)과 함께〕 미국 본토의 거의 절반에 해당하는 대규모 오염 부하를 걸프만까지 퍼뜨린 암울한 결과다. 걸프만에는 연간 약 160만 톤의 질소와 15만 톤의 인이 포함되어 있어, 이리호가 그랬던 것처럼 여름철에 식물성 플랑크톤의 폭발적 증식을 촉진한다.[1] 그리고 이것들이 결국은 죽어 분해되면서 수중 용존(溶存) 산소를 많이 소진시켜 생명체가 거의 아무것도 살아남을 수 없게 만든다. 생물학자들은 이러한 현상을 저산소증이라고 부르는데, 걸프만의 저산소 구역은 몇 년 안에 매사추세츠주의 면적에 해당하는 2.1만 제곱킬로미터에 달할 수도 있다. 이는 미국 해산물의 약 40퍼센트를 생산하는 관련 업자들에게는 그리 달갑지 않은 재앙이다. 그들이 알든 모르든 문제는 아이오와주에 있다.

걸프만의 데드 존 유발 영양분을 침출하는 지형은 미국 본토의 40퍼센트에 걸쳐 펼쳐져 있으며 서쪽으로는 로키산맥, 동쪽으로는 펜실베이니아주까지 뻗어 있다. 그리고 그 한가운데에 에탄올 생산에 광분하고 있는 아이오와주가 있다. 이곳의 영양분 침출량은 지난 20년 동안 거의 50퍼센트 증가했다. 현재 걸프만 전체의 영양분 부하에 큰 원인을 제공하고 있는 아이오와주는 데드 존을 줄이기 위한 전장(戰場)이 되어버렸다.[2] 아이오와의 한 연구원은 그 주(州)가 걸프만의 저산소증에 주도적인 역할을 하고 있으며, 아이오와주의 문제를 해결하면 걸프만의 문제도 해결될 것이라고 말했다.

걸프만 데드 존의 조류 대발생은 인과 질소 모두에 의해 촉진되었다. 하지만 아이오와주를 대상으로 수행한 연구에서 측정된 영양소는 질소였다. 질소는 흔히 염수 해안의 녹조 창궐에 대한 리비히의 제한 요인으로 알려져온 원소다.

질소에 주목한 이러한 연구 때문에 인은 걸프만 녹조 문제의 주된 원인으로 여겨지지 않았다.

적어도 2019년까지는 그랬다.

●

뉴올리언스를 관통하는 구불구불한 미시시피강을 따라 상류 쪽으로 약 53킬로미터 떨어진 곳에 댐이 하나 있다. 이 댐은 독특하게도 강을 가로지르지 않고 동쪽 강둑과 평행하게 건설되었다. 1927년 미시시피 대홍수 발생 당시 약 60만 명이 폭 130킬로미터, 최대 9미터 깊이의 거센 물살을 피해 대피했는데, 이후 1930년대 들어 미 육군 공병대가 콘크리트와 목재를 사용해 방벽을 건설했다. 이 재난은 인위적으로 양쪽 강둑을 높여 그 사이로 끊임없이 휘몰아치는 미시시피강을 가둬두기 위한 200년 동안의 노력이 실패해 발생한 일이었다.

뉴올리언스에 물이 유입되지 않도록 세운 최초의 제방은 1700년대 초에 건설되었다. 1800년까지 정착민들은 도시에서 강을 따라 상류 방향으로 다양한 크기와 형태의 제방을 뒤죽박죽 설치했는데 그 길이가 수백 킬로미터에 달했다. 흙으로 만든 둔덕은 고질적으로 범람하는 강물에 적합하지 않았다. 19세기 전반(前半)에 정부가 더 크고 더 잘 설계한 제방을 건설하기 위해 개입한 후에도 강물은 인공 제방을 계속 터뜨렸다. 강물이 인공 제방을 무너뜨리는 일은 1844년과 1850년에도 발생했다. 이후 1858년, 1862년, 1867년, 1874년에 같은 일이 반복되었다.

홍수가 날 때마다 정부의 대응은 똑같았다. 엔지니어들은 주기적으로 범람하는 미시시피강이 자연적으로 만들어진 오래된 범람원을 가로지르며 흡수되었다가 자연적인 부채꼴 모양으로 퍼지며 천천히 방출되는 대신 경사진 벽의 높이와 폭을 높여 강이 남쪽으로 흐르길 바랐다.

더 크고 튼튼한 제방을 설치했음에도 불구하고 강물은 1880년대, 1890년대, 1900년대 초반에 걸쳐 끊임없이 인공 제방을 덮쳤다.

결국 1927년의 홍수에 제방은 무너졌고, 억눌렸던 강물이 하류 지역 마을을 유례없이 휩쓸자 육군 공병대도 결국은 포기하고 말았다. 아니, 적어도 후퇴했다. 공병대는 제방 쌓기에 초점을 맞춘 홍수 관리 정책을 수정하고, 마치 욕조의 물 넘침 방지 배수구 같은 기능을 하는 보닛 카레 배수로(Bonnet Carré Spillway)를 건설했다. 대륙 수준으로 확장된 이 배수로는 홍수가 일어날 때 미시시피강이 하류 지역에 사는 뉴올리언스 주민 50만 명을 익사시키는 대신, 물길을 돌려 상대적으로 황량한 늪지대로 향하도록 설계되었다.

1931년에 건설한 2.5킬로미터 너비의 보닛 카레 배수로는 오늘날까지 그대로 유지되고 있다. 350개에 달하는 각각의 콘크리트 구역은 높이가 약 3.4미터이고, 침목보다 약간 두꺼운 20개의 바늘 같은 수직 나무 '핀(pin)'으로 막혀 있다. 홍수로 수위가 강변에서 동쪽으로 약 400미터 떨어진 구조물까지 차오르면, 밝은 주황색 조끼를 입은 대원들이 크레인을 사용해 '바늘'을 하나씩 들어 올린다. 그러면 불어난 강물이 왼쪽으로 방향을 틀어 동쪽으로 약 10킬로미터 떨어진 폰차트레인호(Lake Pontchartrain)와 연결된 수로로 흘러간다.

폰차트레인호는 실제로는 호수가 아니다. 미시시피강 동쪽의 작은 지류들이 바다로 흘러가기 전에 걸프만의 조수와 섞이는 하구다. 폰차트레인호에서 걸프만으로 배출되는 수량은 매우 많다. 그렇기 때문에 배수로에서 방출하는 대부분의 물을 통과시킬 수 있으므로 해당 지역에서는 홍수 문제가 없다.

이런 방식으로 보닛 카레 배수로를 완전히 여는 데는 일주일 이상이 걸릴 수 있는데, 일단 핀을 모두 들어 올리면 초당 3개의 올림픽 규격 수영장을 채울 만한 양의 물이 충분히 통과한다. 이 구조물을 건설한 미 육군 공병대는 그걸 10년에 한 번 이상 열어야 하는 상황이 발생할 것이라고는 결코 생각하지 못했기 때문에 자동화를 도입하지 않았다. 그리고 공병대의 예상은 맞았다. 적어도 한동안은 그랬다. 1931년부터 1983년까지 배수로를 건설하고 첫 52년 동안은 7년 정도의 주기로 수문을 개방했다.

그러나 지난 수십 년 동안 기후가 변화하면서 배수로의 운영 방식도 바뀔 수밖에 없었다. 홍수로 높아진 수위 때문에 공병대는 2008년부터 2019년 동안 무려 여섯 번이나 수문을 열었다. 그리고 2019년에는 처음으로 1년에 두 번 개방했다. 첫 번째 개방은 미 대륙이 기록상 가장 습했던 12개월을 보낸 후 2월 말부터 4월 초까지 44일 동안 지속되었다. 늦봄까지도 계속 비가 내렸기 때문에 주황색 조끼를 입은 대원들은 5월 초 배수로의 핀을 다시 들어 올렸고, 7월 말까지 총 122일 동안 그 상태를 유지했다. 이는 기록적인 수치이자 지난 몇 년 동안 배수로의 평균 개방일인 38일을 훨씬 뛰어넘는 것이었다.

지난 10년 동안 배수로 개방이 급증한 것은 습한 날씨 때문이기도 하지만, 내린 비를 흡수하는 북쪽의 대초원과 습지와 숲 들이 옥수수밭 개간을 비롯한 토지 개발 등으로 손실되었기 때문이기도

하다.

북부의 토지 이용과 남부 홍수 사이의 이러한 관계를 많은 루이지애나주 사람들은 더 이상 느끼지 못하는 것 같다. 하지만 다얄 사부아(Daryal Savoie, 62세)는 그렇지 않았다. 바유(bayou: 미국 남부의 늪처럼 형성된 강의 지류—옮긴이) 출신인 그는 2019년 7월 말의 어느 화창한 날, 약국에서 처방전을 기다리는 동안 시간이 좀 남아 보닛 카레에 들러 군인들이 배수로의 핀들을 제자리로 돌려놓는 것을 지켜보았다. 그는 내게 이 구조물의 목적과 주황색 조끼를 입은 대원들이 하고 있는 일을 높이 평가한다고 말했다. "뉴올리언스가 다시 물에 잠기는 걸 보고 싶어 하는 사람은 아무도 없죠." 하지만 그렇다고 해서 이 배수로가 홍수로 인해 북쪽에서 내려오는 오염된 물이 발생시키는 문제까지 해결할 수 있는 것은 아니라고 덧붙였다.

트럭 운전기사로 일하다 은퇴한 그는 22년 동안 310만 제곱킬로미터에 달하는 미시시피강 유역을 횡단했기 때문에, 우리가 지도로 보거나 심지어 그 위를 날아가면서 내려다보는 방식으로도 그 광대함을 가늠할 수 없다는 걸 알고 있었다. 그는 옥수수와 콩이 바다처럼 펼쳐진 북미의 벌판을 가로질러 트럭을 몰았고, 농작물을 새로 심은 밭이 (폭풍우로 인해 갓 뿌린 화학 비료와 거름으로 범벅이 된) 진흙 늪으로 바뀌는 날씨를 헤치며 운전하기도 했다.

그는 배수로 가장자리에 서서 북쪽으로 캐나다까지 뻗어 있는 등 뒤의 미시시피강 유역을 향해 엄지손가락으로 뒤를 가리키며 말했다. "모든 게 어느 방향으로든 이 강으로 흘러들죠."

사부아는 그해 초여름, 자신이 소유한 5미터 길이의 알루미크래프트(Alumacraft: 미국의 보트 제조사—옮긴이) 어선을 몰고 폰차트레인호로 나간 적이 있다고 했다. 그런데 배수로로 인해 이 염수호가 거기에 서식하는 생물종에게는 치명적일 정도로 담수화해 잡을 수 있는 것이라곤 수면 위에서 죽어가며 헐떡거리는 물고기뿐이었다.

과영양화한 담수가 폰차트레인호에서 빠져나와 멕시코만으로 유입되었고, 해변에서는 은빛 피부가 갈색 병변의 곰보 자국으로 변한 병코돌고래 수백 마리가 밀려와 죽었다. 아마도 멕시코만으로 흘러든 물이 원인일 것으로 의심되었다. 죽은 돌고래가 너무나 많아서 연방 생물학자들은 이를 'UME'라고 선언했다. UME는 '비정상 사망 사건(unusual mortality event: 심각하고 예상치 못한 즉각적 대응이 요구되는 일련의 질병 또는 해양 포유류의 사망을 지칭하는 미국 환경법의 용어—옮긴이)'의 약자다.

또 특이한 점은 배수로를 따라 오랫동안 흐른 담수의 양이 너무 많아 멕시코만 자체의 화학적 성질이 바뀌었다는 것이다. 일부 해안 지역에서는 한여름의 염분 수준이 5ppm으로 떨어졌는데, 이는 일반적인 바닷물의 30~35ppm보다 훨씬 낮은 수치다.

이러한 염분 수치는 폰차트레인호의 물이 멕시코만으로 흘러드는 지역에서 측정한 것이 아니다. 앨라배마주의 연구선이 동쪽으로 약 160킬로미터, 해안으로부터 약 15킬로미터 떨어진 곳에서 샘플을 채취해 측정한 것이다. 그 결과를 분석한 과학자는 "돌겠네"라고 말했다.

이 담수는 바닷물고기, 굴, 돌고래, 바다거북에게만 문제를 일으키는 게 아니었다. 그것은 멕시코만을 연구해온 과학자들도 결코 예상하지 못한 현상을 촉발했기 때문에 인간에게도 위협적이었다. 바닷물인 걸프만에서 독성 담수 녹조가 창궐한 것이다.

●

2005년 허리케인 카트리나가 강타한 후 5년 만에 BP 원유 유출 사고로 황폐해졌던 멕시코만은 2017년 여름, 다시 한번 밝은 분위기를 되찾았다. 미시시피주 앞바다에는 급작스럽고 기적적으로 바다 생물이 풍부하게 넘쳐났다. 물고기 떼가 깊은 바닷속을 휘젓고, 게 떼가 부두의 말뚝 위로 기어 올라왔다. 따뜻한 물결 속에는 새우들이 모여들고, 해안가에는 가오리들이 줄지어 헤엄쳤다. 멕시코만의 어획 할당량이 너무 인색하다는 이유로 어부들로부터 자주 비난받는 규제 기관인 미시시피주 해양자원부(Mississippi Department of Marine Resources)는 일반인도 바다에서 무엇이든 잡을 수 있도록 그물, 양동이, 심지어 맨손을 사용해도 괜찮다며 어획량 제한도 무시할 수 있다는 소식을 전했다.

주빌리(Jubilee: '기념일'이라는 뜻—옮긴이)는 미시시피주의 생물학자들이 해변에 (자연이 만든) 뷔페 같은 해산물용 생명체가 몰리는 현상을 묘사할 때 사용하는 단어다. 대부분 사람들에게 이 단어는 일종의 25주년이나 50주년을 의미한다. 그러나 주빌리는 오랫동안 미시시피주의 걸프만 연안과 앨라배마주의 모바일만(Mobile Bay)에서—해산물로 즐길 수 있는 해양 생물을 해변으로 몰고 오는—문화 및 요리 축제를 의미해왔다.

이는 시간적으로나 공간적으로 거의 발생하지 않는 즐거운 순간이다. (몇 년 동안 발생하지 않을 수도 있다.) 발생하더라도 보통 미시시피해협을 따라 좁은 해변 구역에서만 일어난다. 미시시피해협은 뉴올리언스 동쪽에서 앨라배마주 모바일만까지 이어지는 150킬로미터 길이의 해안선으로, 방파제 섬의 보호를 받는다.

해산물 축제를 가능케 하는 이런 현상의 물리학은 멕시코만을 위협하는 훨씬 더 큰 데드 존의 원인과 다르지 않다. 차이점은 주빌리가 오늘날의 영양분으로 인한 녹조나 다른 유형의 인간 기원 오염에 의해 나타나는 게 아니라는 것이다. 주빌리는 한 세기가 넘도록 기록되었다.[3] 현지의 한 어부는 1960년 자신이 지난 60년 동안, 그리고 그의 아버지는 평생 동안 그걸 목격했다고 보고했다. 척 베리(Chuck Berry)는 1957년 대표곡 〈로큰롤 뮤직(Rock and Roll Music)〉에서 주빌리에 관해 노래하기도 했다.

드물기는 해도 바람, 수온, 해류 및 조수의 조건이 적절하게 맞아떨어지면 이러한 풍년이 자연적으로 나타난다. 이런 조건은 모두 해저 인근의 산소가 적은 염수 주머니(염분이 높은 물이 갇힌 주머니 형태의 공간—옮긴이)를 (해안을 따라) 산소가 풍부한 표층수로 끌어올리는 데 일조한다. 깊은 곳에서 솟아오르는 이 물은 소 떼를 몰 듯이 바다 생물들을 해안선으로 몰아 넣는다.

미시시피주 해양자원부에 따르면 떼 지어 몰려다니는 물고기, 새우, 게 등을 펄떡이는 상태로 잡을 경우 먹는 데 아무런 문제가 없다고 한다.[4] 2017년 주빌리가 발생한 날 발표한 보도자료에서 해양자원부 어류국(Finfish Bureau) 국장은 이렇게 밝혔다. "현재 우리가 확보한 샘플에서는 물에 독소가 보이지 않으므로 해산물은 안전할 것이다."

그러면서 한 가지 주의 사항을 분명하게 전달했다. "주빌리에서 포획한 해산물은 반드시 적절하게 취급, 보관 및 조리해야 한다. 만약 포획한 해산물이 죽은 지 꽤 오랜 시간이 지난 것처럼 보이면 먹지 않는 게 바람직하다."

그로부터 정확히 2년 후인 2019년, 미시시피 해안가를 여행하던 관광객들이 해변 근처 표면을 떠도는, 경련을 일으키는 물고기들의 영상을 게시하면서 주빌리에 대한 또 다른 소문이 퍼졌다. 이번에는 주 규제 당국이 물고기 포획 행위를 승인하지 않았다. 그 이유는 이 물고기들이 자연적으로 발생한 현상으로부터 도망치려고 해변으로 몰린 게 아니었기 때문이다. 물고기들은 거의 순식간에 부동액처럼 선명한 녹색으로 변한, 잠재적으로 독성을 가진 물에서 도망치고 있었다.

미시시피주 환경부의 해안 모니터링 책임자 에밀리 코튼(Emily Cotton)은 미시시피주의 관광 성수기가 시작되는 6월 말 이 녹색 물이 나타나자 모든 사람에게 주빌리가 아니라고 외쳤다. "이건 독성 있는 녹조입니다. 제발 그 생선을 먹지 마세요."[5]

2년 전 코튼은 뉴햄프셔주에서 태평양 북서부에 이르는 지역의 이리호나 북미 담수호의 녹조와 동일한 남조류, 즉 마이크로시스티스(Microcystis)의 창궐을 식별하고 이에 대응하는 방법에 대한 이틀간의 세미나에 참석한 적이 있었다. 당시 코튼은 그것이 자신한테는 그다지 필요 없는 세미나라고 생각했다.

코튼의 임무는 미시시피주의 염수 해안을 모니터링하는 것이며,

이는 적조를 유발하는 위험한 해양 조류와 하수 처리장 범람으로 인한 오염 물질의 유입에 초점을 맞춰야 하는 일이었다. 세미나 연사가 물에서 마이크로시스티스의 발생을 식별하는 것과 현미경으로 관찰하는 과정을 설명하는 동안, 그녀는 혼자 되뇌었다. "내가 이걸 써먹을 일은 절대 없을 거야."

이후 2019년 북쪽 지역에서 홍수가 일어나 최초로 마이크로시스티스 녹조가 발생했는데, 생태학자들은 이 미생물이 인간의 건강을 위협할 정도로 창궐하지 않을뿐더러 개방된 해안 염수에서는 오래 생존할 수 없다고 생각했다.

자기 앞에 펼쳐진 해변이 숨길 수 없는 끈적한 녹색으로 변하기 시작하자, 코튼은 자신이 받았던 교육과 미시시피주의 홍수로 인해 뉴올리언스 동쪽의 걸프만 연안이 거의 담수로 바뀌었다는 소식에 근거해 분명 무슨 사달이 벌어진 게 맞다고 강하게 의심했다. 그녀는 걸프만 연안에서 채취한 샘플을 담은 플라스틱병을 주립 연구소로 보냈다. 분석 결과, 실제로 잠재적으로 위험한 수준의 독소를 생성하는 마이크로시스티스가 확인되었다.

6월 22일, 코튼의 부서는 미시시피주의 멕시코만 연안 해변 중 4곳에 최초로 수영 금지 표지판을 설치했다. 코튼은 계속해서 샘플링을 이어갔고, 마이크로시스티스가 퍼진 곳을 새롭게 찾아냈다. 6월 24일, 4곳의 해변을 추가로 폐쇄했고, 이어지는 샘플 채취 결과에 따라 다른 해변들도 폐쇄했다. 얼마 지나지 않아 빨간색과 흰색의 수영 금지 경고 표지판이 부족해 추가 제작을 해야 하는 지경에 이르렀다.

독립기념일 연휴의 주말이 끝날 무렵, 미시시피주 걸프만 연안의 해변 21곳 모두에 수영 금지령이 내려졌고, 기온은 곧 섭씨 37.8도로 치솟았다. 언론의 관심은 더 뜨거웠다. 7월 9일, CNN은 이런 기사를 냈다. "미시시피주에 거주하지 않는 한 여름은 해변을 즐기기에 완벽한 계절이다." 〈뉴욕 타임스〉, CBS, NBC, 내셔널 퍼블릭 라디오(National Public Radio: 미국의 공영 라디오 방송국—옮긴이)도 관광업계의 끔찍한 단어가 되어버린 "미시시피주"와 "독성 조류"를 인용한 헤드라인으로 심각한 기사를 내보냈다.

2019년 7월 말, 90번 고속도로 동쪽으로 미시시피 해안을 따라 운전할 때 나는 해변이 완전히 폐쇄된 걸 볼 수 있었다. 여름인데도 불구하고 기온이 섭씨 32도가 아니라 마치 섭씨 5도인 것처럼 인적 없는 해변이 흐린 하늘 아래 몇 킬로미터나 펼쳐져 있었다. 한참을 텅 빈 해변을 따라가다 마침내 미시시피주의 걸프포트(Gulfport)로부터 서쪽으로 약 8킬로미터 떨어진 곳에—물에서 약 6미터 떨어져—한 사람이 쉬고 있는 걸 보았다.

질 워즈니악(Jill Wozniak)과 그녀의 남편은 여름마다 여행을 하곤 하는데, 마침 켄터키주 렉싱턴에 있는 그들의 집에서 이곳에 막 도착한 참이었다. 그녀는 미시시피주의 물에 문제가 있다는 소식은 들었지만, 바다를 향해 가던 중 친척을 만나기 위해 잠시 자동차를 멈춘 후에야 그곳의 모든 해변이 독성 조류로 인해 폐쇄되었다는 사실을 알았다.

걸프포트에 도착한 워즈니악의 남편은 뜨거운 태양 아래서 마른 모래에 발을 푹 쑤셔놓고 오후 시간을 보내는 데 관심이 없었다. 그는 호텔 수영장에서 지내는 걸 택했다. 그러나 워즈니악은 달랐다. 그녀는 이스트비치 대로(East Beach Boulevard)에 자동차를 세워놓고, 수영 금지 표지판을 지나 오후를 최대한 즐기고 싶었다. 그녀는 선크림을 바르고 해변에서 읽을 책을 꺼냈다. 그리고 1인용 피노 그리지오(pinot grigio: 이탈리아의 화이트 와인 품종 또는 그 브랜드—옮긴이)의 뚜껑을 열었다.

내가 그쪽으로 걸어갔을 때 워즈니악은 해변에 한 시간가량 머무르고 있던 터였다. 그녀는 자신이 전문 간호사라고 소개하며 내게 말했다. "바다에서 수영하는 게 불가능하다는 걸 알았다면 여행을 취소했을 거예요." 그러고는 어쨌든 바다에 들어가긴 했다고 털어놓았다. "모르는 편이 나았을지 모르지만, 이곳까지 와서 바다에 안 들어갈 수는 없었죠."

물론 이 바다에서 수영하는 사람은 아무도 없었다. 하지만 당시에는 바다에서 수영하는 것과 관련된 질병에 대한 보고가 없었고, 해안을 뒤덮은 녹조 크기는 이리호에서 연간 창궐하는 마이크로시스티스 덩어리에 비해 미미했다. 그럼에도 미시시피주 환경부 책임자는 수영 금지 표지판을 계속 유지하도록 명령했다. 실험실 테스트 결과, 성장이 매우 빠른 남조류가 우려스러운 수준으로 계속해서 나타났기 때문이다. 남조류는 무색무취의 독소인 마이크로시스틴(microcystin)을 분비하는데, 이 독소는 남조류가 대량 발생할 때 녹색 점액질에서 분리되어 나온다.

대중을 위한 주 공무원의 주의 사항은 다음과 같았다—독소는 보드카처럼 투명할 수 있기 때문에 해변에 녹조가 발생하지 않은 것처럼 보인다고 해서 물에 들어가도 괜찮다는 뜻은 아니다.

워즈니악은 바닷물에서 수영을 한 후 왠지 신경이 쓰였다. 그녀의 말에 따르면 남편이 그 해변 근처의 땅을 물려받았는데, 그곳에 별장을 지을 생각이었다고 했다. "저는 지금 그 계획에 대해 숙고하고 있어요. 이런 일이 벌어지고 있는데 우리가 정말 여기에 뭔가를 짓는 게 맞는 걸까요?"

워즈니악은 이곳에서 며칠을 보낸 다음 멕시코만에서 발생한 새로운 녹조 문제를 뒤로하고 1100킬로미터 떨어진 켄터키주로 돌아갈 계획이라고 했다. 물론 모든 사람이 이처럼 사치스러운 걱정을 할 수 있는 것은 아니다.

제임스 바니 포스터(James Barney Foster)는 1980년대부터 미시시피주 해안에서 개인용 선박, 파라솔, 라운지 의자 대여 사업을 해왔다. 나는 빌록시의 이스트센트럴 해변에 있는 포스터의 임대 부스 중 한 곳에서 그의 직원 한 명과 이야기를 나누다 역사적인 기념비에 관심이 쏠렸다. 알고 보니 이 해변에서 유명한 기념비였다. 이곳은 31세의 의사 길버트 메이슨(Gilbert Mason)이 1960년 4월 물에 뛰어든 것이 난폭한 행위였다는 이유로 체포·기소당한 후 국제적으로 대서특필된 장소였다. 문제는 그가 흑인이라는 데 있었다. 당시 해변은 백인들에게만 개방되어 있었다. 적어도 경찰들의 눈에는 그가 난폭해 보였던 모양이다. 메이슨은 그다음 주말에 자원자 125명과 함께 평화로운 '뛰어들기'를 하기 위해 해변을 다시 찾았다. 차별 없이 모든 사람에게 해변을 개방하라고 당국에 촉구한 것이다.

포스터의 제트보트 대여소 근처에 있는 명판에는 이렇게 적혀 있다. "비폭력적인 소극적 저항 훈련을 받은 그들은 스스로 체포될 것을 예상했다. 하지만 그들은 파이프, 쇠사슬, 각목으로 무장한 백인 폭도들의 공격을 받았다. 시 경찰은 개입하지 않고 지켜만 보았다." 이 사건은 전국적인 분노를 일으켰고, 연방 정부는 미시시피주의 상황을 바로잡으라는 압박을 받았다. 결국 미국 법무부가 개입해 소송을 제기했는데, 승소하기까지 거의 10년이 걸렸다.

2019년 7월 3일, 다시 한번 경찰이 이곳으로 출동했다. 이번에는 녹조 때문이었다. 경찰은 바닷물에서 수영하는 모든 사람에게 수영을 그만두라고 명령했다.

"경찰들이 사륜 오토바이를 몰고 다가와 '물에 들어가지 마세요! 물에서 나오세요!' 하고 소리를 질러댔죠. 마치 영화 〈죠스〉에 나오는 한 장면 같았어요." 포스터가 나중에 전화 인터뷰에서 내게 한 말이다.

포스터에게 그 금지 명령은 최악의 시기에 발령되었다. 단지 긴 독립기념일 연휴가 시작되는 주말이었기 때문만은 아니었다. 성공적이었던 2018년 시즌 이후, 포스터는 막대한 은행 대출을 받아 야마하(Yamaha)의 새로운 고급형 제트스키 웨이브러너(WaveRunner)를 28대 구입한 터였다. 그 비용만 약 25만 달러에 달했다. 2019년 봄 내내 포스터의 제트스키 대여 사업은 호황을 이루었다. 제트스키가 제 몫을 톡톡히 해낸 것이다. 그러다 녹조가 들이닥쳤고, 부보안관들이 찾아왔다. "허리케인 카트리나가 휩쓸었을 때보다 더 좋지 않은 상황이고, BP 원유 유출 사고 때보다 더 심각해요. 그때도 버텨냈는데, 지금은 잘 모르겠어요."

포스터는 미시시피주 해안을 따라 일부 해변을 폐쇄한 것은 정당하다고 인정했다. 인터넷에서 본 사진 속 녹조의 초록빛이 너무나 선명해서 사람들이 물에 들어가지 못하도록 표지판을 세우거나 무장 경찰을 배치할 필요도 없다고 생각했기 때문이다. "나는 이런 물에 뛰어들지 않을 거예요. 그 어떤 바보도 그럴 겁니다. 우리 주변에서 물이 이렇게 변한 적은 없었어요." 그는 격양된 목소리로 내게 말했다. "나는 이 물 때문에 병을 앓은 적이 없어요. 나이가 58세이고 당뇨병이 있는데도 매일 물속을 들락거렸죠."

포스터는 아쿠아사이클(커다란 바퀴가 달린 페달 보트—옮긴이)을 체인으로 묶어 잠그라는 명령을 받았다. 그는 웨이브러너 대여 사업장을 해변에서 북쪽으로 1.6킬로미터 떨어진 내륙의 만(灣)으로 옮겼다. 이곳은 관광 코스에서 멀리 떨어져 있어 독립기념일 연휴 전체 기간 동안 고객이 고작 20명 정도밖에 없었다. 그는 평소였으면 50배는 손님을 더 받았을 거라고 내게 말했다. 해변 의자는 아직 대여 가능했지만, 내가 그의 업소에 들른 날에는 그걸 빌리려는 손님이 하나도 없었다. 이런 상황은 관광객에게 의존하는 미시시피주 해안의 여러 업체도 마찬가지였다.

미키 브래들리 주니어(Mickey Bradley Jr.)는 체육관 건물만 한 크기의 기념품 가게 샤크헤즈(Sharkheads) 카운터 뒤에 서 있었다. 그는 휴가철에 티셔츠, 수영복 반바지, 조개껍데기, 열쇠고리, 퍼지(fudge) 등 온갖 종류의 물건을 파는 빌록시의 이런 매장들이 해변 폐쇄로 어떤 피해를 입고 있는지 사람들에게 알려주고 싶어 했다. 하지만 가게 안은 그의 말을 들어줄 사람이 아무도 없을 만큼 한적했다. "녹조가 우리를 죽이고 있어요. 보세요. 저 밖은 황무지 그 자체예요. 사람들이 겁에 질려 있다고요." 브래들리는 이렇게 한탄했다.

관광청 관계자들은 엄밀히 따지면 남은 여름 동안 해변을 폐쇄한 것은 아니며, 수영 금지령은 사실상 법적 권고일 뿐이라고 말했다. 모래 해변은 일광욕, 배구, 모닥불을 즐길 수 있도록 여전히 개방되어 있다면서 말이다. 그러나 피해는 이미 발생했다.

미시시피주 걸프만 연안의 카운티들을 대표하는 관광 및 마케팅 조직의 홍보 담당자와 나는 당시 미시시피주 환경부의 장관이던 게리 리카드(Gary Rikard)가 진행하는 2시간 동안의 공청회에 참석했다. 그 공청회에서 게리 리카드는 수영 금지 표지판이 그해 여름에 조만간 제거될 가능성은 없다는 점을 인정했다. 함께 참석했던 홍보 담당자는 공청회가 끝난 후 나에게 이렇게 말했다. "우리는 이 문제를 극복할 테지만, 지금 사람들은 분노로 가득 차 있어요."

포스터는 분노한 것 이상이었다. 그는 짐을 싸고 있었다. 현금이 필요했다. 그것도 가능한 한 빨리. 다음 주가 대출금 상환 마감일인데, 미시시피주 남부에 들이닥친 이런 갑작스럽고 불확실한 환경에서 대출 기관으로부터 계약 정지를 당할 것이라고는 예상하지 못했다. 그는 사업장에 있는 웨이브러너를 몽땅 조지아주에 팔아 대출금을 갚을 생각이었다.

포스터가 말했다. "은행은 미시시피주 환경부가 어떤 조치를 취할지 모르기 때문에 나하고 더 이상 대출 계약을 유지하고 싶어 하지 않는 겁니다."

환경부 장관으로 임명되기 전 환경 관련 변호사로 일했던 리카드는 이와 유사한 폐쇄가 앞으로 다시 발생하지 않을 거라고 보장할 수는 없다는 점을 공청회에서 인정했다. 그의 설명에 따르면, 문제는 자신이 미 육군 공병대에 보닛 카레 배수로를 어떻게 운영해야 하는지 지시할 수 없으며, 그 배수로로 인해 미시시피주 해안으로 유입되는 오염 물질이 그의 권한 범위를 훨씬 넘어서는 다른 주들의 농장에서 나온다는 데 있었다.

●

반세기 전, 미시시피주 백인들의 많은 저항에도 불구하고 연방 정부는 인종에 관계없이 빌록시의 해변을 모든 사람에게 안전한 곳으로 만들기 위해 개입했었다. 이제는 북부의 인 오염으로 인해 발생하는 독성 조류 번식으로부터 해변을 안전하게 만들기 위해 연방 정부가 다시 한번 개입해야 할 것으로 보인다.

포스터로서는 정부의 개입을 기다릴 여유가 없었다. 그는 북부의 농부들이 자기 삶의 터전인 해안선을 엉망으로 만들고 있는데, 그 대가를 왜 자신이 치러야 하는지 이해할 수 없었다.

"정부가 규제해야 할 대상은 북쪽 지방 사람들이에요. 비료를 뿌리는 사람들 말입니다. 규제 대상은 우리가 아니에요. 여기서 규제를 시작할 때까지 기다려서는 안 돼요."

이듬해 봄, 육군 공병대는 다시 한번 보닛 카레 배수로를 개방하라는 압박을 받았다.

이는 대통령 후보가 에탄올에 대한 공약을 더 이상 공언할 필요가 없거나 농업 규제 방식에 극적인 변화가 있기 전까지는 미시시피주의 상황이 더욱 악화할 것이라는 신호였다.

그리고 이미 플로리다주 동쪽의 걸프만 연안에서는 상황이 더욱 악화했다. 플로리다반도 양쪽에서 인으로 인해 발생한 독성 조류는 야생 동물과 휴일 주말에만 영향을 미치는 게 아니다. 독성 조류가 사람들을 병원으로 내몰고 있다.

8

병든 물빛 심장

플로리다반도 남쪽 정중앙에는 1900제곱킬로미터 넓이의 오키초비호(Lake Okeechobee)가 자리하고 있는데, 이는 미국 본토의 호수들 중에서 미시간호 다음으로 큰 천연 담수호다. O호(Lake O)라고도 부르는 이 호수는 그 별칭만큼이나 둥글고 폭은 50킬로미터가 넘는다. 한쪽 호숫가에서 반대편을 바라보면 끝이 보이지 않을 정도로 광활하다. 이렇게 오키초비호는 마치 바다처럼 느껴지지만, 오늘날의 실상은 뒷마당 수영장만큼이나 얕고 따뜻해서 마치 거대한 페트리 디시(petri dish: 미생물, 세포 배양용 유리 접시 모양의 실험 도구—옮긴이) 같다. 오키초비호의 이런 특성은 인 부영양화로 인해 수면을 뒤덮으며 창궐하는 유독성 남조류를 끊임없이 발생시켜 이를 인공 수로 등을 통해 플로리다주 해안의 지역 사회로 퍼뜨리는 완벽한 인큐베이터 역할을 한다.

"오키초비호는 거대한 오물 웅덩이 같고, 동쪽과 서쪽으로 흘러

갑니다. 게다가 우리의 강어귀를 죽이고 있죠." 대서양 연안 도시 포트세인트루시(Port St. Lucie)의 오키초비호 하류에 거주하는 짐 페닉스(Jim Penix)는 극심한 조류가 발생한 2018년 당시 나에게 이렇게 말했다.

오키초비호의 문제는 북쪽에서 흘러오는 지류를 가로지르는 광대한 농경지에 있다. 인근에 있는 공장 규모의 낙농장, 잔디 및 채소 농장, 사탕수수밭, 감귤 숲 모두 오키초비호 방향으로 흐르는 도랑, 개울, 강으로 인을 배출한다. 수많은 주택 개발 단지, 상업 지구, 골프장에서도 인 폐기물을 호수로 내보낸다. 호수를 둘러싸고 있는 거대한 흙 제방이 건설되기 전까지 오키초비호는 지금과 같은 개방 수역이 아니라 늪지대였다.

원래 상태의 오키초비호는 늦여름마다 열대성 폭풍과 허리케인이 플로리다반도를 강타할 때 수량이 늘었다가 건기에 다시 줄어들면서 크기, 깊이, 모양이 끊임없이 변화했다. 수위가 높을 때는 남쪽 호숫가로 넘친 폭 80킬로미터, 길이 200킬로미터의 규모의 물길이 플로리다반도를 따라 탐험가들이 '에버글레이즈(Everglades)'라고 이름 붙인 남쪽 끝의 연안 지역으로 흘러갔다. 오키초비호의 이러한 계절성 주기는 플로리다주의 유명한 '초원의 강(River of Grass: 에버글레이즈의 별칭—옮긴이)'의 원천으로, 매우 규칙적이고 리드미컬해서 마치 심장 맥박과 같았다. 그래서 사람들은 오키초비호를 플로리다주의 '물빛 심장(liquid heart)'이라고 불렀다.

오늘날 이 심장은 심각하게 병들었다. 호수의 생태를 보호하기 위해서뿐만이 아니라, 오키초비호의 독성을 바다로 실어 나르는 운하 유역의 해안 도시에 거주하는 대략 10만 명의 건강을 보호하기 위해서라도 인 사용량을 줄이는 것이 치료법이다. 플로리다주에는 이를 위한 계획이 있지만, 아직까지는 그저 서류에 적힌 단어가 전부일 뿐이다.

"정부는 규정을 준수하는지 심판할 권한이 없습니다. 말도 안 되는 일이죠." 약 7만 명의 주민이 거주하는 걸프만 연안 도시이자 오키초비호 서쪽에서 흘러드는 독성 물질의 영향을 받는 포트마이어스(Fort Myers)의 지역 환경 단체 책임자 존 카사니(John Cassani)가 2018년 여름에 녹조가 발생했을 때 나에게 말했다.

미시시피강 유역과 이리호 서쪽 끝의 상황이 좋지 않다지만 오키초비호의 비극과는 비교할 수조차 없다.

이 호수의 이야기는 자연적인 범람을 막으려는 공학 기술자, 상당 부분의 습지내를 인 침출 농경지로 전환하는 데 집착하는 농업 이해관계자, 그리고 인 오염 물질이 호수를 중독시키지 않는 방식으로 바꾸도록 강제하는 데 뜻을 모으지 못한 정치인이 만들어낸 끊임없는 남용의 역사다.

이는 폭풍우가 점점 더 강하게 몰아치고 점점 더 따뜻해지는 21세기로 접어들면서 플로리다주 너머까지 울려 퍼지는 이야기지만, 그 서막은 오래전인 20세기 초 어떤 묘비에 쓰여 있다.

●

플로리다주 중부의 연못처럼 평평한 농장 지대에 있는 아주 완만한 언덕 묘지에는 시리얼 상자 크기의 묘비가 여러 개 세워져 있다.

78번 고속도로 바로 옆에 있는 오래된 묘비들은 침식되기 시작해 흉가처럼 이리저리 기울어졌다. 하지만 그 아래에 묻힌 사람들의 이니셜은 여전히 읽을 수 있다. 거기엔 4명의 이니셜—E. M. B., H. E. B., W. J. B., M. A. B.—이 적혀 있다.[1]

같은 모양의 묘비와 공통적으로 적혀 있는 문자 B는 포트마이어스에서 동쪽으로 60킬로미터 떨어진 이 버려진 땅을 (특히 화창한 7월 오후임에도) 울적하게 만드는 사연을 간직하고 있다. 이 묘지는 같은 날 숨을 거둔 어느 일가족의 것이다. 비극은 1926년 9월 18일 오키초비호의 물이 조잡하게 쌓은 둑을 허물어뜨린 날 일어났다. 그 지역에서 생계를 유지하기 위해 고군분투하던 농부들은 낙관적이게도 그걸 '제방'이라고 불렀다.

이 인공 호수를 넘치게 한 이름 없는 허리케인에 신흥 농업 도시 무어헤이븐(Moore Haven)은 4.5미터 깊이의 진흙탕 급류에 휩쓸렸고, 그로 인해 엘리너 마리 블레어(Eleanor Marie Blair, E.M.B)와 그녀의 어린 자녀들을 포함해 수백 명이 익사했다. 그들은 모두 폭풍우를 피하기 위해 피난처를 찾던 중 소용돌이치는 물살에 무너진 식료품점으로 들어간 터였다.[2]

홍수의 물결이 플로리다주 남쪽 끝을 향해 다가오자 진흙과 쪼개진 목재 사이로 끔찍한 소식들이 퍼지기 시작했다. 어떤 엄마는 자동차 타이어 안쪽 튜브 2개로 뗏목을 만들어 딸과 어린 아들을 데리고 탈출하려 했다. 몇몇 소녀는 옥상으로 앞다투어 올라가던 중 거품으로 가득한 급류에 휩쓸렸다. 어떤 소년은 어머니가 구조대한테 넘겨주려는 순간 물길에 떠내려갔다. 또 다른 엄마는 아이를 안전하다고 생각되는 높이의 전신주에 매달아두기도 했다. 하지만 그건 착각이었다.

무어헤이븐은 폭풍우가 지나가고 일주일이 지나도록 1.2미터 깊이의 탁한 물속에 잠겨 있었기 때문에 도시 시계 내에 시신을 매장하는 것이 불가능했다. 플로리다주 중부의 지형이 물에 잠기는 이런 경향은 정착민들이 1910년대에 습지의 진흙과 모래로 제방을 만든 이유이기도 하다. 문제는 오키초비호의 완벽하게 자연스럽고 예측 가능한 이 같은 '범람'이 호수 남쪽의 습하지만 놀랍도록 비옥한 검은 토양에서 사탕수수, 토마토, 콩, 감자, 고추, 가지 등의 작물을 재배하려는 농부들에게 위협이 된다는 것이었다. 플로리다주는 새로 경작하는 농경지가 침수되는 걸 막기 위해 1910년대에 호수의 물을 빼내는 데 필요한 운하망 건설에 약 1500만 달러를 투입했다.[3] 그리고 운하가 제 역할을 못 할 경우를 대비해 플로리다주 사람들은 오키초비호에 가슴 높이의 제방을 추가로 쌓는 공동 프로젝트에 착수했다.

하지만 그렇게 쌓은 제방도 플로리다주의 '물빛 심장'을 다스리지 못했다. 오키초비호의 제방은 10년도 못 되어 단 몇 초 만에 무너졌다. 1926년의 재난 이후 언론은 무어헤이븐을 "묻히지 못한 죽은 자들의 도시(the city of the unburied dead)"라고 불렀다.

홍수가 발생한 후 며칠 동안, 수천 년에 걸쳐 플로리다주의 지형을 형성해온 엄청난 자연의 힘에 대항하기 위해 그저 흙더미에 의존한 데 대한 비난이 빠르고 격렬하게 일어났다. 특히 지역 신문의 편집자는 "최근 평화로운 농업 공동체였던 무어헤이븐을 몇 시간 만에 물에 젖은 무덤으로 변화시킨 이 비극을 영원히 막을 수 있는" 제방을 더 높고 두껍게 건설했어야 한다고 맹비난했다.[4]

제방을 보수했지만, 높이를 확대하지는 않았다. 그리고 1926년의 홍수가 발생하고 약 2년 후, 또 다른 허리케인이 오키초비호에 들이닥쳤다. 이번에는 무어헤이븐에서 남동쪽으로 약 5킬로미터 떨어진 남쪽 끝의 낮은 인공 제방 위로 호숫물이 다시 한번 범람했다.

벨글레이드(Belle Glade)의 마을과 그 주변에서 약 2000명이 익사한 것으로 알려졌는데, 실제 사망자 수는 그보다 훨씬 더 많을 것이다. 많은 희생자가 수면 위로 모습을 드러내지 않은 채 넘친 호숫물이 바다로 흘러가면서 진흙 속에 묻힌 것으로 추정된다. 또 어떤 사람들은 악어에 희생당하기도 했다. 너무나 많은 사람의 유해가 벨글레이드의 거리와 들판에 널부러졌고, 뻣뻣하게 굳어버린 희생자들은 초가을의 뜨거운 태양 아래 썩어갔다. 〈마이애미 뉴스〉가 "신문 기사로 쓰기에는 너무나 끔찍하다"고 언급할 정도였다.[5]

많은 백인 희생자는 적절한 절차에 따라 장례를 치르고 땅에 묻힐 수 있었지만, 농장에서 일하던 흑인들의 유해는 대부분 기름을 뿌려 불에 태웠다. 불에 탄 그들의 유해는 집단 매장지에 묻혔는데, 그중 하나는 오늘날 오키초비호 바로 동쪽에 있다. 모텔 방 면적보다도 작은 그곳에 약 1600명의 영혼이 잠든 것으로 알려졌다.

이 두 번째 홍수는 피해가 너무나도 막심해서 당시 대통령 당선인이던 허버트 후버(Herbert Hoover)가 곧장 20대의 차량을 대동하고 피해 지역을 둘러보기 위해 방문했다. 스탠퍼드 대학 출신 엔지니어에서 정치가로 변신한 허버트 후버는 생존자들에게 곧 연방의 지원을 제공할 것이라고 약속하면서 눈물을 흘렸다고 한다.[6] 그로부터 10년이 채 되지 않아 미 육군 공병대는 오키초비호의 홍수 통제 구조물을 대대적으로 개보수했다. 여기에는 범람하는 오키초비호의 물을 플로리다주의 두 해변으로 보내기 위해 확장한 운하 시스템과 더 두껍고 높은 제방 시스템이 포함되었다. 도랑을 파고 둑을 쌓는 이러한 개보수 작업의 또 다른 이점은 대서양 연안 도시 스튜어트에서 오키초비호 건너편을 포함한 플로리다반도를 거쳐 멕시코만 연안의 포트마이어스까지 이어지는 뱃길을 만들었다는 것이다.

하지만 예상했던 대로 1947년 또 다른 허리케인이 엄습하자 이 새로운 안전장치가 부적절하다는 게 입증되었다. 제방은 간신히 버텨냈지만, 넘쳐난 물을 바다로 내보내기에는 운하 시스템이 너무나 빈약했다. 그 결과 침수 면적을 기준으로 했을 때, 플로리다주 남부를 강타한 (이때까지 기록된 홍수 중) 최악의 홍수가 발생하고 말았다.

언제나 그렇듯—예상했던 대로—이 엄청난 홍수로 인해 오키초비호의 야수성을 영원히 침묵시킬 새롭고 더 거대한 제방 시스템에 대한 요구가 촉발되었다.

결국에는 또 늘 그래왔듯 다시 한번 더 많은 토목 공사 장비가 에버글레이즈로 향했다.

미 육군 공병대는 1950년대에 제작한 다큐멘터리에서 이렇게 말했다. “더 큰 제방과 바다로 향하는 더 큰 배출구를 갖춘 더 큰 운하로 이 야수를 통제해야 했다.” 그러면서 호수를 “수리”하고 수천 제곱킬로미터 면적의 플로리다주 습지의 약 15분의 1에 해당하는 물을 배출시키려는 정부 기관의 캠페인을 발표했다. 이 프로젝트에는 호수의 동쪽과 서쪽을 가로지르는 운하의 확장과 230킬로미터의 호수 둘레를 둘러싼 3층 건물 높이의 제방 건설도 포함되었다.

마침내 미 육군 공병대는 성공에 환호성을 질렀고, 인간은 드디어 정말로 대자연에 족쇄를 채웠다.

"한때 거세게 휘몰아치던 물, 비옥한 지형을 망쳐버린 물, 생명과 땅을 앗아가고 재난으로 헤드라인을 장식하고 땅에 죽음을 안겨준 물 …… 이제 그것은 조용하고 평화롭고 인간의 명령을 따를 준비가 되어 있는 그곳에서 얌전히 대기하고 있다." 〈운명의 물(Waters of Destiny)〉이라는 제목이 붙은 미 육군 공병대의 다큐멘터리에서 내레이터는 큰 소리로 이렇게 말하고 덧붙였다. "플로리다주 중부와 남부는 더 이상 자연에 휩쓸리는 바보가 아니며, 자연의 짓궂은 장난에 놀아나지 않는다!"[7]

에버글레이즈 북부를 끝없는 사탕수수밭으로 뒤덮고, 오키초비호의 치명적인 홍수 문제를 해결하고, 플로리다반도를 가로지르는 더 넓은 수로를 뚫는 것이 20세기 중반 엔지니어들의 설계 도면에서는 일석이조의 최고 계획처럼 보였을지 몰라도, 오늘날의 플로리다주 중부에는 이로 인한 걷잡을 수 없는 재앙이 들이닥치고 있다.

●

20세기 후반, 한때 미개척지였던 플로리다주 내륙으로 부동산 개발과 농장 운영이 확장되면서 오키초비호에는 엄청난 양의 인이 흘러들기 시작했다. 1970년대부터 2000년대 초반까지 영양분의 농도가 대략 2배로 증가했다.[8]

오늘날 오키초비호로 흐르는 지류에서 유입되는 인의 연간 총량은 470톤에 달할 수 있다.[9] 생물학자들의 추산에 따르면, 이는 오키초비호가 위험한 독성 조류를 뿜어내기 전에 안전하게 흡수할 수 있는 완충량의 약 10배에 해당하는 수치다.[10] 전국의 다른 유역과 마찬가지로 호수로 유입되는 대부분의 인 부하량은 유역 내 낙농장과 작물 재배 농민들에게서 비롯된 것임을 직접적으로 추적할 수 있다.

그러나 육우 방목장의 경우에는 이야기가 다르다. 놀랍게도 플로리다주는 상당히 큰 규모의 카우보이 고장이다. 미국에서 가장 큰 목장 중 하나가 플로리다주에 있는데, 올랜도 근처의 한 목장은 맨해튼 면적의 20배인 1200제곱킬로미터에 걸쳐 펼쳐져 있다. 많은 사람이 이런 엄청난 규모 때문에 플로리다주의 목장이 농업 오염 위협의 원인일 거라고 생각하지만, 실제로는 그렇지 않다.

거의 평생 동안 오키초비호 북쪽에 있는 40제곱킬로미터 규모의 가족 목장을 운영해온 웨스 윌리엄슨(Wes Williamson)의 사례를 들여다보자. 날씨가 좋은 날이면 이 60대 중반의 노인은 포드 F-시리즈 픽업트럭을 타고 목초지를 누빈다. 2012년 대선 당시의 롬니-라이언(Romney-Ryan) 범퍼 스티커가 아직도 붙어 있을 만큼 오래된 자동차다. 날씨가 더 좋은 날이면, 폴라리스(Polaris)의 사륜차를 몰고 수풀 속으로 더 깊이 들어간다. 그리고 날씨가 최고로 좋은 날에는 블루(Blue)라는 이름의 쿼터 호스(Quarter horse: 미국의 말 품종 중 하나—옮긴이)를 타고 송아지 몰이를 한다. 나는 그 최고로 좋은 날 중 하루에 그를 만났다.

윌리엄슨은 오전 6시부터 말을 타고 송아지 200마리를 몰아 다른 주(州)에 있는 사육장으로 보냈다. 그는 목장의 목초 생산량을 늘리기 위해 인 비료를 사용한다고 설명했다. 또한 오렌지 껍질, 에탄올 제조용 작물을 건조한 것, 목화씨 등으로 만든 사료를 가축에게 주는데, 이 사료에도 모두 인이 포함되어 있다. 하지만 그는 그날 아침 일찍 몰아서 내보낸 수천 킬로그램의 가축을 통해 자기 몫의 인을 유역 밖에다 유출한다.

윌리엄슨은 오키초비호로 흘러가는 개울에 분뇨와 기타 영양분이 유입되는 것을 막기 위해 최선을 다한다고 말했다. 거기에는 약 10제곱킬로미터의 목초지를 (인을 포획하기 위한) 비방목 습지로 전환하는 것도 포함되어 있다. 그는 오키초비호를 위해 자신이 할 수 있는 최선의 방법은 목초지를 잘 지켜내고 부동산 개발자를 멀리하는 것이라고 생각한다.

"우리는 단지 목장 경영자에 불과한 게 아닙니다. 우리는 풀을 기르는 농부이기도 하죠."

그의 목장에서 차로 2시간 거리에는 1300만 명에 달하는 주민이 살고 있으며, 내륙에서는 주택 개발이 점점 더 활발해지고 있다.

1960년의 플로리다주에는 주민이 500만 명도 채 되지 않았다. 오늘날에는 약 2200만 명이 살고 있다. 거의 1000명가량이 매일 플로리다주로 이주하고 있으며, 주에서는 향후 10년 안에 최대 500만 명의 주민이 늘어날 것으로 예상한다. 그중 다수는 내륙의 오키초비호 유역으로 이주할 것이며, 이로 인해 호수의 인 문제가 더욱 악화할 것으로 보인다.

윌리엄슨이 말했다. "목장 주인이 부동산 개발업자한테 땅을 팔면, 그들은 그 땅에 그들의 마지막 작물을 심죠. 바로 주택입니다."

마찬가지로 심각한 문제를 일으키는 것은 오키초비호를 막기 위해 미 육군 공병대가 건설한 제방인데, 말 그대로 '골칫덩어리'다.

파쇄된 조개껍데기, 흙, 모래, 바위 등을 쌓아 만든 허버트 후버 제방(Herbert Hoover Dike)은 오늘날 오키초비호의 가장자리를 막고 있는 (잔디로 덮인) 가파른 언덕 형상이다. 이것은 1936년 네바다주의 후버 댐보다 몇십 년 뒤에 완성한 것으로, 후버 댐의 하위 격이다. 그러나 후버 제방은 후버 댐만큼 콘크리트로 솜씨를 부리지도 않았고, 플로리다주의 날씨를 견딜 수 있는 적절한 기술력도 사용하지 않은 채 건설되었다.

사실 후버 제방은 현재 쌓여 있는 높이를 고려해 설계한 것이 아니다. 더 우려스러운 점은 (미 육군 공병대에서 '둑(levee)'이라고도 부르는) 이 제방이 원래의 설계 목적과 맞지 않게 다른 용도로 수십 년 동안 사용되어왔다는 것이다. 요컨대 오키초비호의 물을 가두어두었다가 가뭄이 들었을 때 남쪽 지역에 펼쳐진 사탕수수밭의 관개용수로 썼다. (dike는 침수로부터 저지대를 보호하기 위한 높은 제방을 말하고, levee는 우천 시 불어나는 물에 의해 침수되는 것을 막기 위한 제방을 말한다—옮긴이.) 댐과 둑 사이에는 중요한 차이가 있다. 둑은 모래주머니를 쌓은 것처럼 홍수 같은 비상 상황 발생 시 불어나는 물을 일시적으로 막도록 설계한 것이다. 반면, 댐은 물을 지속적으로 가두기 위해 세심하게 설계한 콘크리트 또는 고도로 압축된 흙으로 만든 구조물이다.

둑이 댐 역할을 할 거라고 기대하는 것은 마치 종이컵이 머그컵 역할을 하길 바라는 것과 같다. 종이컵이 마치 펄프가 아닌 세라믹으로 만들어진 것처럼 식기세척기에 넣고 여러 번 세척해도 끄떡없기를 기대하는 것도 마찬가지다(자연의 반복적인 주기를 둑이 언제까지고 견딜 수 있는 것은 아니라는 의미다—옮긴이).

미 육군 공병대는 현재 하류에 살고 있는 수만 명의 플로리다주 주민들의 집과 호수를 분리하는 유일한 장벽인 10미터 높이의 후버 제방이 얼마나 취약한지 충격적일 정도로 무감각하다.

공병대는 한 보고서에서 다음과 같이 인정했다. "허버트 후버 제방의 높은 수위 문제는 두 글자로 요약할 수 있다. 누수."[11]

런던 로이드 뱅크(Lloyds Bank)의 위험 평가 전문 팀은 허리케인 카트리나 이후 후버 제방을 둘러보며 폭풍으로 인한 홍수 취약성을 평가했다. 그들은 큰 폭풍이 몰아칠 때의 범람뿐만 아니라 "자연적으로 다공성"인 제방의 구조적 특성으로 인한 우려 때문에 발을 빼려고 했다. 로이드 측 조사관은 이렇게 예측했다. "제방 벽에 일정한 수압이 지속적으로 가해지면 경사면이 무너지거나, 제방을 구성하고 있는 흙이 조금씩 제거되어 결국에는 붕괴할 것이다."[12]

공병대 측은 제방의 특히 취약한 부분을 콘크리트와 강철로 강화하는 17억 달러 규모의 프로젝트를 진행하고 있다. 해당 기관은 또한 침식되기 쉬운, 호수에서 물의 방출을 제어하는 부분의 구조물을 재건하는 중이다. 이 프로젝트는 2020년대 중반이 넘어야 끝날 것으로 예상된다.

그동안 공병대는 호수의 수위가 해발 9미터 높이의 구조물보다 훨씬 낮은 해발 4.7미터를 넘지 않도록 필요한 조치를 취함으로써 제방에 가해지는 압력을 유지해왔다. 그들은 수위가 해발 5.6미터 이상 올라갈 경우 제방이 파손 위험 구역에 진입하는 것으로 계산하고 있다. 그리고 수위가 제방 꼭대기보다 한참 낮은 6.4미터에 도달하더라도 붕괴 가능성이 높으며, 이에 따른 경고 신호가 거의 없거나 아예 없을 수도 있다고 말한다. 특정 해에 수위가 그 높이에 도달할 확률은 100분의 1이라고 하는데, 그다지 위안을 주는 수치는 아니다.

미 육군 공병대는 "허버트 후버 제방이 보호하는 지역 사회에 4만 명이 살고 있는 상황에서, 만약 사태가 벌어진다면 그들의 고통과 손실은 상당할 것"이라고 인정한다.[13]

남북전쟁 당시 군대가 전투에 앞서 대포알을 피라미드 모양으로 쌓아둔 것처럼, 공병대 병사들은 물이 샐 경우 이를 틀어막기 위한 비상 플러그로 사용하기 위해 제방 꼭대기의 전략적인 구역에 바위와 다양한 크기의 암석을 쌓아두고 있다. 그리고 특히 허리케인 시즌에는 호수의 수위가 순식간에 높아질 수 있기 때문에 한여름이면 제방의 수문 몇 개를 열어 (수위가 위험 구역에 도달할 기미가 없더라도) 물을 대서양과 걸프만 연안으로 내보내는 관행을 이어오고 있다.

홍수가 아닐 때도 물을 계속해서 방출하는 이런 관행에 대한 근거는 정점에 달하는 늦여름의 허리케인 시즌에 앞서 충분한 저수 가능 용량을 확보하는 게 필요하다는 것이다.

이것은 미 육군 공병대가 결국 실패할 수도 있는 러시아 룰렛 게임이다. 근본적인 문제는 오키초비호가 약 1만 1440제곱킬로미터의 면적에 달하는 주변 지대로부터 흘러 들어오는 물을 받아낸다는 것이다. 이는 호수 표면보다 6배 이상 넓은 면적이다. 이 정도 면적이면 일련의 큰 폭풍이 닥쳤을 때 호수의 수위를 한 달에 1.2미터나 상승시킬 수 있다.[14] 이는 인공 운하의 용량이 감당할 수 없을 정도로 많은 유입량이다. 따라서 몇 주만 계속 비가 내리더라도 호수는 안전한 수위에서 위험한 수위까지 올라갈 수 있다.

만약 오키초비호와 에버글레이즈 북부가 자연 그대로의 상태로 남아 있었다면, 호수의 범람 지역에 살면서 농사를 짓는 사람은 거의 없었을 것이다. 오늘날 녹조 창궐의 원인인 대부분의 인은 호수 남쪽으로 범람해 우리 몸의 콩팥 같은 역할을 하던 에버글레이즈에 흡수되는 대신 제방 뒤에 갇혀 있다. 예전에는 담수 녹조가 오키초비호에서 새어 나와 숲 사이의 초원을 통과해 죽지 않고 인구가 희박한 플로리다주 남쪽 끝으로 흘러가더라도 결국에는 파도에 흩어지고 바닷물에 의해 죽어버렸다.

그러나 이제 오키초비호는 더 이상 자연 상태가 아니며, 미 육군 공병대는 호수 본연의 '해결책'에서 벗어나기 위해 발버둥 치고 있는 것처럼 보인다.

연방 정부와 플로리다주는 공동으로 수십억 달러 규모의 자금을 지원해 에버글레이즈 복원 프로젝트를 진행하고 있다. 그중 일부는 오키초비호 남쪽에 30억 달러 규모의 초거대 저수지를 만들어 호수의 풍부한 인과 조류를 포획할 계획을 포함하고 있는데, 오염된 물이 넘치면 천천히 안전하게 에버글레이즈로 방류할 것이라고 한다. 이 프로젝트는 오키초비호의 오염된 물을 (운하를 따라) 인구가 밀집한 플로리다주 해안으로 흘려보내는 현재의 관행을 줄이거나 없앨 것으로 보인다. 하지만 아직 자금 집행이 이루어지지 않은 상태이고, 설사 집행한다고 하더라도 최소 10년은 넘게 걸릴 가능성이 높다.

그렇기 때문에 호수의 오염 정도와 상관없이 당분간은 계속해서 오키초비 운하를 통해 플로리다주 해안으로 물을 방출할 것이다. 그리고 호수는 극도로 오염될 가능성이 있다.

2018년 한여름의 어느 날, 1900제곱킬로미터에 달하는 오키초비호 면적의 90퍼센트가 남조류의 끈끈한 층으로 뒤덮였다. 아르마딜로가 기어다닐 수 있을 만큼 밀도 높은 남조류였다. 이에 수위가 제방을 넘을 수준에 한참 미치지 못했음에도, 미 육군 공병대는 수문을 열고 걸프만 쪽 칼루사해치강(Caloosahatchee River)과 대서양 쪽 세인트루시강(St. Lucie River)을 연결하는 운하로 오염된 물을 방출했다.

플로리다 주지사는 육군 공병대가 오키초비호의 유독성 물을 수생 생물뿐만 아니라 운하, 하천 수로 및 해변을 따라 하류 쪽에 사는 사람들을 위협하는 방식으로 배출해 오물로 뒤덮이게 잘못 관리했다고 비난했다. 이에 공병대 측은 극심한 폭풍우가 닥칠 경우를 대비해 수위를 낮게 유지해야 하므로 선택의 여지가 없었다고 주장했다.

하지만 과연 그랬을까?

●

나는 2018년 여름, 오키초비호의 오염된 물 방출이 최고조에 달하고 당시 주지사였던 릭 스콧(Rick Scott)이 녹조로 인한 비상사태를 선언하고 며칠 지나지 않았을 때 플로리다주로 향했다. 그리고 곧장 포트마이어스로 가서 미국 내 하천 보호 및 보존 단체인 리버키퍼(Riverkeeper)의 지역 지부장 존 카사니를 만났다.

나는 그와 함께 칼루사해치강으로 보트를 타고 나가 오키초비호에서 운하를 따라 걸프만으로 배출되는 물의 흐름을 보고 싶었다. 녹조를 직접 내 두 눈으로 확인해야 했다. 카사니가 보트 슈즈와 긴팔 자외선 차단 셔츠를 입고 나타나자 가슴이 뛰기 시작했다. 그는 모든 준비를 마친 것처럼 보였다. 하지만 그는 그 누구하고도 함께 강으로 나가지 않을 거라고 말했다. 그가 가려는 곳은 포트마이어스의 75번 주간고속도로를 따라 있는 크래커 배럴(Cracker Barrel: 남부 지방을 테마로 한 미국의 식당 및 선물 가게 체인—옮긴이)로, 강물에 가장 가까이 다가갈 수 있는 장소였다.

몇 주 전, 여름 시즌의 오키초비호 유독성 녹조가 처음 칼루사해치강으로 떠내려왔을 때, 카사니는 기자들을 그리로 데려가서 지난 4년 동안 세 번이나 발생한 그다지 자연스럽지 않은 재난의 원인을 열심히 설명하려 했다. 그런데 얼마 지나지 않아 폐가 타는 듯한 느낌과 함께 눈이 가려웠고, 썩어가는 녹조에서 피어오르는 증기로 인해 마른기침을 도저히 멈출 수가 없었다. 그는 그 악취를 "아기 기저귀와 곰팡이 핀 빵이 섞인 것 같은 냄새"라고 묘사했다. 문제는 악취가 아니라, 그의 몸이 어떻게 반응했는지였다. "그냥 토하고 싶을 정도로 구역질이 났습니다."

남조류로 인해 생기는 녹조는 썩기 시작할 때 특히 위험하다. 왜냐하면 개별 세포벽이 파괴되면서 담고 있던 독소를 방출하기 때문이다. 2018년에 발생한 독성 증기가 너무나 심해서 카사니의 동료 중 한 명은 강에서 갈라져 나온 운하 옆에 있는 집을 떠나 이사해야 했다. 카사니가 말했다. "그는 가족과 함께 그곳에 머물 수 없었죠.

전혀 안전하지 않았거든요."

카사니는 오키초비호의 녹조가 늦여름에 발생할 거라고 예상했지만 2018년은 달랐다고 설명했다. 첫 번째 유독성 덩어리는 여름이 시작되고 채 2주도 지나지 않아 포트마이어스에 도달했다. 이로 인해 카사니는 자신의 고향이 전혀 다른 일상을 직면할 거라고 생각했다. 여름 내내 해안가 출입이 금지될 상황이었다.

"그것 때문에 모두가 겁을 먹었습니다. 시기가 너무 빨랐거든요." 카사니는 크래커 배럴의 식당에서 과일 컵을 집으며 침울하게 말했다. 그의 뒤로는 구식 낚시 장비와 흑백 낚시 탐험 사진 등이 장식되어 있었다.

식당 계산대 근처 천장에는 골동품 변기가 하나 걸려 있었는데, 오래된 시골 가게의 분위기를 내기 위한 소품처럼 보였다. 이런 스타일은 칼루사해치강이 플로리다주 내륙을 가로질러 해안까지 흐르고 그 주변의 리 카운티(Lee County) 인구가 2만 5000명 미만이던 20세기 전반에 포트마이어스에서 실제로 볼 수 있었던 것이다. 오늘날 이곳의 인구는 약 75만 명에 달하며, 인구통계학자들은 거주민이 한 세대 안에 거의 2배로 늘어날 수 있다고 예측했다.

걸려 있는 변기를 보며 카사니가 미소를 지었다. 그는 배설물을 떠올리게 하는 이 실내 장식이 식사를 하는 레스토랑에 그다지 적합하지 않을 수 있지만, 더 이상 감당할 수 없는 썩은 물이 플로리다주에 꾸준히 흐르고 있기 때문에, 이런 상황에 비춰볼 때는 적합하다고 생각했다. 플로리다주의 상황이 이럼에도 불구하고 카사니는 주 정부가 최근 환경 규제 기관에 대해 오키초비호의 인 부하를 보다 안전한 수준으로 낮추도록 하는 기한을 20년 연장하는 법안을 통과시켰다고 언급했다.

플로리다주의 수질 보호 조치가 사실상 후퇴하고 있는 반면, 주민들은 물에서 나오는 증기로 인해 점점 더 질식하고 있다고 그는 설명했다.

"모든 게 철저히 망가졌습니다, 철저히."

게다가 이 남조류는 걸프만 연안의 유일한 조류 문제가 아니다. 해양 조류의 번성이 수 세기 동안 이뤄졌음에도 불구하고, 인이 걸프만 연안의 위협적인 적조 발생 원인일 수도 있다는 우려가 제기되었다. 과학자들은 적조를 유발하는 조류 발생이 해안에서 최대 64킬로미터 떨어진 곳에서 시작될 수 있다고 하는데, 이 거리는 통상적인 해안 영양 오염 물질의 영향을 넘어서는 범위에 해당한다.[15] 하지만 비료 오염, 특히 질소는 해안으로 몰려드는 이러한 적갈색의 확산을 더욱 악화할 수 있다.

나는 크래커 배럴에 카사니를 남겨두고 마치 하품하듯 입을 벌린 모양새의 멕시코만으로 흘러가는 칼루사해치강 하구 쪽으로 차를 몰았다. 전국적으로 뉴스의 헤드라인을 장식했던 끈끈한 조류 매트는 하루나 이틀 전에 흩어진 것으로 보였지만, 구슬 크기의 조류 덩어리들은 너무 많이 휘저어서 커피처럼 시커멓게 되어 퇴적물을 운반하는 강 표면 바로 아래에 여전히 떠다니고 있었다. 강 위에는 단 한 척의 배도 없었다.

나는 오키초비호로 가기 위해 내륙으로 향했고, 호수에서 북쪽으로 약 8킬로미터 떨어진 베스트 웨스턴(Best Western) 호텔 주차장에서 플로리다주 오듀본 협회(Audubon Society: 조류와 서식지 보존을 위해 활동하는 미국의 비영리 단체—옮긴이)의 생물학자 폴 그레이(Paul Gray)를 만났다. 그가 나를 보자마자 한 말은 우리가 원래는 호수 바닥이었던 곳에 서 있다는 얘기였다. 오늘날에는 제방으로 인해 호수의 수위가 높아지고 면적은 줄어들었다. 그 결과 예전에 호수였던 땅과 오키초비호 북쪽 가장자리 습지에 이제는 홈디포(Home Depot)나 월마트(Walmart)·퍼블릭스(Publix) 같은 잘나가는 주(州)에서 기대할 수 있는 매장은 물론 공항도 들어서 있다.

1837년 크리스마스, 당시 대령이던 재커리 테일러(Zachary Taylor)가 약 1000명의 군대를 호숫가 북쪽으로 진군시킨 장소가 오늘날의 맥도날드 주차장에서 동쪽으로 조금 떨어진 바로 이곳이었다. 훗날 미국 대통령으로 취임한 그는 132명의 미주리주 민병대에게 자신의 군대와 함께 오키초비호 수역(水域) 사이의 고지대에 진을 치고 있는 수백 명의 세미놀족(Seminoles) 원주민을 향해 돌격하라고 명령했다. 테일러는 적을 포위할 수 있는 병력과 (말 그대로) 마력(horsepower)을 가지고 있었지만, 제2차 세미놀 전쟁의 핵심적인 전투로 알려진 이 싸움에서 허리까지 오는 진흙을 뚫고 걸어서 정면으로 공격하라며 군대를 내몰았다. 세미놀족은 자신들이 점령하고 있던 고지대의 이점을 활용해 적군의 거의 모든 장교를 죽인 후 무성한 수풀 속으로 사라졌다.

양측 모두 이 전투에서 승리를 주장했지만, 테일러의 병력에서 훨씬 더 많은 사상자가 나왔다. 이러한 일방적인 결과가 나온 이유 중 하나는 세미놀족이 늪과 싸우는 대신 공존하는 법을 오래전부터 배워왔기 때문이다. 이는 미 육군, 특히 후버 제방을 관리하는 공병대가 아직도 분명하게 받아들이지 못한 교훈이다.

그레이는 수천 제곱킬로미터의 늪지대를 농업계에 개방하고 플로리다주 남부의 광대한 지역을 침수로부터 보호하기 위해 70년 전에 설계한 관개 및 수자원 관리 시스템이 현재 어떻게 비참하게 실패하고 있는지 직접 확인하고 싶어 했다. "이는 마치 우리가 1940년대의 자동차를 운전하고 있는 것과 같아요. 그걸 고치는 데는 수십억 달러의 비용이 들 겁니다." 프리우스(Prius)를 몰고 지금은 주립공원으로 변한 세미놀 전쟁터를 지나가면서 그가 말했다.

플로리다주 정치인들은 여전히 수십억 달러를 쏟아부을 의향이 없다.

우리가 처음 들른 곳은 홍수 조절 수문을 통해 동쪽으로 약 50킬로미터 떨어져 있는 도시 스튜어트를 관통하며 흐르는 세인트루시강에 호숫물을 내보내는 오키초비호의 동쪽 운하 어귀였다. 내가 도착하기 며칠 전, 미 육군 공병대는 수문을 통해 매일 거의 76억 리터에 달하는 남조류로 오염된 물을 방류했고, 호수 반대편 포트마이어스로 향하는 운하를 통해서는 매일 113억 리터를 추가로 방류했다.

●

"내가 육군 공병대라도 똑같이 했을 겁니다." 그레이는 제방 꼭대기에 서서 과카몰리처럼 녹색 반죽으로 변한 '물'을 내려다보며 내게 말했다. "제방이 무너진다는데, 환경 운동가의 입장이 될 여유는 없겠죠."

그때 살짝 불어오는 미풍이 녹조류가 뿜어내는 증기를 내 쪽으로 실어왔다. 마치 갓 깎은 풀 냄새 같았다. 그러나 곧 가슴이 타 들어가는 느낌이 들면서, 호숫가를 따라 걸을 때 기침이 나기 시작했다. 나는 그저 기분 탓일지 모른다고 생각했지만, 분명 내 폐에 영향을 끼친 게 분명했다. 왜냐하면 기침이 며칠 동안 지속되었기 때문이다.

보전생물학 박사인 미주리주 출신의 그레이는 1980년대에 대학원 공부를 위해 플로리다주로 왔을 때, 이곳에서 여생을 지낼 거라고는 전혀 예상하지 못했다. 하지만 플로리다주에 사로잡힌 것만은 분명했다. "알고 보니 나는 대초원에서 자랐는데, 그걸 전혀 인식하지 못했죠. 내가 태어났을 때 그곳은 이미 옥수수밭에 불과했거든요." 그는 오래전에 사라진 대초원이 어떤 모습인지 희미하게나마 느끼고 싶다면서, 그럴 수 있는 것은 그림뿐이라고 덧붙였다.

대초원을 느끼려면 미주리주의 프레리 주립공원(Prairie State Park)으로 여행을 가보는 것도 방법이다. 열정적인 카우보이가 말을 타고 그 초원을 가로지르는 데는 고작 10분 정도밖에 걸리지 않을 것이다.

그레이가 나에게 하려고 했던 말은 미주리주는 플로리다주 중부가 아직 그러지 못한 방식으로 길들여졌다는 것이었다.

플로리다주 사람들이 에버글레이즈 북부의 거의 2000제곱킬로미터에 달하는 면적을 사탕수수 바다로 만들고, 도중에 오키초비호가 넘쳐 발생하는 자연적인 계절성 홍수를 막아버리는 인위적 행위를 했음에도 불구하고, 플로리다반도 중앙의 저지대는 미국 본토 내에서 야생동물이 가장 많은 (야생 그대로의) 상태로 남아 있다.

그레이는 여름 녹조의 발생에도 불구하고 여전히 오키초비호를 서식지로 삼고 있는 엄청난 수의 동물종이 있다는 점을 지적했다. 그곳에는 백로, 왜가리, 황새 등 수천 마리의 섭금류가 살고 있다. 호수 위 하늘에는 잠수성 오리, 수면성 오리, 원앙, 청둥오리 등 오리 떼로 가득하다. 같은 하늘에는 주황색 부리의 우렁이솔개가 날아다니고, 흘수선 아래에는 멸종 위기에 처한 이 맹금류가 먹이로 삼는 왕우렁이가 서식하고 있다. 호수의 습지에는 개구리, 거북이, 뱀, 도마뱀, 악어가 가득하다. 수달은 청어, 블루길, 블랙 크래피(black crappie), 장어, 선피시(sunfish), 추브서커(chubsucker) 등이 득실거리는 여전히 끈적한 물에서 헤엄친다.

이 외에도 플로리다주에는 여전히 멋진 날씨가 남아 있으며, 미 육군 공병대는 지금까지 통제할 수 없는 것으로 입증된 걸 통제하기 위해 안간힘을 쓰고 있다.

그레이는 미 육군 공병대가 플로리다주 오지에서 인구가 밀집한 해안으로 또 다른 독성 조류 덩어리를 내보내고 있다는 사실에 괴로워했다. 하지만 제방이 붕괴되는 걸 막기 위해 오키초비호의 물을 동쪽과 서쪽 해안으로 계속해서 흘려보내는 한, 그리고 호수가 지속적으로 인이 과포화되어 있는 한 플로리다주 해안에 여름철 독성 조류의 발생은 예상된 것이라고 했다.

또한 그는 내일 당장 모든 인 배출을 중단한다고 하더라도 호수 바닥에 쌓인 양과 호수로 흘러가는 풍경에 농축해 있는 양이 여전히 너무나 많아서 오키초비호의 수질이 회복되는 데에는 수십 년이 걸릴 수 있다고 설명했다. 그동안에도 영양 과잉은 계속된다는 얘기다.

"우리는 계속 인을 더해가면서 수질이 더 좋아지길 기대하고 있죠. 유치원생도 이게 말도 안 된다는 걸 알지만, 사람들은 모두 그렇게 믿고 있는 것 같아요." 그레이는 이어서 다음과 같이 말했다. "우리는 매일 상황이 나아질 거라고 기대하지만, 실제로는 날마다 악화하고 있습니다."

우리 머리 위 하늘에서 드론이 날아다니고 있었다. 그 드론은 분명 오키초비호를 비행하며 스튜어트로 향하는 남조류 슬러그(slug)의 모습을 포착했을 것이다. 그레이는 그 드론을 움직이는 사람이 누구든 스튜어트의 거실에 편하게 앉아서 조종했을 수도 있다며 농담을 건넸다. 오키초비호 하류와 웨스트팜비치(West Palm Beach)에서 북쪽으로 약 65킬로미터 떨어진 (녹조가 삼켜버릴지도 모르는) 작은 도시의 주민들이 드론으로 현 상황을 파악하는 것도 그다지 놀라운 일은 아닐 터였다.

●

자동차를 타고 동쪽으로 한 시간도 채 안 되는 곳에서 리버스 연합(Rivers Coalition)의 월례 회의가 열렸다. 유독성 운하의 흐름을 멈춰달라고 요구하는, 점점 더 큰 목소리를 내고 있는 대서양 연안 주민들의 모임이다. 스튜어트 시청에서 열린 회의는 국기에 대한 맹세로 시작되었다. 참석자들은 돌아가면서 자기소개와 현재의 소속을 말했고, 그때마다 약간의 정중한 박수가 이어졌다. 공화당 상원의원 마르코 루비오(Marco Rubio)와 하원의원 브라이언 마스트(Brian Mast) 측 대변인도 자리에 함께했다. 여성유권자연맹 소속 여성과 주(州)의 공직에 출마한 고등학교 교사도 있었다. 몇몇 참석자는 주택 소유자 모임을 대표하는 사람들이었다. 요트 클럽의 이익을 대변하기 위해 참석한 사람도 2명 있었다. 낚시 클럽, 세일링 클럽, 조정 클럽을 대표하는 인물은 물론 마틴 카운티(Martin County) 농업국 소속 관계자도 참석했다. 한 남자는 자신을 "매우 빡친 주민"이라고만 소개했는데, 아마도 가장 많은 박수를 받았을 것이다.

리버스 연합은 미 육군 공병대가 오키초비호의 물을 해안 쪽 운하로 방류하는 대신 에버글레이즈를 향해 남쪽으로 자연적 경로를 따라 더 많이 흐르게 하는 데 투쟁의 중점을 두고 있다. 하지만 그들이 요구하는 방법은 사탕수수밭의 경작을 중단하고 오키초비호에서 범람한 물을 담기 위해 계획한 저수지를 건설하기 전까지는 상황이 크게 바뀔 수 없다. 이 프로젝트는 현재 10년 넘게 중단된 상태다.

그렇기 때문에 오키초비호는 계속해서 고통받고 있다. 오랫동안 환경보호론자들이 목이 쉬도록 문제의 심각성을 언급했지만, 해변에서 내륙 쪽으로 10킬로미터 이상 들어와본 적이 없는 수백만 명의 해안가 주민과 관광객에게는 그다지 심각하게 와닿지 않았다. 몸이 멀어지면 마음도 멀어지는 법이다. 그러나 이제는 상황이 바뀌었다. 주민들이 플로리다주의 '물빛 심장'이 병들어가고 있으며, 이것이 해안가 지역의 건강, 해안 어업의 건강, 자신은 물론 자녀의 건강과 직결되어 있다는 걸 깨달았기 때문이다.

회의 참석자 중에는 〈플로리다 스포츠맨(Florida Sportsman)〉의 발행인 블레어 윅스트롬(Blair Wickstrom)도 있었다. 그는 스튜어트에서 가장 오염된 운하 중 한 곳의 유역에 있는 560제곱미터 규모의 사무실에서 철수할 수밖에 없었다. 사이아노박테리아라고도 부르는 남조류가 썩고 뭉쳐서 반대편으로 볼링공을 굴릴 수 있을 만큼의 두께로 쌓였기 때문이다. 게다가 이 딱딱한 덩어리가 청록색으로 변하기 시작했는데, 이는 사이아노박테리아 세포가 죽어가면서 독소를 물과 공기로 방출하고 있다는 걸 보여주는 명백한 신호였다.

윅스트롬은 사무실 출입문에 다음과 같은 문구를 적은 표지판을 남겼다. "독성 녹조 증기로 인해 폐쇄합니다." 그는 회의에 참석한 다른 사람들과 마찬가지로 눈이 충혈되고 속이 좋지 않아 3일 동안 텀스(Tums)의 제산제만 복용했다고 말했다. 그리고 지금의 상황을 유독한 녹조가 창궐한 1969년 클리블랜드의 쿠야호가강(Cuyahoga River) 사태에 비유했는데, 당시 촉발된 대중의 분노가 청정수법의 법안 통과에 힘을 실은 것으로 평가받는다. 윅스트롬은 이렇게 말했다. "이곳의 물이 유독해서 다행이라는 말은 아니지만, 만약 이 물이 새나 물고기·게·매너티(manatee)만 죽게 만들었다면, 과연 우리가 이 상황에 관심이라도 가졌을까요?"

스튜어트를 괴롭히는 사이아노박테리아(미시시피 해변을 폐쇄하게끔 만든 마이크로시스티스와 같은 물질) 증기에 노출될 경우 흔히 나타나는 증상은 목 통증이다. 단기 노출로 인해 유발되는 다른 증상으로는 구토, 마른기침, 폐렴 및 복통 등이 있다.

하지만 무엇보다도 꺼림칙한 점은 이 증기에 만성적으로 노출될 경우 건강에 미치는 영향을 확인하기까지 수십 년이 걸릴 수 있다는 것이다.

마이크로시스티스가 생성하는 독소인 마이크로시스틴에 수년간 지속적으로 노출되면 비알코올성 간 질환이나 심지어 간암에 걸릴 수도 있다. 하지만 다트머스 대학의 신경학자 엘리야 스토멜(Elijah Stommel)은 그보다 더 큰 문제를 우려한다. 그는 ALS(루게릭병)라고도 알려진 근위축성 측삭경화증 환자 치료 전문가다. 이 무서운 질병은 수의근(隨意筋)을 제어하는 뇌와 척수의 운동 뉴런에 이상을 일으킨다. ALS 환자는 호흡 부전으로 인해 거의 대부분 사망에 이르는데, 일반적으로 환자가 숨 가쁨, 불분명한 발음, 삼킴 문제, 근육 경련, 사지 마비 증세 같은 막연한 불편함 때문에 병원을 방문한 후 불과 몇 년 만에 확진을 받는다.

ALS는 흔치 않은 질병이지만 그렇다고 아주 드문 것도 아니다. 스토멜이 근무하는 뉴햄프셔는 인구가 적은 곳인데도 2주일에 한 명씩 사망 환자가 발생한다. 스토멜은 2008년에 환자들이 거주하는 곳을 지도로 작성해보기로 결정했다.

ALS의 가장 불안한 측면 중 하나는 질병의 발생이 무작위적으로 보인다는 것이다. 연구자들은 ALS 환자의 5~10퍼센트는 그 질병의 유전적 연관성을 추적할 수 있다고 추정하는데, 때때로 가족력이 있을 수 있다는 게 입증되었기 때문이다. 그러나 대부분의 환자에게는 뚜렷한 유전적 연관성이 없다. 연구자들은 적어도 부분적으로는 이 질병이 (아직 결정적으로 확인되지 않은) 알 수 없는 독소나 일반적인 독소 같은 일종의 환경적 요인에 의해 발병할 수 있다고 믿는다. 스토멜은 그 독소가 무엇인지 찾고 있으며, 이것이 그가 몇 년 전 잠재적인 환경 요인을 찾기 위해 2명의 학생에게 구글 어스(Google Earth)로 환자의 주소를 매핑하도록 한 이유다.

스토멜은 이렇게 말했다. "그들이 어디에 살고 있고, 무엇에 노출될 수 있는지 알고 싶었죠. 확인해보니 그들 중 많은 사람이 마스코마호(Mascoma Lake) 주변에 살고 있다는 게 밝혀졌습니다." 뉴햄프셔 서부에 있는 이 호수는 마이크로시스티스가 자주 발생하는 곳으로, 길이는 약 6.4킬로미터, 너비는 약 800미터이며, 대부분의 면적이 인구가 5000명도 채 되지 않는 엔필드(Enfield)라는 작은 마을에 걸쳐 있다.

ALS는 일반적으로 10만 명당 2명꼴로 발생하지만, 스토멜은 2008년에 그 마을에서만 9명의 환자가 살고 있다는 사실을 발견했다. 그런 작은 규모의 도시에서 예상할 수 있는 것보다 약 25배나 높은 발병률이다. 그는 이것이 통계적인 문제일 수 있다고 판단했다. 하지만 스토멜은 여름이면 이 호수에 창궐하는 사이아노박테리아가 생각났고, 곧이어 괌(Guam)을 떠올렸다.

서태평양에 있는 이 미국 영토는 1950년대에 차모로족(Chamorros)이라고 알려진 원주민 집단에서 ALS 유사 질병의 발병률이 현저히 높다는 사실이 확인된 후 집중적인 연구가 이어진 곳이다. 원주민들은 예상보다 최대 100배가량 높은 비율로 이 질병에 시달리고 있었다.[16] 과학자들은 이를 연구하면 ALS의 환경적 유발 요인을 발견할 수 있을 것이라 생각하고 재빨리 차모로족의 식단에 집중했다. 그들은 섬의 야자수와 비슷하게 생긴 소철의 자두 크기 씨앗을 으깨서 만든 일종의 토르티야를 주식으로 삼고 있었다.

연구자들은 소철의 씨앗을 분석한 결과, BMAA라는 아미노산이 상당량 함유되어 있다는 사실을 발견했다. 그리고 이 아미노산이 페트리 디시에 배양 중인 신경세포를 파괴할 수 있다는 사실도 실험을 통해 확인했다. 그러나 쥐에게 소철 씨앗에서 추출한 BMAA를 먹여 봤더니 인간이 신경 손상 징후를 보일 정도의 수준에 도달하려면 계산상 수천 킬로그램의 소철 씨앗 토르티야를 섭취해야 한다는 게 밝혀졌다.

1970년대 들어 뇌 질환과 BMAA의 연관성에 대한 가설은 잊혀 갔다. 하지만 BMAA가 괌 원주민의 뇌를 황폐화시키는 다른 경로를 주장한 하버드 대학 출신의 한 민족식물학자 덕분에 2000년대 초반 다시 대중의 관심을 받기 시작했다. 차모로족과 많은 시간을 보낸 그는 그들이 제2차 세계대전 이후 수십 년 동안 과도한 사냥으로 인해 그 수가 급감할 때까지 오랫동안 거대한 '여우박쥐'를 잡아먹었다는 사실을 알아냈다. 이 박쥐는 소철 씨앗을 먹고 사는 것으로 밝혀졌다. 그는 시간이 지남에 따라 BMAA가 씨앗 자체보다 훨씬 더 높은 농도로 박쥐 뇌에 축적된다는 이론을 세웠다. 정기적으로 박쥐의 머리와 몸통 전체를 코코넛 밀크로 요리해 스튜로 만들어 섭취하면 사람의 뇌를 파괴할 만큼—또는 파괴하는 역할을 할 만큼—강력한 BMAA 용량 수준에 도달할 수 있다는 이론이었다.

그는 또한 소철의 뿌리에 BMAA를 풍부하게 함유한 사이아노박테리아가 얽혀 있다는 사실도 발견했다.

유명한 신경학자이자 작가 올리버 색스(Oliver Sacks)와 공동 집필한 그의 논문(《스칸디나비아 신경학회지(Acta Neurologica Scandinavica)》에 게재)은 이러한 독소가 소철 씨앗, 박쥐 그리고 이 식물과 박쥐를 먹은 인간에게 침투할 수 있는 잠재적인 메커니즘에 대해 기술했다. 유해한 박쥐 스튜 한 그릇을 먹는다고 해서 사람이 다음 날이나 또는 이듬해에 ALS에 걸릴 거라는 얘기는 아니다. ALS는 발병하는 데 수십 년이 걸리며, 이는 박쥐 개체 수 감소와 함께 최근 수십 년 동안 괌에서 그 질병의 발생률이 감소한 이유를 설명해준다.

의학계의 많은 사람이 이 이론을 엄청나게 회의적으로 받아들였지만, 해당 논문 발표 후 거의 20년 동안 박쥐 BMAA 가설은 (보편적이지는 않아도) 어느 정도 수용되고 있다.

플로리다주 마이애미 대학의 해양생물학 및 생태학 교수 래리 브랜드(Larry Brand)는 이 개념을 신뢰하는 사람 중 한 명이다. 그는 나에게 이렇게 말했다. "박쥐에 관한 그 논문을 처음 읽었을 때는 그저 괌에서 벌어지고 있는 이상하고 우리와 동떨어진 불행한 사건이라고 생각했었죠." 브랜드는 그 논문을 읽은 후 신경 질환과 기타 질병 관련 연구를 목적으로 기증자 뇌를 관리하기 위해 설립된 국립보건원 생물저장소 6곳 중 하나인 '뇌 은행'을 담당하는 그 대학의 신경과 전문의와 이야기를 나눴다. 그 전문의는 ALS와 알츠하이머병으로 사망한 일부 기증자의 뇌에서 실제로 BMAA를 확인할 수 있었다고 했다.

브랜드가 말했다. "그때 나는 괌의 문제가 단지 박쥐 때문만은 아니라고 생각했습니다." 괌의 BMAA는 결과적으로 소철 뿌리에 붙어 있는 사이아노박테리아에서 유래한 것으로 여겨졌다. 하지만 플로리다주 역시 만성적인 녹조 창궐로 인한 사이아노박테리아가 많다. 그래서 브랜드는 2010년 증식하는 녹조에서 BMAA가 방출되는지 확인하기 위해 플로리다주를 방문했고, 실제로 BMAA가 플로리다주 남부 인근 바다에서 떠다니고 있는 걸 확인했다.

"먹이사슬에서 BMAA의 농도가 높다는 걸 발견했죠." 이어서 브랜드는 자신이 확인한 내용을 설명했다. "BMAA는 새우, 게, 복어 같은 바닥에 서식하는 물고기에 축적되어 있습니다. 일부 새우와 게에서는 괌의 박쥐와 마찬가지로 높은 농도의 BMAA가 확인되었는데, 때로는 그 수치가 2배에 달하기도 했죠."

2020년 마이애미 대학에서 해변에 떠밀려온 죽은 돌고래 여러 마리를 분석한 결과, 이들의 뇌에 ALS로 사망한 마이애미 뇌 은행 기증자의 뇌에서 발견한 것과 비슷한 수준의 BMAA가 존재하는 것으로 밝혀졌다. 이 돌고래들은 실험을 위해 죽인 게 아니라, 해변에서 죽은 채로 수거한 것이었다. 검사한 13마리 중 12마리의 뇌에서 BMAA가 확인되었고, BMAA가 없는 한 마리는 보트 프로펠러 때문에 죽었다.

그렇다면 해산물, 식수, 심지어 바람이나 파도에 의해 BMAA가 공기 중에 섞여 노출될 경우 인간에게는 어떠한 영향을 미칠까? 아무도 플로리다반도나 다른 지역의 사람들이 갑자기 ALS를 앓게 될 거라고 예측하지는 않는다. 하지만 일부 과학자들은 특히 녹조의 증식이 심해짐에 따라 향후 몇 년 또는 수십 년 내에 그 질병의 발병이 급증할 수도 있을 거라는 의심을 갖기 시작했다.

그럼에도 많은 과학자가 스토멜의 뉴잉글랜드 호수 연구를 통계적 문제, 즉 인과관계와 상관관계를 혼동한 교과서적 사례로 간주했다. 스토멜은 녹조가 발생하기 쉬운 호수 근처에 사는 사람들이 죽을 거라고 설득하려는 게 아니라는 점을 분명히 했다. 그러나 그는 이것이 하나 이상의 환경 독소, 유전, 생활 방식, 심지어 단순하게 불운과도 관련된 매우 복잡한 질병 방정식의 요인이 될 수 있다고 말한다.

"녹조가 창궐하는 호숫가에 사는 모든 사람이 ALS에 걸리는 것은 아니며, 괌에서 과일박쥐를 먹는 모든 사람이 ALS에 걸리는 것도 아닙니다." 스토멜이 말했다. "그러나 맞아떨어지는 유전적 소인을 갖고 있다면, 그렇게 될 가능성이 더 높다는 겁니다. 이것은 마치 흡연과 폐암의 상관관계와 같습니다. 담배를 피우는 사람이 모두 폐암에 걸리는 것은 아니거든요."

사이아노박테리아 녹조의 독성에 초점을 맞추고 있는 위스콘신대학 밀워키 캠퍼스의 연구원 토드 밀러(Todd Miller)는 녹조가 ALS 유발 요인일 수 있다는 생각은 "매우 논란의 여지가 있다"는 외교적 발언을 했다.

"나는 그늘이 놀고래와 다른 생물균에서 BMAA를 발견했다는 걸 의심하지 않습니다. 신경 변성 효과를 유발하는 데 얼마나 많은 양의 물질이 필요한지는 여전히 의문스럽지만요."

그러나 사이아노박테리아와 ALS의 연관성에 대한 과학적 근거가 여전히 뜨거운 논란을 일으키고 있음에도 불구하고, 오키초비호로의 지속적인 인 과다 유입으로 인해 건강상의 문제와 함께 독성 녹조가 계속 창궐할 것이라는 데는 의심의 여지가 거의 없다.

스튜어트를 여행하는 동안, 나는 정박지(marina)와 보트 대여 사업을 하는 톰 쿠버(Tom Cubr)를 만났다. 그의 재고 목록에는 10만 달러짜리 레저용 낚시 보트부터 400만 달러짜리 요트까지 없는 게 없었다. 쿠버는 맹렬한 녹조 현상이 자신의 사업을 어렵게 만들어 두렵기도 하지만, 매출 감소보다 더 큰 걱정이 있다고 말했다. 그는 며칠 전에 발생한 목의 통증을 무시하려 애쓰고 있지만, 사무실 밖으로 흐르는 운하에서 나오는 녹조의 증기가 문제일 가능성이 있다는 걸 인정했다. "내가 착각한 거라고 생각했는데, 그게 아니었어요."

쿠버는 2016년에 발생한—지금과 비슷한—사이아노박테리아 창궐이 보트 구매자만 쫓아낸 게 아니라 낚시와 요트 여행지로서 "세계의 돛새치(sailfish) 성지"인 스튜어트의 명성을 위태롭게 만들었다고 말했다. 그에 따르면, 그해에 바람과 파도 그리고 조수가 세인트루시강 하구에서 매끄러운 유독성 막(slicks)을 바다로 밀어내는 몇 주 동안 모든 물고기가 사라진 것처럼 보였다고 한다.

"두 달 후 상괭이와 갈매기가 나타났습니다. 물고기가 돌아왔기 때문이죠. 대자연이 정말 대단한 청소를 해낸 겁니다. 그런데 과연 대자연이 몇 번이나 이렇게 해줄 수 있을까요?"

쿠버는 사무실 창문 밖에서 보트를 청소하는 선착장 일꾼들이 유리 섬유 작업자가 사용하는 것과 동일한 유형의 방독면을 착용하기 시작했다고 말했다. 그들은 또한 보안경과 고무장갑도 착용하고 있었다. 그는 그날 아침 미 육군 공병대가—스튜어트 쪽으로—오염된 오키초비호의 방수량을 늘리기 시작할 것이라는 소식을 들었다면서 고개를 절레절레 저었다.

"나는 나 자신을 환경보호론자라고 생각한 적이 없어요. 하지만 환경보호론자가 아니더라도 이 일이 잘못되었고, 반드시 해결해야 한다는 걸 분명하게 알 수 있습니다." 쿠버가 말했다.

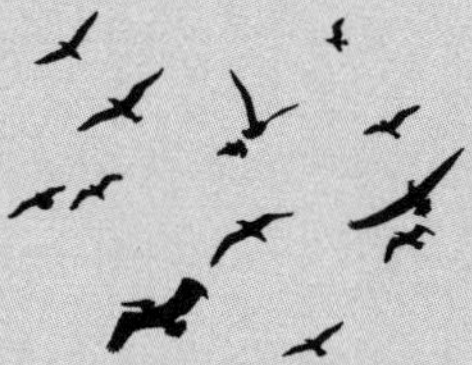

THE DEVIL'S ELEMENT

3부

인의 미래

9

낭비하지 않기

인간이 자연 속 원소의 흐름을 파괴하기 전까지 인 교환은 수십억 년 동안 절묘하게 균형을 유지해왔다. 초기의 인 원자는 굳어버린 지구의 마그마에서 생명의 세계로 흘러나옴으로써 바다에 정착한 최초 단세포 유기체의 구성 요소가 되었다. 그리고 화성암 석판에서 인이 빠져나가면 빠져나갈수록 더 많은 생명체, 더 복잡한 형태의 인이 전 지구적으로 퍼져나갔다. 처음에는 바다에서 이런 사건이 일어났지만, 결국에는 육지에서도 암석이 침식해 모든 생명체에 필요한 귀중한 원소의 흔적을 남기기에 이르렀다.

인 원자는 육지와 바다에 귀속된 모든 생명체를 움직이는 힘을 갖고 있다. 육지에 있는 일부 인은 토양이나 죽은 숙주의 유기체와 함께 강, 호수, 바다로 씻겨내려가 수생(水生) 먹이 그물을 따라 자유롭게 순환했다.

수인성(水因性) 인은 가끔 반대 방향으로도 이동하는데, 조류가 해변으로 밀려올 때 그 속의 인이 육상 식물에 흡수되기도 한다. 또는 해변과 맞닿은 강 하구를 거슬러 오르는 물고기의 대규모 이동을 통해 내륙으로 유입될 수도 있는데, 그곳에서 산란하는 물고기는 모든 종류의 육상 청소 동물과 포식자의 표적이 되기 쉽다.

세상에 방출된 인 원자는 물속이든, 육지든, 또는 그 두 곳을 오가든 생물과 무생물 사이에서 시간을 초월해 존재했다. 이는 고대부터 인간이 직감해온 역학인데, 재는 재로 돌아간다는 《성경》의 개념을 있는 그대로 구현한 것이기도 하다. 또는 조니 미첼(Joni Mitchell)이 〈우드스톡(woodstock)〉에서 노래했듯 우리는 '우주 먼지'다. (실제로 지구의 인 중 일부는 운석에 의해 전해졌다는 증거가 있다.)[1]

일부 인은 생명체에 흡수되어 상대적으로 생명이 없는 심해로 흘러갔지만, 이러한 손실은 풍화암에서 방출된 인의 꾸준한 흐름에 의해 상쇄되었다.

물론 하나의 원자가 해저로 사라지면 다른 원자 하나가 화성암의 풍화로 인해 세상에 나오는 식의 완벽한 평형은 아니었다. 그러나 몇 년 전 미항공우주국(NASA)이 자금을 지원한 연구에서, 인간이 인을 중간에 가로채기 전까지 지구의 자연적 흐름이 얼마나 우아하게 조절되었는지 밝혀졌다. 위성 데이터를 활용해 작업하는 연구자들은 사하라사막에서 솟아올라 대서양을 건너 서쪽으로 표류하며 아마존 정글까지 이동하는 먼지구름 속 인의 양을 분석했다. 제트 기류가 지구에서 가장 건조한 지역 중 한 곳과 가장 푸른 지역 중 한 곳을 이어지게 하는데, 놀랍게도 그토록 푸른 아마존 정글은 인이 부족했다.

NASA는 이렇게 보고했다. "아마존의 토양은 상업용 비료에서 발견되는 것과 동일한 영양소가 부족하다. 대신 영양소들이 식물 자체에 갇혀 있다. 떨어져서 분해된 나뭇잎과 유기물이 대부분의 영양분 형태이며, 이것들은 토양에 섞인 후 식물과 나무에 빠르게 흡수된다. 그러나 인을 포함한 일부 영양분은 빗물에 의해 하천이나 강으로 씻겨나가며, 천천히 새는 욕조처럼 아마존 유역으로 배수된다."[2]

연구진은 먼지구름의 부피를 계산한 다음 대서양을 가로질러 떠다니는 먼지의 함량을 분석함으로써 매년 아프리카에서 아마존에 자연적으로 넘어가는 인의 양을 추정할 수 있었다. 그 양은 대략 2만 2000톤이었다. 그렇다면 침식과 홍수로 인해 아마존에서 빠져나가는 연간 인의 양은 어느 정도일까? NASA의 연구에 따르면, 아프리카에서 넘어온 양과 거의 같다.

이 연구에서는 7년간의 먼지구름 이동만을 조사했다. 매년 이동하는 양은 달랐지만, 인으로 연결된 사막과 정글(아프리카와 남아메리카)의 관계가 과학자들에게 깊은 인상을 남긴 게 분명했다. 이 연구 논문의 주 저자인 메릴랜드 대학의 유홍빈(Yu Hongbin) 교수는 논문 마지막에 "지구는 작은 세상이다. 그리고 우리는 모두 하나로 연결되어 있다"고 결론 내렸다.

지난 200년 동안 인간은 인으로 잘 연결되어 있던 생명의 순환 고리를 끊고, 광산에서 농장과 바다로 곧장 이어지게끔 경로를 바꿔 버렸다. 그 결과 독성 조류로 인한 오염이 점점 더 증가하고 있다.

그러나 우리는 골칫덩어리 인의 일부를 농경 사이클(농업과 관련된 생태계의 순환 과정)로 다시 끌어들이는 조치를 취할 수 있다. 이를 통해 급증하는 녹조 발생을 억제하고, **또한** 지구에 묻혀 있는 인 매장량의 수명을 연장할 수 있다.

채굴, 정제, 운송 과정에서 손실되는 엄청난 양의 인을 생각해보자. 그 양은 최대 50퍼센트에 달하기도 한다.[3] 그리고 버려진 음식의 형태로 낭비되는 인은 물론, 작물이 흡수하기 전에 침식으로 인해 손실되는 인의 양도 생각해보자.

인 공급의 미래에 대한 획기적인 연구를 수행해온 오스트레일리아의 식품 지속 가능성 전문가 데이나 코델(Dana Cordell)은 이렇게 말한다. "우리는 식품 생산을 위해 특별히 사용하는 인산염의 약 80퍼센트를 낭비하고 있다. 광산에서 밭, 그리고 식량을 생산하고 소비하는 우리에게 도달하는 모든 단계에서 손실이 발생한다."[4]

그리고 상당한 양의 인은 **당연히** 옥수수에서부터 그걸 먹는 소, 그리고 육류와 유제품을 섭취하는 우리에게까지 이동하며, 궁극적으로 밭에 뿌리는 거름이나 하수의 형태로 강·호수·바다로 흘러간다.

이것은 전기차 판매가 급증하고 있는 이유만으로도 그 시대가 (적어도 현재 설정되어 있는 대로) 끝날 가능성이 높은 연방 정부의 바이오에탄올 의무 사용 명령이 유발한 피해와 마찬가지로 해결 가능한 문제다. 그러나 가장 강력한 재생 가능한 미래인 전기차 시장이 문제를 해결해줄 때까지 기다려서는 안 된다. 4년 주기로 대통령 후보자들이 선거 운동을 벌일 때마다 아이오와주에서의 지지율이 높아지는 것으로 나타났다.

바이오 연료 관련 로비는 세계에서 가장 영향력 있는 환경보호론자 중 한 명인 앨 고어(Al Gore)를 위협할 만큼 강력한 것으로 입증되었다. 앨 고어는 한때 연방 에탄올 보조금을 적극적으로 장려하기도 했다. 〈불편한 진실(Inconvenient Truth)〉의 작가인 고어는 이렇게 고백했다. "내가 그런 실수를 한 이유 중 하나는 …… 곧 대통령 선거에 출마할 예정이라 아이오와주 농부들에게 어느 정도 호감을 표시해야 했기 때문이다."[5]

확실한 해결책은 아이오와주 경선을 대선 일정에서 뒤로 미루는 것인데, 민주당은 2022년 다른 이유로 이를 고민하기 시작했다.

그리고 만성적인 오염, 무분별한 낭비, 잘못된 정책으로 인해 나타나는 상황은 고통스러울 수도 있지만, 우리는 이전에도 이런 상황을 두 눈으로 본 적이 있다.

●

35밀리 카메라를 들고 버블 캐노피 헬리콥터에 올라타 캐나다의 황야로 날아간 선구적인 생태학자 데이비드 신들러가 인위적으로 인 비료를 과다 투여해 초록색으로 변해버린, 그 외딴 호수의 상징적인 사진을 촬영한 지 반세기가 지났다.

무시무시한 녹색 호수 사진은 인으로 가득한 세제가 20세기 중반 이리호와 대륙 전역의 담수를 황폐화시킨 녹조 창궐의 배후라는 신들러의 최종 결론을 뒷받침하는 데 쓰여왔다. 신들러의 주장은 이보다 더 설득력이 있을 수 없었고, 대중의 판단은 즉각적이었다. 깨끗한 물을 포기하고 더 하얗고 밝은 셔츠와 시트를 선택하기에는 기회 비용이 너무 높았기 때문이다. 1970년대와 1980년대에 세탁 세제의 인 사용은 완전히 중단되거나 대폭 줄어들었고, 10여 년 만에 미국 내 녹조 문제는 크게 감소했다.

오늘날에는 더욱 심각한 인 오염이 나타나고 있지만, 아직 절망적인 상황은 아니다.

신들러가 2021년 80세의 나이로 세상을 떠나기 얼마 전, 그는 나에게 대륙 전역과 세계의 바다에서 새로운 독성 조류가 발생할 것이며, 이번에는 그 범위가 넓고 복잡하기 때문에 해결하기가 쉽지 않을 거라고 경고했다.

신들러는 1970년대에는 사업 방식을 바꿔야 했던 소수의 세계 제조업체만이 있었다고 설명했다. 그런데 오늘날 미국의 인 문제는 48개 주의 토지 약 40퍼센트에서 운영되는 200만 개가량의 농장에서 발생하고 있다.[6] 그는 현재 진행 중인 농업 오염의 위협을 더욱 가중하는 것은—과거 수십 년간 농업 전문가들이 농부에게 많으면 많을수록 좋다고 권장해서 뿌려진 비료로 인해—농장 토양에 '잔존하는' 인 때문이라고 말한다. 이렇게 포화된 토양은 앞으로 수년 동안 과도한 인을 침출할 것이다. 그러나 그는 해결 가능해 보이는 이 문제를 풀기 위해 다시 과학이 앞장서려는 걸 막자는 의미는 아니라고 주장했다.

신들러가 나에게 말했다. "우리가 해야 할 더 나은 대비책은 인의 사용과 유출을 촉진하는 토지 이용에 매우 엄격한 제약을 가하는 것입니다. 하지만 동시에 인내심도 필요하죠." 그는 이렇게 덧붙였다. "변화는 몇 년 안에 일어나지 않을 겁니다. 일을 방해하는 것은 언제나 인내심이죠. 어떤 이유인지 사람들은 50년 동안이나 호수를 망가뜨렸으면서 단지 몇 년 안에 그걸 회복시킬 수 있을 거라고 기대합니다. 하지만 그렇게 빨리 해결될 일은 아닙니다."

제임스 엘저(James Elser)는 몬태나 대학의 생태학자이자 애리조나 주립대학의 '지속 가능한 인 연합(Sustainable Phosphorus Alliance)'의 이사로 재직 중이다. 그의 팀은 인과 밀접한 관련이 있는 다양한 산업 분야(비료 제조업체, 농작물 재배업체, 낙농장 주인, 식품 생산업체, 폐수 처리업체 등) 및 연구자들과 협업해 좀더 지속 가능한 인 시스템의 재설계 방법을 연구하고 있다. 이 주제에 관해 훌륭한 책을 공동 집필한 엘저는 낭비적이고 수질을 오염시키는 방식을 바꿔야 할 필요성이 절실해질 거라고 예측한다.[7]

"2050년까지 90억~100억 명이 식량을 공급받아야 하고, 그렇게 되면 그들은 더 나은 삶을 살 수 있을 것이다. 물론 이는 좋은 일이다. 하지만 이것은 또한 더 많은 육류를 생산해야 한다는 걸 의미하고, 결국 인 시스템에 더 큰 부담을 주는 것과 직결된다. 동시에 우리는 사람들이 물을 마셔야 한다는 사실을 잊지 말아야 하고, 그렇게 할 수 있도록 해야 한다. ……우리는 이 두 가지를 동시에 달성해야 하는데, 결코 쉬운 일은 아니다."[8]

엘저는 20세기에 발생한 인 사태가 오늘날의 문제에 비하면 아무것도 아니라는 신들러의 의견에 동의한다. "우리는 이 인을 여기저기 뿌려댔다. 우리는 이제 선택의 기로에 섰다. 인은 지하수에도 있고, 땅에서 일어나는 먼지로도 날린다. 인은 어디에나 있으며, 그 문제를 해결하는 것은 어렵다. 더불어 식량도 재배해야 하기 때문에 단순히 그냥 중단할 수 있는 문제가 아니다. 그래서 훨씬 더 어렵지만, 우리는 지금 그 문제를 해결하고 있다!"

한 가지 고무적인 사례를 보자. 잔디 관리 제품을 판매하는 대기업 스코츠 미러클그로 컴퍼니(Scotts Miracle-Gro Company)가 10년 전 대부분의 정원용 비료에서 자발적으로 인 성분을 제거하기 전에 이미 약 12개 주에서 인 잔디 비료를 금지하기로 결정했다. 비료를 과도하게 뿌린 잔디밭은 전 세계적으로—**우리의** 특정 호수에서는 아닐 수도 있지만—큰 문제로 여겨지지 않았기 때문에 이러한 조치는 작은 진전에 불과했다. 그러나 이런 움직임은 인과 수질 오염의 연관성에 대한 대중과 비료 산업계의 관심이 커지고 있는 신호라는 점에서 큰 의미가 있다.

이러한 인식은 계속 확대되어야 하며, 그러기 위해서는 사람들이 인 원자가 자연적으로 한 번 사용하고 버려지도록 설계된 것이 아니라는 사실을 깨달아야 한다.

물을 예로 들어보자. 지구상의 물은 현존하는 게 전부다. 물은 한동안 뭔가에 오염될 수도 있고, 영겁의 세월 동안 빙하에 갇혀 있을 수도 있고, 전 지역이 수십 년 동안 가뭄을 겪을 수도 있다. 하지만 지구의 전체적인 물 균형은 절대 변동하지 않는다. 따라서 물이 부족해질 일은 없다. 그렇다고 오염, 가뭄, 물길 전환 프로젝트로 인한 공급 부족이나 기후 변화로 인한 공급 과잉 등을 걱정할 필요가 전혀 없다는 의미는 아니다. 예를 들어, 모든 빙하가 단 몇십 년 만에 녹는다면 해수면이 약 70미터 상승해 지구상의 모든 해안 도시(그리고 다른 많은 도시)가 물에 잠길 수 있다.

인의 순환도 이와 비슷하다. 즉, 지구상의 인 원자는 현존하는 게 전부다. 인은 수십억 년 동안 마치 빙하에서 떨어지는 물방울처럼 모암(母巖)이 침식하면서 생명의 세계로 스며들었다. 이제 우리는 죽은 해양 생물이 해저에 내려앉아 생긴 퇴적암을 채굴해 이러한 물방울들을 분출구로 뿜어내는 방법을 알아냈고, 어떤 경우에도 재앙적 결과를 가져올 만큼 세상을 인으로 가득 채우고 있다. 물과 마찬가지로, 우리는 인 없이 살 수 없지만 또한 너무 많으면 심각한 문제가 발생한다.

"우리는 지난 50년 동안 이러한 퇴적암 속에 수백만 년에 걸쳐 축적된 인을 채취해 세상에 방출했다. ……그리고 그 영향은 끝나지 않았다." 엘저는 계속해서 말했다. "나는 인산염을 생물학적 촉진제라고 부른다. 우리가 인산염을 계속 방출하는 것은 마치 산불에 휘발유를 뿌리는 것과 같다. 삶을 미쳐버리게 만들 뿐이다."[9]

우리가 촉발한 급류를 늦추려면 화학 비료를 채굴하고, 처리하고, 적용하는 방법을 더욱 효율적으로 만드는 것 이상으로 이 원소와의 관계를 변화시킬 필요가 있다.

이는 인간과 동물의 배설물이 쓸모없는 쓰레기라는 우리의 뿌리 깊은 고정관념을 버려야 한다는 걸 의미한다.

●

북한군 장성의 아들이자 군인인 오청성은 2017년 11월 어느 흐린 날 오후, 술을 마시고 운전하다가 DMZ 바로 북쪽의 군 검문소를 지나쳤다. 자신이 저지른 위법 행위의 심각성을 깨달은 24세의 이 청년은 가속 페달을 밟아 인근 남한 국경 방면으로 돌진했다. 그리고 그곳에서 북한군이 총격을 가하는 가운데 타고 있던 지프를 버리고 38선을 향해 달려갔다. 오청성은 많은 총알을 맞은 채 무인 지대에 쓰러졌으나 놀랍게도 과다 출혈로 죽지는 않았다.

오청성을 안전한 곳으로 데려간 남측 군인들은 그를 헬리콥터에 태워 서울로 이송했다. 총격을 받은 오청성의 내장엔 그로 인한 상처 말고도 다른 문제가 있었다. 의사들이 찢어진 창자를 꿰매기 위해 개복했을 때, 거의 30센티미터 길이의 살색 기생충들이 터져 나온 것이다.

미국 언론에서는 그 기생충의 원인으로 의심되는 게 굶주린 북한 주민들이 비료 대신 농지에 뿌리는 인간 배설물이라는 사실을 알고 경악했다. 최근 북한 정부는 기근에 시달리는 2500만 주민의 식량 생산을 확대하기 위해 농작물에 대한 하수 투입을 더 늘리라고 지시해 논란을 일으킨 터였다.

당시 〈뉴스위크〉는 다음과 같은 헤드라인의 기사를 실었다. **김정은이 농민들에게 농작물에 인분을 뿌리게 한 것이 북한에 기생충 전염병을 일으켰을 가능성이 있다.**

김정은 정권이 인민들에게 이루 말할 수 없는 끔찍한 짓을 저질러왔다는 데에는 의심할 여지가 없다. 하지만 농민들에게 인분을 농작물 비료로 쓰라고 지시하는 것은 이상한 일이 아니고, 실제로는 상식이다. 적어도 1800년대 중반, 유럽의 하수 혁명 이전에는 그러했다.

오늘날 선진국에서는 변기의 물을 내리고 나서 그 내용물이 어떻게 되는지 고민하는 사람이 거의 없을 것이다. 하지만 19세기 런던 시민의 마음(또는 콧구멍)은 그들의 분뇨로부터 자유로울 수 없었다. 낡고 규모가 작은 하수 시스템이 템스강으로 흘러드는 도시의 배설물을 제대로 처리하지 못했기 때문이다. 런던 시민의 분뇨 대부분은 지하실과 뒷마당 오물통에 버려져 수작업으로 퍼내야 했다. '분뇨 작업자'로 알려진 야간 노동자들이 삽, 양동이, 수레를 이용해 이 작업을 수행했다. 그들이 야간에 수고스럽게 일을 해준 덕분에 일반 런던 시민은 오물이 새는 수레가 오가는 거리를 다니지 않아도 되었다.

수거한 분뇨 중 일부는 수로에 버렸지만, 종종 퇴비로 만들기 위해 시골로 운반하는 경우가 많았는데, 이는 한때 유럽 전역에서 흔히 볼 수 있는 관행이었다.

그러나 산업 혁명을 거치면서 런던 인구가 급증함에 따라 분뇨 폐기물의 양도 늘어났고, 분뇨 작업자가 농경지로 이동해야 하는 거리도 멀어졌다. 1800년대 중반 들어 런던의 면적은 지구상에서 유래를 찾을 수 없는 규모로 커졌고, 그에 따라 분뇨 폐기물이 안전하게 운반할 수 없을 정도로 빠르게 쌓여 도시의 250만 시민이 콜레라 같은 재앙에 노출되었다.

당시 대부분의 과학자는 모든 역병의 원인이 오염된 공기 때문이라고 생각했다. 하지만 런던의 의사 존 스노(John Snow)는 오염된 물이 그 원인이라 확신했고, 1854년 런던에 콜레라가 창궐하자 자신의 이론을 입증했다. 그는 콜레라 피해자들의 집을 지도에 표시하는 것부터 시작했다. 그런 다음 철저한 추적을 통해 그중 다수가 한 가지 공통점을 공유하고 있다는 걸 확인했다. 바로 런던 소호(Soho) 지역의 브로드 스트리트(Broad Street) 펌프에서 물을 길어다 사용한다는 것이었다.

펌프는 물이 새는 오물통에서 불과 몇십 센티미터 떨어진 곳에 있는 것으로 밝혀졌다. 그리고 엄마가 콜레라에 걸린 아이의 기저귀를 빨고 난 물을 오물통에 버리곤 했는데, 그 물이 식수용 우물에 떨어졌다. 스노는 해당 지역 관리들에게 펌프 손잡이를 제거해 작동하지 않게 하라고 설득했다. 그 결과 기세가 꺾이는 중이긴 했지만, 콜레라는 이내 사라졌다.

오늘날 브로드 스트리트 펌프 연구는 공중 보건 역사상 완전무결한 성공으로 인정받고 있다. 하지만 많은 사람에게는 이 위대한 업적이 와닿지 않는 모양이다. 나는 어느 날 저녁, 그 역사적인 장소를 방문한 적이 있다. 그때 내가 유명한 펌프의 복제품을 살펴보고 있는 동안, 인접한 '존 스노' 펍(pub)의 손님 중 담배꽁초를 던져 맞혀보려는 사람들 외에는 그 펌프에 관심을 보이는 사람이 거의 없었다. 스노의 연구는 런던 시민에게 오염된 물의 위험성에 경각심을 심어줬을지 모르지만, 그것만으로는 정부 지도자들이 도시의 하수 처리 방식에 중대한 변화를 모색하도록 유도하기에 충분하지 않았다.

그 후 1858년 '대악취(Great Stink)'가 런던을 덮쳤다. 그해 여름은 건조하고 무더웠다. 템스 강변에 쌓인 똥 더미에서 고약한 악취가 뿜어져 나와 인근에 있는 웨스트민스터 궁전(Palace of Westminster)은 커튼을 소독제에 담가 냄새를 누그러뜨려야 할 정도였다. 국회의원들은 손수건으로 코를 막고 웨스트민스터 궁전의 홀을 오갔다.

이 역한 공기는 어떤 역학 연구에도 전례가 없는 수준으로 정치인들의 관심을 집중시켰다. 그들은 런던의 분뇨에 대해 전쟁을 선포했고, 그물망 같은 작은 파이프가 기차 터널 크기의 하수 본관 시스템에 모이도록 했다. 도시의 오물을 강물의 흐름과 조석의 간만을 활용해 바다로 내보낼 수 있도록 한 것이다.

이로써 도시 공기와 식수의 질이 즉각적으로 개선되었고, 얼마 지나지 않아 유럽과 북미 전역의 도시들이 런던의 뒤를 따랐다.

이런 방식으로 서구 세계의 도시 폐기물을 처리하면서부터 19세기 도시 생활을 괴롭혔던 질병과 부패물이 줄어들었다. 하지만 일부 예상치 못한 막대한 비용이 발생했다. 하수 시스템을 구축하고 운영하는 데는 물론 많은 비용이 들었다. 그리고 인이 풍부한 분뇨를 모두 강과 호수로 내보내자 유럽과 북미 전역의 공공 수로에서 유해한 녹조가 창궐하기 시작했다.

더 심각한 점은 이런 방식으로 사람의 분뇨를 수로로 보내는 게 인의 순환을 영구적으로 깨뜨려 서구 세계를 화학 비료 중독의 길로 이끄는 데 일조했다는 것이다.

런던 하수 시스템의 단점을 가장 먼저 인식한 사람 중 한 명은 비료의 선구자 유스투스 폰 리비히였다. 그는 세계 최대 도시에서 발생하는 폐기물을 이런 방식으로 처리하는 것은 엄청난 경제적·농업적 과오라고 생각했고, 필연적으로 영국의 영양 파괴로 이어질 거라고 판단했다. 리비히는 영국이 전 세계에서 아무리 많은 무덤과 분뇨 더미, 암석 퇴적물을 긁어모으더라도 언젠가는 결국 모두 끝장이 날 것이라고 주장했다.

리비히는 1859년 런던이 하수구 건설에 착수할 때 〈타임스〉에 이렇게 썼다. "지금의 농부들은 수입해 들여오는 비료가 무한할 것이라고 믿는다. 그들은 도시 하수구에서 그 비료 성분을 수집하는 것보다 구아노와 뼈를 수입해 사용하는 것이 훨씬 더 간단하다고 생각한다. 만약 구아노와 뼈가 부족해진다면, 결국에는 하수에서 대안을 찾으려 할 것이다."[10] 비료 수출국도 자체 공급량이 부족해져 결국 수출을 중단할 수밖에 없기 때문에 농부들의 그런 선택을 리비히는 "위험하고 치명적인" 전략이라고 불렀다.

그러나 리비히는 런던의 하수를 대규모로 활용하는 것이 두 가지 시급한 문제를 해결할 수 있다고 주장했다.

리비히는 그의 생각을 이렇게 적었다. "나는 그 방법을 막고 있는 어려움에 대해 모르지 않는다. 실로 너무나 큰 어려움인 것은 분명하다. 그러나 엔지니어들이 두 가지 목적, 즉 하수구의 내용물을 제거하고 농업에 필요한 귀중한 요소를 회수하는 것과 관련해 과학자들과 협의한다면 좋은 결과가 나올 것이라는 걸 의심하지 않는다." 그리고 만약 런던 사람들이 이 문제를 해결할 수 없다면, 과연 유럽의 그 어떤 도시가 이를 달성할 수 있을지 의문이라고 덧붙였다.

19세기의 저널리스트 헨리 메이휴(Henry Mayhew)는 인간이 생성한 영양분의 유출을 더욱 엄밀한 경제적 관점에서 보았으며, 영국 농부들이 1850년대까지 외국 비료를 수입하기 위해 연간 약 200만 파운드를 지출했다고 보도했다. 동시에 런던은 매년 비료 성분이 풍부한 약 4000만 톤의 하수를 템스강에 버렸다. 그의 계산에 따르면, 이는 해마다 약 1억 1400만 킬로그램의 빵을 버리는 것과 같았다.

메이휴는 이렇게 썼다. "밭에 뿌리면 수천 명을 살릴 수 있는 것을 강에 버림으로써 생명과 건강의 요소를 질병과 죽음의 세균으로 전환시키는 꼴이다."[11]

비슷한 시기에 영국해협 건너편 학계에서도 비슷한 보존 윤리가 번져나갔다. 1862년 빅토르 위고(Victor Hugo)는 유럽 도시들이 자국에서 생성되는 비료를 내다 버리면서도 지리적으로 가장 먼 곳까지 가서 석화된 동물 똥을 긁어대는 게 얼마나 어처구니없는 일인지 깨달았다.

위고는 《레미제라블》에서 이렇게 썼다. "세상이 낭비하는 인간과 동물의 모든 배설물을 바다에 버리지 않고 땅에 다시 투입한다면 세계를 먹여 살리기에 충분할 것이다. ……도시 외곽에 쌓인 배설물 더미, 밤에 거리를 거칠게 오가는 오물 수레, 도시의 쓰레기장에 있는 무시무시한 통, 포장된 도로 아래에서 악취를 풍기는 지하 슬러지 …… 이것들이 무엇인지 아는가? 그것은 꽃이 핀 초원, 푸른 풀밭이다. ……백리향과 세이지다. 그것은 사냥감이자 소 떼다. …… 그것은 향기로운 건초이고, 황금빛 밀이며, 당신 식탁 위의 빵이다. 그것은 혈관 속 따뜻한 피이고, 건강이고, 기쁨이고, 생명이다."[12]

이것은 19세기 중반 유럽인이 받아들이기에는 급진적 개념이었을지 모르지만, 아시아에서는 오늘날까지도 어느 정도는 삶의 현실이었다.

●

1800년대 후반 아시아 대도시를 방문한 서양의 농업 및 보건 전문가들은 인분을 비료로 사용하는 '구식' 관행의 장점을 목격하고 깜짝 놀랐다. 1899년 상하이 영국 보건 담당관은 이렇게 기록했다. "초문명화한 서양인이 쓰레기 소각장을 만드는 데 공을 들이느라 재정적 손실을 입고 하수를 돌려 바다로 향하게 하는 반면, 중국인은 두 가지 모두를 거름으로 사용한다. 그들은 농업의 신성한 의무를 최우선으로 생각하면서, 그 어느 것도 낭비하지 않는다."[13]

사람 분뇨를 퇴비화해서 농경지에 뿌리는 정교한 네트워크를 구축한 중국인들의 방식은 리비히가 주장한 모든 것을 입증한 셈이었다. 그들은 다른 나라에 매장되어 있는 인을 약탈할 필요가 없었다. 하수 시스템에 돈을 쏟아부을 필요도 없었다. 그리고 하수가 물 공급원을 오염시킬까 봐 걱정할 필요도 없었다.

그 보건 관계자는 하수 처리를 전혀 하지 않고 폐기물을 수로에 직접 버리는 19세기 유럽식 하수 시스템을 인구 밀도가 높은 동양에 적용했다면 "위생적 자살"을 초래했을 거라고 보고했다. 그는 이어서 다음과 같이 썼다. "그리고 실제로 최근의 박테리아 연구에 따르면, 분뇨와 가정 쓰레기는 자연 정화가 이루어지는 깨끗한 토양으로 돌려보낼 때 가장 잘 파괴되는 것으로 나타났다."[14]

아시아 주요 도시에서는 파이프가 아닌 바퀴에 의존하는 정교한 폐쇄형 순환식 폐기물 처리 과정을 통해 사람 분뇨의 재활용을 개선했다. 농부는 그들이 재배한 곡물과 채소·가축을 도시인에게 팔기 위해 수레에 싣고 왔다가 그곳에서 발생한 폐기물을 수레에 싣고 다시 농경지로 돌아갔다. 그들은 이 폐기물을 사용해 더 많은 곡물과 채소·가축을 생산한 다음, 다시 도시로 실어 날랐다. 이런 방식이 무려 **몇천 년 동안**이나 이어졌다.

1909년 인광석 채굴로 인해 작은 바나바섬이 황폐화하기 시작했을 때, 미국의 선구적인 토양과학자 프랭클린 킹(Franklin King)은 중국·한국·일본이 미국보다 인당 농경지가 훨씬 적은데도 어떻게 더 많은 인구를 먹여 살리고 계속 농업적으로 번영했는지 배우기 위해 9개월 동안 그 세 국가를 여행했다.

그는 미국인이 새로 정착한 대륙에서 농사를 짓기 시작하고 불과 수십 년 만에 토양 비옥도 문제에 직면한 반면, 아시아인은 수 세기 동안 같은 땅에서 농사를 지으면서도 미국의 화학적으로 강화된 농경지보다 생산성이 최대 4배나 높은 토양 상태를 유지할 수 있었다고 보고했다.

킹은 자신의 주요 저서 《4000년, 또는 영구적인 농사를 짓는 중국과 한국, 일본의 농부들(Farmers of Forty Centuries; Or, Permanent Agriculture in China, Korea and Japan)》에서 이렇게 썼다. "오래된 우리 농지의 비옥도가 고갈되고 그중 비교적 소수만을 한 세기 동안 사용했다는 것, 그리고 수확량을 확보하기 위해 매년 엄청난 양의 광물질 비료를 뿌려댔다는 걸 생각할 때, 몽골 인종이 수 세기 동안 유지해온 관행을 심오하게 고려해야 할 때가 왔다는 것이 분명해졌다."[15]

분뇨를 지하에 묻은 파이프로 사라지게 한다는 개념은 공중 보건과 편의의 측면에서 서양인에게 매력적이었다. 그러나 유럽이 유해 폐기물로 간주하던 것을 동양 전역의 도시에서는 고대부터 귀중한 상품으로 여겼다. 그건 추상적 의미가 아니었다. 킹은 1908년 상하이의 단 한 구역에서 1년 동안 분뇨를 수집할 수 있는 권리가 현재 가치로 약 100만 달러에 상당하는 금으로 거래되었다고 보고했다.[16]

긴 여행 기간 동안, 킹 일행은 멍에를 멘 소가 회전목마 같은 바퀴를 돌리며 우물 펌프에 동력을 공급해 물을 대고 있는 논에 들렀다. 그런데 한 소년이 1.8미터 길이의 대나무 장대에 부착한 나무 국자를 들고 소똥을 받기 위해 이리저리 소를 따라다니고 있었다. 킹은 그걸 보고 마음이 불편했다. 소년은 능숙하게 양동이에 비료 성분이 풍부한 소똥을 채우고 있었다.

킹은 이렇게 적었다. "아이한테 그런 일을 시킨다는 것에 분노가 치솟았다. 돈을 벌기 위해 그렇게까지 해야 하나 싶은 생각이 들었다. 그러나 소년의 얼굴에는 불쾌한 기색이 전혀 없었다. 아이는 그 의무를 당연하게 수행했고, 우리가 생각하기에도 그러지 않을 이유가 없었다. 사실 그 애는 유일하게 올바른 과정을 수행하고 있었다. 소똥을 받지 않았다면 상황은 더욱 악화했을 것이다. 그 덕분에 쌀 생산량을 더 늘릴 수 있었으니 말이다. 아이에게는 어른이 되어서도 이어지는 절약과 국가의 지속적인 삶하고 직결된 단단한 자질의 성격이 형성될 터였다."[17]

킹은 일본의 퇴비 창고를 둘러보며 분뇨가 5~7주에 걸쳐 박테리아로 가득한 도시 및 농업 폐기물에서 어떻게 자연적으로 비료로 바뀌는지 그 과정을 확인했다. 그는 일본 농부가 폐기물의 흐름을 활용해 매년 그들이 섭취한 만큼의 인 및 질소와 포타슘을 땅으로 되돌리고 있다는 걸 보여주는 토양 분석 결과를 인용했다.

킹은 다음과 같이 결론 내렸다. "그들은 이 세 가지 식물 영양 성분을 농작물 수확과 함께 제거되는 양만큼 오랜 세월 동안 농지에 투입해왔다. 그렇기 때문에 미국의 농업 관행에 우리가 궁극적으로 이런 방식을 선택하지 않을 이유가 전혀 없다."[18]

물론 지금은 서구식 하수 시스템을 아시아 도시 전역에서 흔히 볼 수 있다. 하지만 토양 생산성을 유지하기 위해 수천 년에 걸쳐 주

입된 윤리는 쉽게 사라지지 않았다. 2014년의 조사에 따르면, 중국 5개 성(省)의 농촌 가정 중 85퍼센트가 하수를 포함한 가정 폐기물을 계속해서 농작물의 비료로 사용하고 있는 것으로 나타났다.[19]

그러나 오늘날 미생물로 가득한 사람 분뇨의 위험성에 대해 알고 있는 상태에서 우리의 식량 생산에 그걸 비료로 사용하는 게 과연 괜찮을까? 나는 위스콘신 대학의 〔프랭클린 킹의 이름을 딴 킹 홀(King Hall)에 사무실이 있는〕 토양과학 교수 필립 바락(Phillip Barak)에게 이에 대해 물었다. 바락은 내 질문에 "중식당에서 마지막으로 생채소를 먹은 게 언제죠?"라고 반문했다. 그러곤 1980년대 중반에 대학원생 신분으로 중국에 농업 여행을 갔던 이야기를 들려주었다. 그는 여행 도중 사람의 분뇨로 만든 비료를 사용해 무를 재배하는 들판을 찾았다. 당시 바락과 함께 현장 학습에 참여한 한 독일 교수에게는 모든 것이 매력적으로 느껴졌다. 그 교수는 루비 튜스데이(Ruby Tuesday: 미국의 캐쥬얼풍 레스토랑—옮긴이)의 샐러드 바에서 올리브를 몰래 숨겨 나가는 출장 온 사업가처럼 밭에서 무 하나를 서리해 베어 물었다.

바락이 내게 말했다. "우리의 중국 호스트들이 그 모습을 보고는 모두 역겨운 표정을 지었죠." 그러곤 그들이 무를 재배하기 전에 밭에다 뭘 뿌리는지 알고 있기 때문이라고 설명했다. 사람 분뇨를 적절하게 퇴비화하더라도 미생물이 남아 있을 수 있으며, 이것이 바로 전통 중국 요리에 사용하는 채소를 익혀서 제공하는 이유라고 바락은 말했다. "그들의 위생을 위한 것이죠."

바락은 사람 분뇨 기반 비료의 역사와 지역 하수 처리장에서 더 많은 비료를 회수하는 프로젝트에 대한 자신의 작업을 소개할 수 있어 기쁘지만, 오늘날 인류를 지탱하는 농업이나 화학 비료 산업을 폄하할 의도는 없다고 했다.

"농업은 비료 산업 덕분에 증가하는 인구를 따라갈 수 있는 것이니까요." 그리고 다음과 같이 말을 이었다. "우리는 이것이 문제를 일으켰고, 그렇기 때문에 지구상에 70억 명의 인구는 너무 많다고 말합니다. 그렇다면 누가 살고, 누가 죽어야 하죠?"

그러나 바락은 인류가 채굴한 인을 사용하는 것에는 한계가 있음을 인정했다. "전체적인 농업 시스템은 '필요한 것을 사용하면 더 많이 만들 수 있다'라는 개념에 근거하고 있습니다." 그는 이러한 개념으로 인해 장기적으로 지속 가능한 식량 시스템이 불가능하고, 미래 세대를 위해 무엇을 물려줄 수 있을지 우려를 표했다.

광업 관계자들은 인 매장량이 적어도 350년은 더 지속될 수 있을 만큼 충분하다고 주장한다. 반면, 일부 전문가들은 위험할 정도로 불안정한 지역적 인 부족 현상이 수십 년 안에 닥칠 수 있다고 주장한다. 그러나 350년의 장밋빛 미래조차 인류에게 많은 시간을 벌어주는 것은 아니다. 공교롭게도 350년은 1669년 헤니히 브란트가 함부르크의 실험실에서 인을 발견한 날부터 지금까지의 시간과 거의 똑같다.

지구상의 일부 지역에서 식량 생산에 문제가 있을 정도로 인 매장량이 부족해질 때까지 정확히 몇 년이 걸릴지는 차치하고, 우리가 미래 세대를 위한 대책은 없이 그들을 당황하게 하는 방식으로 인을 날려버리고 있다는 데에는 의심의 여지가 없다.

바락은 이렇게 물었다. "이 모든 자원을 낭비하고 그들이 쓸 양을 빼앗는 우리에 대해 과연 우리 아이들은 어떻게 생각할까요?"

그 질문을 듣자 이전 세대는 현대 농업에 대해 어떤 생각을 갖고 있을지 궁금했다.

그리고 문득 나무 국자를 들고 소를 따라다니던 어린 중국 소년이 수천 마리의 소와 분뇨 처리용 인공 못을 갖춘 오늘날의 미국 낙농장에 대해 어떻게 생각할지도 궁금했다.

아마도 소년은 그 모습에서 돈 냄새를 맡았을 것이다.

●

오늘날의 도축장은 산업 규모에서 절약이 이루어지는 놀라운 대표적 사례다. 소를 도축하고 나면 고기로 사용하는 부위를 제외한 나머지 대부분은 다른 방식으로 시장에 판매된다. 가죽은 카시트와 지갑, 신발, 소파를 만드는 데 쓰인다. 지방은 비누와 보디 크림, 립스틱, 지약으로 가공된다. 내장은 인슐린, 스테로이드, 혈액 희석제 같은 의약품을 만드는 데 쓰인다. 뼈를 고아서 추출한 젤라틴은 마시멜로의 원료가 된다.

하지만 소가 살아 있는 동안 배출하는 '폐기물'은 이야기가 다르다. 영양이 풍부한 소의 분뇨도 마찬가지로 적합하게 활용할 수 있다. 그러나 우리는 아직까지도 계속해서 가장 중세적인 방식으로 동물의 분뇨를 대한다. 그저 그것을 액화해서 탁 트인 들판에 갈색 안개로 분무한다. 그 땅에 영양분 주입이 필요한지 여부와 상관없이 말이다.

이리호를 포함해 미국과 캐나다의 수자원 문제를 감독하는 국제

공동위원회(International Joint Commission) 의장은 "언젠가 사람들은 이 모든 분뇨가 폐기물이 아니라는 사실을 깨닫게 될 것이다. 이것은 자원이다"라고 말한 적이 있다.

우리는 지금 바로 그 시점까지 왔다.[20]

농경이 점점 더 산업적 규모로 커지고, 소 떼가 수천 마리로 늘어나고, 농장의 공장식 경영이 이뤄지면서 이제는 웬만한 도시만큼의 고형 분뇨 폐기물이 발생하고 있다. 이를 고려한 논리적 다음 단계는 의회가 청정수법의 농업 분야 면제를 재검토하고 대규모 농장주가 산업 오염원에 책임을 지도록 하는 것이다.

그러나 자본이 연방 법률보다 더 빠르게 변화를 주도하기도 한다.

2022년 봄, 〈밀워키 저널 센티널(Milwaukee Journal Sentinel)〉은 미국 낙농장 중심부에서 2만 5000마리의 소를 공동 관리하는 12개 농장이 6000만 달러 규모의 '침지기'를 통해 분뇨를 모을 준비를 시작했다고 보도했다. 이 침지기는 박테리아를 이용해 젖소 분뇨의 탄소를 메테인으로 전환한다. 그렇게 생성된 천연가스는 주간(州間) 가스 공급망을 통해 전국 어디로든 연료를 보낼 수 있다.

이 사업은 정유 회사의 저탄소 연료원을 지원하기 위해 세액 공제를 제공하고 분뇨에서 추출한 메테인에 일정한 자격을 부여하는 캘리포니아주의 정책에 따라 운영되고 있다. 심지어 멀리 떨어져 있는 위스콘신주의 분뇨도 사용한다. 〈밀워키 저널 센티널〉은 캘리포니아주의 정책이 분뇨 붐을 일으킬 가능성이 있다고 보도했다. 젖소 3500마리를 운영하면 연간 최대 35만 달러를 벌 수 있으며, 낙농장 경영자가 자신의 분뇨 침지기에 직접 투자하면 더 많은 수익을 올릴 수 있다.

〈밀워키 저널 센티널〉은 관련 업계 컨설턴트의 말을 인용해 "그 시점에 우유는 그저 거름 생산의 부산물이 되었다"고 보도했다.

완전히 잘못된 말은 아니다. 우유 생산의 마진율이 매우 적거나 아예 없는 경우도 있어 2020년에는 농부들이 자신의 밭에 우유를 버릴 정도였다. 수요가 급감했기 때문이다. 하지만 계속해서 분뇨를 생성하는 젖소들이 시장 상황이 나쁘다고 해서 우유 생산을 멈추는 것은 아니다.

우유 공급 과잉은 새롭게 대두한 문제가 아니다. 연방 정부는 수십 년 동안 과잉 공급량을 구입한 후 낮은 등급의 치즈로 만들어 비축해두었다가 가난한 사람들에게 나누어주었다. 정부는 이제 더 이상 예전처럼 무료 치즈를 비축하거나 나눠주지 않는다. 그러나 연방 보조금으로 인해 우유 공급이 수요를 초과하는 경우가 많은데, 최근 몇 년 동안은 공급이 최고조에 달했다. 2018년에만 약 6억 3500만 킬로그램에 달하는 치즈를 전국의 냉장 창고에 보관했다.

따라서 수십 년 동안 식품 물가가 상승했음에도 우유 가격이 종종 반대로 움직인 것은 놀라운 일이 아니다. 지난 반세기에 걸쳐 증가한 생산량과 감소한 1인당 소비량 외에도 우유가 오늘날 상대적으로 저렴한 이유 중 하나는 농부들이 실질적인 생산 비용을 지불하고 있지 않기 때문이다.

해변이 폐쇄되고 식수 공급을 위협받는 형태로 소비자들이 비용을 지불하고 있는데 말이다.

명망 높은 스톡홀름 워터 프라이즈(Stockholm Water Prize) 수상자이자 위스콘신 대학 매디슨 캠퍼스 육수학 센터의 명예교수 스티브 카펜터(Steve Carpenter)는 "우리는 단지 모든 분뇨를 강과 호수에 버리는 것만으로 비용을 절감하려 한다"고 말한다.[21]

급성장하는 분뇨 붐은 주로 메테인을 얻기 위해 이뤄지지만, 도축한 소에서 많은 걸 얻어내는 것처럼 분뇨에서도 메테인 말고 채굴할 것은 많다. 다음 단계는 분뇨에서 영양분, 특히 인과 질소를 추출 및 농축해 사용 가능한 형태로 만드는 것이다. 이런 방법은 오늘날 커다란 트럭으로 분뇨를 실어 나르며 밭에 뿌리는 시스템보다 더 경제적이고 효과적이기 때문에 농장주들이 기꺼이 받아들일 것이다.

분뇨를 잘 관리하는 것은 수질 보호와 미래 세대를 위해 인 광석 매장량을 보존하는 측면에서 엄청난 잠재적 이점이 있다.

'지속 가능한 인 연합'의 이사로 일하는 엘저는 이렇게 말한다. "모든 분뇨를 재활용해 〔농업〕 생산을 위해 사용한다면 채굴된 비료의 절반을 대체할 수 있다고 생각한다." 즉, 우리가 비료용 분뇨를 적극적으로 정제하면 오늘날의 인 사용 수준에 비추어볼 때 기존 인 매장량의 수명을 기본적으로 2배 늘릴 수 있다.

또한 우리는 육류 생산량에 의문을 가질 필요도 있다. 미국에서 생산하는 돼지고기의 약 3분의 1과[22] 가금류의 약 5분의 1이[23] 수출되고 있다. 정말로 우리는 해외에 고기를 값싸게 제공하기 위해, 아니면 누군가가 필요로 하는 것보다 많은 우유를 생산하고 누군가가 먹고 싶어 하는 것보다 많은 치즈를 생산하기 위해 우리의 물을 유독성 물질로 오염시켜야 하는가?

그뿐만이 아니다. 사람의 분뇨에 들어 있는 영양분을 재생하면

인 순환 회복의 기회가 있다. 전 세계적으로 매년 약 300만 톤의 인이 소변과 대변의 형태로 사람의 몸에서 배설되지만, 그중 비료로 활용하는 양은 상대적으로 적다.

●

2017년 미시간 대학 연구진은 토목환경공학과 2층 여자 화장실에서 노란색 세리머니 테이프를 커팅하며 그 안에 설치한 이상하고 작은 장치를 공개했다. 그건 배수구가 2개 달린 변기였다.

변기의 뒤쪽 배수구는 사용자의 대변을 모아 이리호로 향하는 휴런강(Huron River) 유역에 있는 지역 폐수 처리장 하수관으로 흘러가도록 설계되었다.

변기의 앞쪽 배수구는 소변이 건물 지하에 있는 '소변 처리실' 탱크로 직접 흘러 들어가도록 했다. 이곳의 냉동 시스템은 모인 소변을 얼리고 목표로 삼은 영양분은 농축시킨다. 남자 화장실에는 이미 소변기가 설치되어 있기 때문에 배관을 통해 지하 탱크로 직접 소변을 보낸다.

이 변기는 미국 국립과학재단(National Science Foundation)의 자금을 지원받아 진행되는 300만 달러 규모의 소변 비료 연구 프로젝트의 일부로, 배설물에서 인·질소·포타슘을 추출해 안전한 비료로 만드는 기술을 개발하고, 어렵겠지만 이러한 아이디어를 대중에게 홍보하는 것이 목표다.

실험을 시작하고 한 달 후, 연구자들은 노력의 결과로 적당한 양의 농축된 영양소를 얻을 수 있었다. 우리가 배설하는 대부분의 인이 소변에 존재한다는 점과 변기의 물을 내려 소변 0.5리터를 흘려보내는 데 최대 26리터에 달하는 깨끗한 물이 쓰인다는 점을 고려하면, 이러한 소변 회수 과정을 확대했을 때의 잠재적 이점은 엄청나다.

미시간 대학 토목환경공학과 부교수이자 연구 프로젝트의 리더 중 한 명인 크리스타 위긴톤(Krista Wigginton)은 이렇게 말한다. "현재의 농업 시스템은 지속 가능하지 않다. 우리는 폐수의 영양분 처리 방식을 훨씬 더 효율적으로 할 수 있다."[24]

핵심은 이를 산업과 결합하는 것인데, 미시간 대학의 연구원들이 버몬트주 브래틀보로(Brattleboro)에서 이러한 일을 시도하고 있다. 그들은 이곳에서 자원(自願)한 마을 사람들로부터 많은 소변을 채취해 당근, 상추, 밀을 시험 재배하고 있다.

버몬트 현장 연구의 초점 중 하나는 여과, 가열, 퇴비화 및 증발을 포함한 여러 소변 처리 방법을 실험해 농부와 고객에게 안전한 액체 폐기물을 만드는 것이다. 소변 단지는 병원균 측면에서 대변 자루보다 훨씬 안전하지만, 여전히 박테리아와 바이러스가 존재할 수 있으므로 일종의 소독 처리가 필요하다. 대부분은 시간이 지나면 자연적으로 중화되지만, 더 큰 문제는 오늘날 흔하게 사용하는 의약품 성분이 소변에 잔류한다는 것이다.

"소변이 모든 종류의 작물을 재배하는 데 안전한 비료가 될 수 있다는 데에는 의심의 여지가 없다." 미시간 대학의 연구진과 함께하는 버몬트주의 농업 연구소 '리치 어스 인스티튜트(Rich Earth Institute)' 공동 창립자 에이브러햄 노헤이스(Abraham Noe-Hays)는 이렇게 말하며 의문을 제기한다. "우리가 답을 얻고자 하는 질문은 다음과 같다.

다양한 의약품을 복용하는 전체 인구의 소변이 농업에서 제한 없이 사용하기에 과연 안전한가?"[25]

이에 버금가는 어려운 질문이 또 있다. 과연 소비자들은 소변으로 키운 당근을 구매할까?[26]

브래틀보로 하수 처리 시설의 최고 운영자 브루스 로런스(Bruce Lawrence)는 말한다. "나는 그들이 고귀한 노력을 기울였다고 생각한다. 대중의 인정을 받기 위해 앞으로 해결해야 할 일도 많을 것이다. 일반적인, 말하자면 '정상적인' 대중이라면 이렇게 말할 것이다. '저 당근을 비료용 오줌으로 키웠다고? 그렇다면 절대 안 돼.' 이게 바로 우리가 극복해야 할 부분이라고 생각한다."

대학 연구팀의 지원금 일부는 이를 위한 홍보 캠페인을 개발하는 데 쓰였다. 이 홍보 영상에는 '소변 사이클'을 지지하는 유리 네이션(Uri Nation: '소변을 보다'라는 뜻의 urinate를 따서 지은 이름—옮긴이)이라는 이름의 소변 방울이 등장한다.[27]

유리는 홍얼거리는 오스트레일리아 억양으로 이렇게 말한다. "당신은 아마도 나를 폐기물이라고 생각할 테지. 하지만 당신은 나에 대해 단단히 잘못 알고 있는 거야. 나는 액체로 된 금이야!"

그러면서 영상 속 오줌 방울 유리는 말한다. "평균적인 성인의 하루치 소변에는 빵 한 덩어리를 만들기에 충분할 만큼의 밀을 비옥하게 할 수 있는 충분한 영양분이 들어 있어!" 거의 200년 전 빅토르 위고가 했던 주장을 떠올리게 하는 말이다. 그리고 유리는 뽐내듯 말을 잇는다. "낭비하기엔 아깝지!"

미시간 대학의 연구원들은 에너지 소비, 담수 사용, 온실가스 배출 및 녹조 발생 측면에서 하수 처리장의 소변을 비료로 전환하는 데 드는 비용을 계산하기 위한 모델을 만들었다. 그 결과 기본적으로 아시아 농부들이 수 세기 동안 알고 있던 사실, 즉 사람 분뇨를 재사용하는 것이 자연에 배관을 설치해 식수 공급과 해수욕장·어장을 위태롭게 하는 것보다 환경적으로 더 의미 있음을 확인했다.[28]

이런 방식의 소변 재활용은 아직 광범위한 하수 처리 시스템이 확립되지 않은 세계의 저개발 지역에 특히 유용할 수 있다. 그러나 수백만 개의 일반적인 변기와 하수관을 갖춘 거대한 현대 도시에서는 상황이 더욱 복잡해진다. 대변과 소변을 각기 다른 쪽으로 배출하도록 하수관을 근본적으로 교체해야 하기 때문이다. 연구원들은 이런 어려움을 인정하지만, 도시가 이미 설계 수명을 훨씬 초과한 하수 시설을 재구축하면 폐기물을 분리할 기회가 찾아올 것이라고 말한다.

●

소변보다 훨씬 더 많은 병원균을 함유하고 있는 **고형** 폐기물의 흐름, 즉 대변을 활용하는 것은 더욱 어려운 과제다. 사람의 대변으로 비료를 줘서 키운 채소를 먹고 기생충에 감염된 북한군, 중국을 방문한 독일 토양학자가 사람의 대변으로 만든 퇴비를 뿌린 밭의 무를 뽑아 먹을 때 역겨운 표정을 지은 중국인 가이드를 생각해보라.

하지만 사람 분뇨의 영양분을 원소 형태까지 정제하는 기술은 이미 존재한다.

예를 들어, 시카고의 한 하수 처리장은 몇 년 전 영양분 회수 시스템을 설치했는데, 이로써 배출되는 물의 인 함량을 약 30퍼센트 줄일 수 있을 것으로 예상했다.[29] 이 시스템은 포획한 인을 작지만 소중한 상업용 비료 알갱이로 전환한다. 만약 이런 시스템이 없다면 인은 멕시코만을 괴롭히는 데드 존으로 그대로 흘러 들어가 창궐하는 조류의 양분이 될 것이다.

일부 환경보호론자는 시카고의 이 새로운 시스템이나 유사한 다른 시스템을 큰 진전이라고 말한다. 그러나 전 세계 하수 처리장으로 유입되는 **모든** 인을 포획해 현대적인 비료 공장에서 생산하는 수준으로 안전하고 오염 물질 없는 식물의 먹이로 전환하려면 진정한 혁명이 필요하다.

그러한 혁명은 이미 인의 역사가 시작된 함부르크에서 일어나고 있다.

연금술사 헤니히 브란트가 1669년 사람의 소변 통에서 최조의 인 덩어리를 만들어낸 마을로부터 불과 3킬로미터 떨어진 곳에서 현대의 마법사가 다시 인간 폐기물의 흐름에서 부(富)를 걸러내려 시도하고 있다.

브란트가 자연계의 신비를 탐구한 것은 금에 대한 갈망과 미신에서 비롯되었다. 마르틴 레베크(Martin Lebek)는 생물학적 하수 처리에 중점을 두고 있으며, 그가 토목공학 박사 학위를 받은 독일 하노버 대학에서 수년간의 기술 연구를 통해 연마한 합리적 사고방식으로 브란트가 했던 것과 동일한 작업을 수행하고 있다.

2019년 말 나는 독일 북부의 200만 개 넘는 수세식 변기의 물을 처리하는 함부르크 하수 처리장에서 레베크를 만났다. 이 시설에는 약 180미터 높이로 우뚝 솟은 2개의 풍차가 세워져 있는데, 함부르크의 스카이라인에 산업적 우아함을 더해주는 모델과도 같다. 풍차의 회전 날개는 공장의 하수 슬러지에서 방출되는 메테인을 에너지로 변환하는 30미터 높이의 양파 모양 폐기물 소화 탱크 10개와 함께 하수 처리장에 필요한 충분한 전기를 만들어낸다.[30]

레베크는 함부르크의 하수 처리와 관련해 더 큰 야망을 갖고 있다. 메테인을 제거한 하수 슬러지는 과거 두 가지 방법 중 하나로 처리했는데, 예컨대 일부는 태워서 매립지로 보내고, 일부는 남아 있는 인과 기타 영양분을 활용하기 위해 농지에 뿌렸다. 이 슬러지는 엄밀하게 말하면 더 이상 인간의 분뇨가 아니다. 정성스럽게 배양한 박테리아가 식물에 유입될 수 있는 병원균을 먹어치운 상태의 물질이라고 볼 수 있다.

하수 처리장에서 배관을 통해 배출하는 처리수에는 약간의 인이 포함되어 있긴 하지만, 이 하수 처리장으로 유입되는 대부분의 인은 '생물 고형물(biosolid)'이라고도 부르는 슬러지 형태로 쌓인다.

생물 고형물로 농경지를 개선하는 것은 유럽뿐만 아니라 미국에서도 일반적 관행이다. 예를 들어, 내 고향 밀워키에서는 생물 고형물을 열 건조해 펠릿(pellet)으로 만든 후 밀로거나이트(Milorganite)라는 잔디 및 정원용 제품으로 포장해 판매하고 있다.

그러나 대부분 생물 활성이 없는 슬러지로 변한 사람의 분뇨조차도 병원균이나 살충제·의약품·중금속에 오염된 상태일 수 있다. 그리고 사용하는 것이 점점 더 우려스러운 "영원히 사라지지 않는 화학 물질" 또는 과불화 화합물(PFAS)이라고도 알려진 (눌러붙지 않는)

조리 기구 같은 제품에 쓰이는 산업용 화합물 등 기타 나쁜 물질에도 오염된 상태일 수 있다. 이러한 오염 물질은 생물 고형물을 비료로 투입해 재배한 작물을 통해 우리의 식탁으로, 그리고 우리의 몸속으로 침투할 수 있다. 이것이 유럽에서 생물 고형물을 비료로 사용하는 농경지가 점점 줄어들고 있는 이유다. 스위스는 생물 고형물 사용 관행을 완전히 금지했으며, 독일에서는 현재 하수 처리장에서 생산된 생물 고형물의 약 4분의 1만 농장으로 향한다. 그런데 더 큰 변화가 다가오고 있다.

독일은 2029년부터 그 나라의 최대 규모 하수 처리장에서 슬러지에 포함된 모든 인을 기본적으로 제거하도록 요구할 예정이다. 이 법안은 이를 비용 효율적이고 산업적 규모로 달성할 기술을 개발할 수 있는지 의문이 제기되는 가운데 통과되었다. 레베크가 근무하는 민간 기업 레몬디스(Remondis)는 가족 소유의 재활용, 수자원 관리 전문 기업으로 3만 명 넘는 직원이 근무하고 있으며 현재 그러한 기술을 개발하기 위해 경쟁에 뛰어든 많은 기업 중 하나다.

레몬디스는 2014년 함부르크 폐수 처리장에서 생물 고형물을 재로 변환한 후 인을 추출하는 실험적인 소규모 설비 가동을 시작했다. 레베크는 이 공정이 정확히 어떻게 작동하는지 공개하길 꺼렸다. 독일 하수 슬러지 관련 법으로 인해 많은 회사가 인 재활용 경쟁에 뛰어들고 있기 때문이다. 하지만 이 기술의 핵심에 대해서는 간단하게 설명해주었는데, 정밀하게 계량한 인산으로 재를 처리해 거기서 더 많은 인산을 뽑아내는 방식이라고 했다.

레베크는 현대 비료 공장에서 퇴적암의 인을 녹여 뽑아내는 데 쓰이는 초강력 황산과 달리, 인산은 너무 약해서 하수 슬러지 재에 있는 중금속 및 기타 오염 물질은 뽑아내지 못한다고 설명했다. 하지만 화학 비료는 물론 동물 사료의 영양 보충제를 만드는 원료로 사용할 수 있는 "재 자체의 인산을 뽑아낼 만큼"은 강력하다고 했다. 인산은 사람이 먹는 식품에도 쓰이긴 한다. 하지만 레베크는 그의 회사가 하수에서 추출한 인 자체를 인간이 직접 소비하는 제품에 넣을 계획은 없다고 말했다.

이 시범 처리 공정은 매우 성공적으로 이루어져 2019년 히타치(Hitachi)의 건설 장비들이 함부르크 하수 처리장 한쪽 구석에서 굉음을 내며 작업을 시작하는 등 이미 본격적인 인 회수 시설의 기초를 다져둔 상태다.

2022년 초, 레몬디스와 이 프로젝트의 파트너인 함부르크 수도 시설 관련 공기업은 하수 처리장을 완공해 슬러지에서 비료를 대량 생산하기 시작했다. 레베크는 하수 처리장을 2022년 말까지 완전히 가동할 수 있을 것으로 예상했다. 그는 이 재활용 기술을 전국적으로 적용하면 독일의 인 수입 의존도를 극적으로 줄일 수 있다고 확신한다. 유럽에는 자체 인광석 매장량이 많지 않아 뼈와 새똥에 열광했던 1800년대 영국인이 그랬던 것처럼 외국에서 수입하는 비료에 의존하고 있기 때문에 이 기술은 매우 중요하다. 레베크는 나에게 이렇게 말했다. "우리는 자원 회수 측면에서 인을 재활용할 뿐만 아니라, 주로 인 수입으로부터 벗어나기 위해 인을 재활용하고 있는 것입니다."

그리고 레베크는 레몬디스나 경쟁사의 인 회수 기술이 유럽 전역에 성공적으로 자리 잡는다면, 유럽의 식량 수입 의존도를 낮추는

일 이상의 공헌을 할 것이라고 말했다. 이는 수질 개선을 이끌어내고, 그 과정에서 사람들의 삶을 풍요롭게 할 것이다.

"우리가 하수에서 수십억 〔달러〕를 벌 수 있다고 믿는 것은 미친 짓이 아닙니다. 그게 현실화하고 있거든요. 이것이 희망적인 미래로 나아가는 시작이 될 겁니다."

레베크는 이 이야기가 300여 년 전 엘베강 바로 건너편에 잠들어 있던 인이 풀려나면서 시작되었다는 걸 알고 있다. 하늘에서 인을 떨어뜨리는 연합군 폭격기에 의해 도시가 불타버린 지 100년도 채 지나지 않아, 함부르크는 한때의 잿더미에서 더욱 지속 가능한 식량 시스템과 미래를 이끌고 있다.

레베크가 엘베강 서쪽 기슭을 따라 솟아오른 인 회수 처리장을 바라보며 말했다. "인이 회귀하고 있습니다."

감사의 글

나는 이 책 대부분을 미시간호 서쪽 호숫가에 있는 밀워키의 레이크 파크(Lake Park)에 주차해둔 혼다 미니밴 안에서 집필했는데, 그런 상황을 만들어준 코로나19 팬데믹에 감사한다.

하지만 밴에서 일하는 법을 터득하기 전까지는 팬데믹으로 인해 아내 앨리스(Alice)와 내 아이들 사라(Sarah), 몰리(Molly), 존(John), 케이트(Kate)에게 평소보다 더 기댈 수밖에 없었다. 2020년의 봉쇄 조치로 인해 비좁은 우리 벽돌집은 순식간에 아이들을 위한 학교이자 앨리스의 사무실, 팬데믹 때 입양한 강아지 어니(Ernie)의 집이자 나의 집필 '수련'을 위한 공간으로 바뀌었다. 이런 상황으로 인해 앨리스와 아이들은 서로, 그리고 끊임없이 짖어대는 강아지로부터 피할 방법이 거의 없었다. 나는 키보드를 두드리고 전화 인터뷰를 진행할 생산적인 장소를 찾기 위해 집 안을 돌아다니며 소란을 피웠고, 동시에 내 몫보다 많은 양의 가족 데이터와 인터넷을 사용했다. 따라서 그 힘든 시기 동안 지지와 격려를 해준 데 대한 깊은 감사를 (강아지를 제외한) 우리 가족 모두에게 전하고 싶다.

또한 학교의 '수자원 정책 센터(Center for Water Policy)' 상주 기자로서 재정적 지원 및 도서관 사용 특권을 제공해준 위스콘신 대학 밀워키 캠퍼스의 담수과학과(School of Freshwater Sciences)에도 큰 고마움을 전한다.

지구상 모든 살아 있는 세포의 존재에 필수적인 원소에 대한 글을 쓴다는 것은 매우 어려운 일인데, 작가 에이전시의 바니 카프핑거(Barney Karpfinger)는 이 책의 개요와 요점을 형성하는 데 도움을 주었다. 바니는 극도로 힘든 시기에 엄청난 지원을 제공해준 사람이었다.

W. W. 노턴(W. W. Norton) 출판사의 편집자 맷 웨일랜드(Matt Weiland)는 지난 3년 동안 지칠 줄 모르는 설계자이자 동기 부여자였으며, 가족 문제로 몇 주 동안, 때로는 더 오랫동안 작업을 보류해야 했던 나를 이해해주는 것 이상의 배려를 베풀었다. 나의 책과 여기에 실린 모든 단어를 출판할 수 있도록 도움을 준 노턴 출판사의 후니야 시디퀴(Huneeya Siddiqui), 에린 시네스키 로벳(Erin Sinesky Lovett) 그리고 스티브 콜카(Steve Colca)에게도 감사의 말을 전한다.

〈밀워키 저널 센티널〉의 현 편집자 조지 스탠리(George Stanley)와 전 편집자 마티 카이저(Marty Kaiser)는 진취적인 기자들에게 틈새를 파고들어 복잡한 이야기를 추적할 수 있는 시간과 공간을 허용하는 뉴스룸 문화를 조성해주었다. 내가 20년 동안 〈밀워키 저널 센티널〉에서 습득한 심층적 저널리즘 기술이 없었다면, 이 책을 집필하는 건 불가능했을 것이다.

그리고 영국의 화학자이자 저술가 존 엠슬리(John Emsley)가

2000년에 출판한 《인의 충격적인 역사: 악마 원소의 전기(The Shocking History of Phosphorus: A Biography of the Devil's Element)》를 접하지 않았더라면, 나는 인을 주제로 책을 쓸 생각 따윈 결코 하지 못했을 것이다. 나는 2014년 신문 연재를 위해 이리호에서 인으로 인한 녹조 발생을 연구하던 중 이 책을 발견했다. 엠슬리의 책은 인의 다양한, 때로는 악마적인 응용에 대한 이야기를 흥미진진하게 설명하며, 그 역사의 개요를 훌륭하게 담아냈다. 그러나 내가 악마의 원소에 관한 책을 집필한 목적은 필수 작물 영양소이자 전 세계적으로 만연하는 모든 독성 녹조 발생의 촉매제로서 인이 오늘날 우리 삶에서 수행하는 역설적인 역할에 주목하기 위해서였다. 엠슬리의 책은 내가 그런 방향으로 나아가는 데 도움을 주었다.

영국의 작가이자 비료 역사가 버나드 오코너(Bernard O'Connor)의 글은 때론 애매모호하게 다가왔던 현대 농업 시스템의 화학 비료 중독 기원을 이해하는 데 유용했다. 2019년 가을에 방문했던, 런던 북쪽에 위치한 로덤스테드 연구소 소속 농업용 인 연구자 폴 풀턴과 조니 존스턴(Johnny Johnston)도 큰 도움을 주었다. 또한 2018년 봄에 방문한, 온타리오주 서부의 '캐나다 실험 호수 지역(Canada's Experimental Lakes Area)'의 마이클 패터슨(Michael Paterson)과 스콧 히긴스(Scott Higgins) 그리고 그들의 동료에게도 마찬가지로 감사의 마음을 전한다.

이 책에서 언급한 많은 사람 외에 나에게 자신만의 경험과 전문성, 통찰력은 물론 귀중한 도움과 지원을 제공한 사람들에게도 깊은 감사를 전한다. 하비 부츠마(Harvey Bootsma), 발 클럼프(Val

Klump), 조셉 알슈타트(Joseph Aldstadt), 존 얀센(John Janssen), 스티브 카펜터, 멜리사 스캔런(Melissa Scanlan), 제이크 밴더 잔든(Jake Vander Zanden), 피터 애닌(Peter Annin), 보이스 업홀트(Boyce Upholt), 신시아 바넷(Cynthia Barnett), 토드 밀러, 그레이스앤 케이 타르사(Graceanne Kay Tarsa), 오언 스테파니악(Owen Stefaniak), 안나 마유미 케르버(Anna Mayumi Kerber), 래리 보인턴(Larry Boynton), 메그 키신저(Meg Kissinger), 매슈 멘테(Matthew Mente), 크로커 스티븐슨(Crocker Stephenson), 낸시 퀸(Nancy Quinn), 그리고 매의 눈으로 오타를 찾아내고 계신 나의 부모님 딕 이건(Dick Egan)과 앤 이건(Anne Egan)이 그들이다.

2022년 8월 10일

코로나19 팬데믹 시절의 습관을 차마 버리지 못한 채

밀워키 레이크파크의 혼다 미니밴에서

주

서론

1. *Suspect Nearly Drowns Escaping from Cops* (*The Sun* 〔UK〕, September 6, 2018), video, 8:48, 2022년 4월 15일 접속, https://www.youtube.com/watch?v=aJZ-xxRLjdg.
2. 2018년 9월 5일, 〈워싱턴 포스트〉.
3. 2018년 7월 26일, 플로리다주 스튜어트에서 열린 회의에 참석했을 때의 기록.
4. 2018년 7월 27일, 〈트레저 코스트 신문(Treasure Coast Newspapers)〉.
5. 2018년 7월 26일, 플로리다주 스튜어트에서 열린 회의에 참석했을 때의 기록.
6. John R. Vallentyne, *The Algal Bowl: Lakes and Man* (Ottawa: Department of the Environment, Fisheries and Marine Service, 1974), 9.
7. John R. Vallentyne, "'Johnny Biosphere,'" *Environmental Conservation* 11, no. 4 (1984): 363-364, 2022년 4월 15일 접속, https://www.cambridge.org/core/journals/environmental-conservation/article/johnny-biosphere/DCD355DAB68FF44063A0B91EAD3713B1.
8. Ian Stewart, Penelope M. Webb, Philip J. Schluter, and Glen R. Shaw, "Recreational and Occupational Field Exposure to Freshwater Cyanobacteria—a Review of Anecdotal and Case Reports, Epidemiological Studies and the Challenges for Epidemiologic Assessment," *Environmental Health: A Global Access Science Source* 5, no. 6 (2006), doi: 10.1186/1476-069X-5-6. 소년의 사망 원인에 대해서는 아직 논란이 많다.

9. 2021년 3월 25일, 〈뉴욕 타임스〉.
10. Michigan State University, "Are Zebra Mussels Eating or Helping Toxic Algae?," *Science Daily* (June 24, 2021), 2022년 4월 15일 접속, https://www.sciencedaily.com/releases/2021/06/210624135534.htm.
11. 1891년 8월 27일, 〈버펄로 위클리 익스프레스(Buffalo Weekly Express)〉.
12. "Phosphate," Florida Department of Environmental Protection, Mining and Mitigation Program, 2022년 4월 26일 접속, https://floridadep.gov/water/mining-mitigation/content/phosphate.
13. "TENORM: Fertilizer and Fertilizer Production Wastes," US Environmental Protection Agency, 2022년 4월 26일 접속, https://www.epa.gov/radiation/tenorm-fertilizer-and-fertilizer-production-wastes.
14. Arch Fredric Blakey, *The Florida Phosphate Industry: A History of the Development and Use of a Vital Mineral* (Cambridge, MA: Harvard University Press, 1973), 32. (이 기록은 출처가 분명하지 않을 수 있지만, 블레이키가 지적한 것처럼 당시 플로리다주 중부 전역에 이런 비슷한 이야기가 퍼져 있었다.)
15. 2010년 4월 20일, 〈포린 폴리시〉.
16. Tim Lougheed, "Phosphorus Paradox: Scarcity and Overabundance of a Key Nutrient," *Environmental Health Perspectives* 119, no. 5 (2011): A208-13, 2022년 4월 15일 접속, https://doi.org/10.1289/ehp.119-a208.
17. 2018년 7월 14일, 〈네이플스 데일리 뉴스(Naples Daily News)〉.

1 악마의 원소

1. 2019년 11월 10일, 저자와의 인터뷰.
2. Hans Nossack, *The End* (University of Chicago Press, 2006), 7-8.
3. Jörg Friedrich, *The Fire: The Bombing of Germany, 1940-45* (New York: Columbia University Press, 2008), 9.
4. Arthur Travers Harris, *Bomber Offensive* (London: Collins, 1947), 162.
5. 2019년 10월 21일, 〈뉴욕 타임스〉.
6. "Royal Air Force Bomber Command 60th Anniversary: Campaign Diary, July

1943."

7. Jason Forthofer, Kyle Shannon, and Bret Butler, *Investigating Causes of Large Scale Fire Whirls Using Numerical Simulation* (Missoula, MT: USDA Forest Service, Rocky Mountain Research Station, 2009).
8. John Grehan and Martin Mace, *Bomber Harris: Sir Arthur Harris' Despatch on War Operations, 1942-1945* (Pen & Sword Aviation, 2014), 45.
9. Igor Primoratz, ed., *Terror from the Sky: The Bombing of German Cities in World War II* (New York: Berghahn, 2010), 98.
10. 함부르크의 성 니콜라이 대성당 방문객 센터에서 본 영상 제작자의 목격담.
11. R. J. Overy, *The Bombers and the Bombed: Allied War over Europe, 1940-1945* (New York: Viking, 2014), 260.
12. Mary Alvira Weeks, *Discovery of the Elements* (Easton, PA: Journal of Chemical Education, 1956), 22.
13. Eduard Farber, *History of Phosphorus* (Washington, DC: Smithsonian Institution Press, 1966), quoting Wilhelm Homberg.
14. Kunckel and the Early History of Phosphorus," *Journal of Chemical Education* (September 1927), 1109.
15. 실제로는 가능하지만 엄청난 비용이 든다. 위스콘신 대학 밀워키 캠퍼스 화학과의 학과장 조 알슈타트(Joe Aldstadt)는 다음과 같이 말했다. "1980년에 글렌 시보그(Glenn Seaborg)는 비록 수천 개의 원자일 뿐이지만, 비스무트(Bismuth)에서 양성자를 떼어내 금을 만드는 데 성공했다. 하지만 10억분의 1센트에 해당하는 금을 만드는 데 대략 1만 달러의 비용이 들었다! 따라서 아리스토텔레스의 주장은 이론적으로는 맞다. 요소가 변형 가능하다는 점에서 '원물질'이 있는 것이다. 나는 양성자를 이 원물질로 지정하고 싶지만, 입자물리학자의 의견은 아마 다를지도……."
16. Lawrence Principe, *The Secrets of Alchemy* (Chicago: University of Chicago Press, 2013), 125.
17. "Kunckel and the Early History of Phosphorus," *Journal of Chemical Education* (September 1927), 1110.
18. *Elements of the Origin and Practice of Chymistry*, 5th edition (Edinburgh,

1777), 197-204.

2 깨져버린 생명의 순환 고리

1. Dmitry Shevela, Lars Olof Björn, and Govindjee, *Photosynthesis: Solar Energy for Life* (Singapore: World Scientific Publishing Company, 2018), 2.
2. 2019년 3월 18일, 개러스 글로버와의 논의.
3. Bransby Blake Cooper, *The Life of Sir Astley Cooper, Bart., Interspersed with Sketches from His Notebooks of Distinguished Contemporary Characters*, vol. 1 (London: John W. Parker, 1843).
4. 1819년 5월 15일, 〈모닝 포스트〉(London).
5. 1822년 10월 19일, 〈모닝 포스트〉(London).
6. 1827년 2월 2일, 〈뉴잉글랜드 파머(New England Farmer)〉.
7. 1839년 6월 22일, 〈크로니클〉(Leicester).
8. Victor Wolfgang Von Hagen, *South America Called Them: Explorations of the Great Naturalists* (New York: Knopf, 1945), 88.
9. Andrea Wulf, *The Invention of Nature* (New York: Vintage, 2015), 290.
10. Wulf, *Invention of Nature*, 333.
11. Von Hagen, *South America Called Them*, 154-155.
12. David Hollet, *More Precious than Gold: The Story of the Peruvian Guano Trade* (Madison, NJ: Fairleigh Dickinson University Press, 2008), 9.
13. Helmut De Terra, *Humboldt: The Life and Times of Alexander Von Humboldt* (New York: Knopf, 1955), 196.
14. Gregory T. Cushman, *Guano and the Opening of the Pacific World: A Global Ecological History* (Cambridge University Press, 2013), 30-32.
15. Erica Munkwitz and James L. Swanson, "A Journey to St. Helena, Home of Napoleon's Last Days," *Smithsonian Magazine* (April 2019).
16. Munkwitz and Swanson, "A Journey to St. Helena."
17. "Statistics of Guano," *Journal of the American Geographical and Statistical Society* 1, no. 6 (June 1859): 181-189, https://doi.org/10.2307/196154.

18. 1843년 2월 3일, 〈리버풀 머큐리〉.

19. Freeman Hunt, "Brief History of Guano," *The Merchants' Magazine and Commercial Review, Vol. 34: From January to June, Inclusive, 1856* (F. Hunt, 1856), 118, 2017년 FB&C에서 재인쇄. https://www.google.com/books/edition/The_Merchants_Magazine_and_Commercial_Re/OHpusw EACAAJ?hl=en.

20. Jimmy Skaggs, *The Great Guano Rush: Entrepreneurs and American Overseas Expansion* (New York: St. Martin's Press, 1994), 6. 전문은 Charles Kidd, MD, *Medical Times* (J. Angerstein Carfrae, 1845) 참조.

21. Watt Stewart, *Chinese Bondage in Peru* (Durham, NC: Duke University Press, 1951), 62.

22. Benjamin Narvaez, *Coolies in Cuba and Peru: Race, Labor, and Immigration, 1839-1886* (dissertation, University of Texas-Austin, 2010), 4.

23. 1858년 6월 2일, 〈위클리 스탠더드(Weekly Standard)〉(Raleigh, NC).

24. W. M. Mathew, *The House of Gibbs and the Peruvian Guano Monopoly* (Royal Historical Society, 1981), 146.

25. Gregory T. Cushman, "'The Most Valuable Birds in the World': International Conservation Science and the Revival of Peru's Guano Industry, 1909-1965," *Environmental History* 10, no. 3 (July 2005): 477-509.

26. Alexander James Duffield, *Peru in the Guano Age: Being a Short Account of a Recent Visit to the Guano Deposits, with Some Reflections on the Money They Have Produced and the Uses to which It Has Been Applied* (United Kingdom: R. Bentley and Son, 1877), 89.

27. E. John Russell, *A History of Agricultural Science in Great Britain, 1620-1954* (London: George Allen & Unwin, 1966), 89.

28. Yariv Cohen, Holger Kirchmann, and Patrik Enfält, "Management of Phosphorus Resources—Historical Perspective, Principal Problems and Sustainable Solutions," in Sunil Kumar, ed., *Integrated Waste Management*, vol. 2 (London: IntechOpen, 2011), 250.

29. Jacek Antonkiewicz and Jan Łabętowicz, "Chemical Innovation in Plant

Nutrition in a Historical Continuum from Ancient Greece and Rome until Modern Times," *Chemistry-Didactics-Ecology-Metrology* 21, no. 1-2 (December 2016): 34.

30. 리비히의 동료였던 독일인 카를 슈프렝겔(Carl Sprengel)은 리비히가 미네랄 기반의 식물 영양과 최소량의 법칙 개념을 대중화하기 수년 전부터 이를 확립하는 데 기여한 공로로 많은 사람으로부터 인정을 받았다.
31. William Brock, *Justus Von Liebig: The Chemical Gatekeeper* (Cambridge University Press, 1997), 145.
32. Brock, *Justus Von Liebig*, 178.

3 뼈에서 암석으로

1. Benjamin A. Hill Jr., "History of Medical Management of Chemical Casualties," in *Medical Aspects of Chemical Warfare*, Textbooks of Military Medicine, ed. Shirley D. Tuorinsky (Washington, DC: US Government Printing Office, August 2014), 80.
2. Sarah Everts, "A Brief History of Chemical War," Science History Institute (May 11, 2015), 2022년 4월 27일 접속, https://www.sciencehistory.org/distillations/a-brief-history-of-chemical-war.
3. Jan Willem Erisman, Mark A. Sutton, James Galloway, Zbigniew Klimont, and Wilfried Winiwarter, "How a Century of Ammonia Synthesis Changed the World," *Nature Geoscience* 1 (2008): 636-639.
4. Patricia Pierce, *Jurassic Mary: Mary Anning and the Primeval Monsters* (Gloucestershire, England: The History Press, 2014), 17.
5. Hugh Torrens, *The British Journal for the History of Science* 28, no. 3 (September 1995): 257-284.
6. Larry E. Davis, "Mary Anning: Princess of Palaeontology and Geological Lioness," *The Compass: Earth Science Journal of Sigma Gamma Epsilon* 84, no. 1 (2012): 78.
7. William Buckland, "On the Discovery of Coprolites, or Fossil Faeces, in the

Lias at Lyme Regis, and in Other Formations," *Transactions of the Geological Society of London, second series* 3 (1829): 224-225.

8. Buckland, "On the Discovery of Coprolites," 235.

9. Royal School of Mines (Great Britain), Museum of Practical Geology and Geological Survey, *Records of the School of Mines and of Science Applied to the Arts 1, pt. 1; Inaugural and Introductory Lectures to the Course for the Session*, 1851-2 (H. M. Stationery Office, 1852), 40-41. 나는 처음에 이 내용을 버나드 오코너의 다음 책에서 접했다. Bernard O'Connor, *The Origins, Development and Impact on Britain's 19th Century Fertiliser Industry* (Peterborough, England: Fertiliser Manufacturers Association, 1993).
암석 기반 비료의 발견은 전적으로 리비히와 버클랜드 그리고 애닝의 업적으로만 국한할 수 없다. 로스를 비롯해 그 시대의 다른 농경학자들도 새로운 형태의 비료를 구하기 위해 인이 풍부한 암석을 찾아 헤맸다.

10. Stephen M. Jasinski, "Mineral Resource of the Month: Phosphate Rock," *Earth* (January 28, 2015), 2022년 4월 17일 접속, https://www.earthmagazine.org/article/mineral-resource-month-phosphate-rock/.

11. 비료 역사가 버나드 오코너가 제공한 수확 관련 데이터.

12. Trevor D. Ford and Bernard O'Connor, "A Vanished Industry: Coprolite Mining," *Mercian Geologist* 17 (2009), 93-100. (저자 오코너가 제공한 텍스트.)

13. Marc V. Hurst, *Southeastern Geological Society Field Trip Guidebook No. 67: Central Florida Phosphate District*, 3rd edition (Tallahassee, FL: Southeastern Geological Society, July 30, 2016).

14. Arch Fredric Blakey, *The Florida Phosphate Industry: A History of the Development and Use of a Vital Mineral* (Cambridge, MA: Harvard University Press, 1973), 32.

15. Albert F. Ellis, *Ocean Island and Nauru: Their Story* (Sydney, Australia: Angus and Robertson, 1936), 52-53.

16. Charlie Mitchell, "New Zealand Can't Shake Its Dangerous Addiction to West Saharan Phosphate," *Stuff*, September 12, 2018.

17. Ellis, *Ocean Island and Nauru*, 55. 이 부분은 카테리나 마르티나 티아이와

(Katerina Martina Teaiwa)의 저서에서 처음 접했다. *Consuming Ocean Island: Stories of People and Phosphate from Banaba* (Bloomington: Indiana University Press, 2014), 43.

18. Teaiwa, *Consuming Ocean Island*, 48.

19. H. C. Maude and H. E. Maude, eds., *The Book of Banaba, from the Maude and Grimble Papers* (Suva, Fiji: Institute of Pacific Studies, University of the South Pacific, 1994), 72-80. 선물을 주고받은 선원 중 한 명은 우연히 몇 년 전에 섬을 떠났다가 오스트레일리아 선원들과 함께 돌아온 오션아일랜드 원주민이었다.

20. Maude and Maude, eds., *The Book of Banaba*, 83.

21. Gregory T. Cushman, *Guano and the Opening of the Pacific World: A Global Ecological History* (Cambridge: Cambridge University Press, 2013), 118.

22. Ellis, *Ocean Island and Nauru*, 58.

23. Raobeia Sigrah and Stacey M. King, *Te Rii ni Banaba* (Suva, Fiji: Institute of Pacific Studies, University of the South Pacific, 2001), 170.

24. Ellis, *Ocean Island and Nauru*, 106.

25. Teaiwa, *Consuming Ocean Island*, 18.

26. Teaiwa, *Consuming Ocean Island*, 17.

27. Pearl Binder, *Treasure Islands: The Trials of the Ocean Islanders* (United Kingdom, Blond and Briggs, 1977), 54.

28. 1920년 7월 3일, 〈빅토리아 데일리 타임스〉. 커시먼의 저서 *Guano and the Opening of the Pacific World*에서 처음으로 접했다.

29. Sigrah and King, *Te Rii ni Banaba*, 329.

30. K. J. Panton, *Historical Dictionary of the British Empire* (Rowman & Littlefield, 2015), 384.

31. Teaiwa, *Consuming Ocean Island*, 61.

4 모래 전쟁

1. Lino Camprubi, "Resource Geopolitics: Cold War Technologies, Global Fertil-

izers, and the Fate of Western Sahara," *Technology and Culture* 56, no. 3 (2015): 676-703.

2. Tony Hodges, *Western Sahara: The Roots of a Desert War* (L. Hill, 1983), 127-130.
3. "Security Council Extends Mandate of United Nations Mission for Referendum in Western Sahara, Unanimously Adopting Resolution 2351 (2017)," United Nations, April 28, 2017, 2022년 4월 18일 접속, https://www.un.org/press/en/2017/sc12807.doc.htm.
4. 1976년 4월 9일, 〈에드먼턴 저널(Edmonton Journal)〉.
5. 2001년 10월 21일, 〈워싱턴 포스트〉.
6. 1976년 4월 9일, 〈캘거리 헤럴드(Calgary Herald)〉.
7. Dana Cordell and Stuart White, "Peak Phosphorus: Clarifying the Key Issues of a Vigorous Debate about Long-Term Phosphorus Security," *Sustainability* 3, no. 10 (2011): 2027-2049.
8. Deepak K. Ray, Nathaniel D. Mueller, Paul C. West, and Jonathan A. Foley, "Yield Trends Are Insufficient to Double Global Crop Production by 2050," *PLOS ONE* (June 19, 2013), https://doi.org/10.1371/journal.pone.0066428.
9. "Phosphate Rock," Mineral Commodity Summaries, US Geological Survey, January 2020, 2022년 4월 18일 접속, https://pubs.usgs.gov/periodicals/mcs2020/mcs2020-phosphate.pdf.
10. 2008년 4월 10일, 〈뉴욕 타임스〉.
11. "Zoellick Pushes New Approaches for World Bank in CGD Speech," Center for Global Development, April 7, 2008, 2022년 4월 18일 접속, https://www.cgdev.org/article/zoellick-pushes-new-approaches-world-bank-cgd-speech.
12. Jeremy Grantham, "Be Persuasive. Be Brave. Be Arrested (if Necessary)," *Nature* (November 15, 2012).
13. Tim Worstall, "What Jeremy Grantham Gets Horribly, Horribly Wrong about Resource Availability," *Forbes* (November 16, 2012).
14. Renee Cho, "Phosphorus: Essential to Life—Are We Running Out?," Columbia

Climate School, April 1, 2013, 2022년 4월 18일 접속, https://blogs.ei.columbia.edu/2013/04/01/phosphorus-essential-to-life-are-we-running-out/.
15. "Annual Report 2016," OCP Group. 저자가 소유한 문서.
16. Jeremy Grantham, "The Race of Our Lives Revisited," GMO white paper, August 2018, 2022년 4월 18일 접속, https://www.gmo.com/globalassets/articles/white-paper/2018/jg_morningstar_race-of-our-lives_8-18.pdf.
17. Najla Mohamedlamin, *Stuff*, September 21, 2018.

5 더러운 비누

1. J. S. Sartin, "Infectious Diseases during the Civil War: The Triumph of the 'Third Army,'" *Clinical Infectious Diseases* 16, no. 4 (April 1993): 580-584, 2022년 4월 19일 접속, doi: 10.1093/clind/16.4.580.
2. Davis Dyer, Frederick Dalzell, and Rowena Olegario, *Rising Tide: Lessons from 165 Years of Brand Building at Procter & Gamble* (Boston: Harvard Business School Press, 2004), 70. "Development of Tide Synthetic Detergent," American Chemical Society, 2006, 2022년 4월 19일 접속, https://www.acs.org/content/acs/en/education/whatischemistry/landmarks/tidedetergent.html#inventing-tide.
3. *The Development of Tide* (booklet), American Chemical Society, October 25, 2006, 2022년 4월 18일 접속, https://www.acs.org/content/dam/acsorg/education/whatischemistry/landmarks/tidedetergent/development-of-tide-commemorative-booklet.pdf.
4. Davis Dyer, Frederick Dalzell, and Rowena Olegario, *Rising Tide*, 75-76.
5. "Neil McElroy of Procter and Gamble—*Time* Magazine 1953 Article," Marketing Master Insights (blog), April 7, 2012, 2022년 4월 19일 접속, http://marketingmasterinsights.com/input/tag/neil-mcelroy/.
6. 1951년 10월 24일, 〈애플턴 포스트 크레슨트(Appleton Post Crescent)〉.
7. 1963년 1월 13일, 〈시카고 트리뷴(Chicago Tribune)〉.
8. 1964년 9월 2일, 〈피츠버그 프레스(Pittsburgh Press)〉.

9. 1962년 7월 29일 〈상트페테르부르크 타임스(St. Petersburg Times)〉 UPI(United Press International, 국제합동통신). 다음 기사에서 발췌.

수도꼭지에서 나오는 공짜 비누

이스트우드드라이브(Eastwood Drive) 14번지에 사는 레이먼드 조이스(Raymond Joyce) 부인은 얼마 전부터 아침 식사 후 싱크대 옆에 접시를 쌓아놓고 수도꼭지를 틀어 거품이 생기길 기다렸다. 그러고 나서 설거지를 했는데, 이는 매일 벌어지는 일이었다.

10. 1963년 2월 19일, 〈브리스톨 (펜실베이니아) 데일리 쿠리어〔Bristol (PA) Daily Courier〕〉.

11. 1962년 12월 8일, 〈미니애폴리스 스타(Minneapolis Star)〉.

12. 1966년 3월 31일, 〈오일 시티 데릭(Oil City Derrick)〉.

13. 1967년 4월 15일, 〈타임스 리코더(Times Recorder)〉(Zanesville, Ohio).

14. Rep. No. 91-1004, *Phosphates in Detergents and the Eutrophication of America's Waters*, 91st Congressional Session (April 14, 1970), 6.

15. A. H. Phelps Jr., "Air Pollution Aspects of Soap and Detergent Manufacture," *Journal of the Air Pollution Control Association* 17, no. 8 (1967): 505-507, doi: 10.1080/00022470.1967.10469009.

16. Rep. No. 91-1004, *Phosphates in Detergents and the Eutrophication of America's Waters*, 73.

17. David Zwick, Marcy Benstock, and Ralph Nader, *Water Wasteland: Ralph Nader's Study Group Report on Water Pollution* (New York: Grossman, 1971), 451.

18. Rep. No. 91-1004, *Phosphates in Detergents and the Eutrophication of America's Waters*, 63-64.

19. Rep. No. 91-1004, *Phosphates in Detergents and the Eutrophication of America's Waters*, 29.

20. Rep. No. 91-1004, *Phosphates in Detergents and the Eutrophication of America's Waters*, 49.

21. Rep. No. 91-1004, *Phosphates in Detergents and the Eutrophication of America's Waters*, 21.
22. 1961년 12월 24일, 〈스타 트리뷴〉(Minneapolis, MN).
23. Nick Zagorski, "Profile of David W. Schindler," *Proceedings of the National Academy of Sciences* 103, no. 19 (May 9, 2006): 7207-7209, 2022년 4월 19일 접속, http://www.pnas.org/content/103/19/7207#ref-3.
24. D. W. Schindler, "A Personal History of the Experimental Lakes Project," *Canadian Journal of Fisheries and Aquatic Sciences* 66, no. 11 (October 22, 2009): 1140, https://doi.org/10.1139/F09-134.
25. 1970년 7월 21일, 〈보스턴 글로브(Boston Globe)〉.
26. David W. Litke, *Review of Phosphorus Control Measures in the United States and Their Effects on Water Quality*, US Geological Survey Water Resources Investigations Report 99-4007 (1999), 5, 2022년 4월 20일 접속, https://pubs.usgs.gov/wri/wri994007/pdf/wri99-4007.pdf.
27. 1971년 6월 9일, 〈나나이모 데일리 뉴스(Nanaimo Daily News)〉.
28. Litke, *Review of Phosphorus Control Measures*, 1.

6 유독한 물

1. 2018년 7월 9일, 저자와의 인터뷰.
2. "GLRI FA3 Priority Watershed Profile: Maumee Watershed," Great Lakes Commission, 2022년 4월 19일 접속, https://www.glc.org/wp-content/uploads/Maumee-Watershed-Profile.pdf.
3. "Lake Erie Phosphorus-Reduction Targets Challenging but Achievable," *Michigan News*, University of Michigan, 2022년 4월 19일 접속, https://news.umich.edu/lake-erie-phosphorus-reduction-targets-challenging-but-achievable/.
4. Ohio EPA, "CAFO NPDES Permit—General Overview of Federal Regulations," Ohio Environmental Protection Agency factsheet, 2022년 4월 19일 접속, https://epa.ohio.gov/static/Portals/35/cafo/NPDESPartI.pdf.
5. "Explosion of Unregulated Factory Farms in Maumee Watershed Fuels Lake

Erie's Toxic Blooms," Environmental Working Group, 2022년 4월 19일 접속, https://www.ewg.org/interactive-maps/2019_maumee/.

6. 2019년 7월 9일, 저자와의 인터뷰.
7. *Nature* (May 2, 1878): 12.
8. Ian Stewart, Alan A. Seawright, and Glen R. Shaw, "Cyanobacterial Poisoning in Livestock, Wild Mammals and Birds—an Overview," in H. Kenneth Hudnell, ed., *Cyanobacterial Harmful Algal Blooms: State of the Science and Research Needs*, Advances in Experimental Medicine and Biology, vol. 619 (New York: Springer, 2008), 615-616.
9. 2018년 5월 2일, 〈털리도 블레이드〉.
10. 2019년 7월 9일, 저자와의 인터뷰.
11. 이번 장 섹션의 자료 중 일부는 2014년 여름에 저자가 〈밀워키 저널 센티널〉에 연재한 글에서 발췌했다.
12. 2019년 12월 13일, 〈밀워키 저널 센티널〉.
13. "2017 Census of Agriculture County Profile: Brown County, Wisconsin," US Department of Agriculture, 2022년 4월 20일 접속, https://www.nass.usda.gov/Publications/AgCensus/2017/Online_Resources/County_Profiles/Wisconsin/cp55009.pdf.
14. 2014년 9월 13일, 〈밀워키 저널 센티널〉, 2022년 4월 20일 접속, https://www.jsonline.com/in-depth/archives/2021/09/02/dead-zones-haunt-green-bay-manure-fuels-algae-blooms/8100840002/.
15. 2014년 9월 13일, 〈밀워키 저널 센티널〉.
16. 2014년 9월 13일, 〈밀워키 저널 센티널〉.
17. 2014년 9월 13일, 〈밀워키 저널 센티널〉.
18. 2014년 9월 13일, 〈밀워키 저널 센티널〉.
19. 2014년 9월 13일, 〈밀워키 저널 센티널〉.
20. 2019년 8월 7일, 저자와의 인터뷰.
21. Jeff C. Ho, Anna M. Michalak, and Nima Pahlevan, "Widespread Global Increase in Intense Lake Phytoplankton Blooms since the 1980s," *Nature* 574 (October 2019): 667-668.

22. Ho, Michalak, and Pahlevan, "Widespread Global Increase in Intense Lake Phytoplankton Blooms," 667-670.

7 텅 빈 해변

1. *Mississippi River/Gulf of Mexico Watershed Nutrient Task Force 2019-2021 Report to Congress, US Environmental Protection Agency*, U.S. Environmental Protection Agency, 2022.
2. 2018년 6월 22일, 〈디모인 레지스터(Des Moines Register)〉.
3. "Sporadic Mass Shoreward Migrations of Demersal Fish and Crustaceans in Mobile Bay, Alabama," *Ecology* 41, no. 2 (April 1960): 292-298.
4. "Jubilee Occurring in Mississippi Sound; Seafood Safe to Eat, but People Should Use Caution," Mississippi Department of Marine Resources press release, July 27, 2017, https://dmr.ms.gov/jubilee-occurring-in-mississippi-sound-seafood-safe-to-eat-but-people-should-use-caution/.
5. 2019년 7월 24일, 에밀리 코튼과의 대화.

8 병든 물빛 심장

1. 2018년, 저자가 묘비를 찾기 위해 방문한 1926년 홍수 희생자들의 묘지에서.
2. 1926년 9월 23일, 〈탬파 트리뷴(Tampa Tribune)〉 4쪽.
3. 1929년 2월 9일, 〈애플턴 포스트 크레슨트〉.
4. 1926년 9월 26일, 〈상트페테르스부르크 타임스〉.
5. 1928년 9월 23일, 〈마이애미 뉴스〉.
6. Michael Grunwald, *The Swamp* (New York: Simon & Schuster, 2006), 198.
7. *Waters of Destiny* (US Army Corps of Engineers, ca. 1957), 다큐멘터리 영화, 25:50, Florida Memory, State Library and Archives of Florida, https://www.floridamemory.com/items/show/232410.
8. 저자가 소유한 문서, Examination of Basin Phosphorus Issues Associated with Lake Okeechobee Watershed Dairies; National Audubon Society에서 발췌.

9. Joyce Zhang, Zach Welch, and Paul Jones, "Chapter 8B: Lake Okeechobee Watershed Annual Report," in *The South Florida Environment*, 2020 South Florida Environmental Report vol. 1 (West Palm Beach, FL: South Florida Water Management District, 2020), 8B-2, 2022년 4월 21일 접속, https://apps.sfwmd.gov/sfwmd/SFER/2020_sfer_final/v1/chapters/v1_ch8b.pdf.
10. "Appendix A: Northern Everglades and Estuaries Protection Program (NEEPP) BMAPs," in *Florida Statewide Annual Report on Total Maximum Daily Loads, Basin Management Action Plans, Minimum Flows or Minimum Water Levels and Recovery or Prevention Strategies* (West Palm Beach, FL: South Florida Water Management District, June 2018), 17, 2022년 4월 21일 접속, https://floridadep.gov/sites/default/files/2_3_2017STAR_AppendixA_NEEPP.pdf.
11. US Army Corps of Engineers, *Lake Okeechobee and the Herbert Hoover Dike: A Summary of the Engineering Evaluation of the Seepage and Stability Problems at the Herbert Hoover Dike* (Jacksonville, FL: US Army Corps of Engineers Jacksonville District, n.d.), 2022년 5월 3일 접속, http://cdnassets.hw.net/15/5a/f2357d1240f69f864e55df7b18dd/lakeoandhhdike.pdf.
12. Lloyd's Emerging Risks Team, *The Herbert Hoover Dike: A Discussion of the Vulnerability of Lake Okeechobee to Levee Failure; Cause, Effect and the Future* (London: Lloyd's, n.d.), 2022년 4월 21일 접속, https://assets.lloyds.com/media/528d8f9c-c805-4b60-a592-847b44201bd3/Lake_Okeechobee_Report.pdf.
13. US Army Corps of Engineers, *Lake Okeechobee and the Her-bert Hoover Dike*.
14. Paul Gray, "High Water Levels Threaten the Health of Lake Okeechobee," National Audubon Society, October 24, 2017, 2022년 4월 21일 접속, https://fl.audubon.org/news/high-water-levels-threaten-health-lake-okeechobee.
15. National Centers for Coastal Ocean Science, "What Powers Florida Red Tides?," National Oceanic and Atmospheric Administration, November 18, 2014, 2022년 4월 26일 접속, https://coastalscience.noaa.gov/news/powers-florida-red-tides/.

16. Jonathan Weiner, "The Tangle," *New Yorker*, April 3, 2005.

9 낭비하지 않기

1. Keith Cooper, "Did Meteorites Bring Life's Phosphorus to Earth?," NASA Astrobiology Program, 2022년 4월 21일 접속, https://astrobiology.nasa.gov/news/did-meteorites-bring-lifes-phosphorus-to-earth/.
2. Ellen Gray, "NASA Satellite Reveals How Much Saharan Dust Feeds Amazon's Plants," NASA Earth Science News Team, February 22, 2015, 2022년 4월 21일 접속, https://www.nasa.gov/content/goddard/nasa-satellite-reveals-how-much-saharan-dust-feeds-amazon-s-plants.
3. Dana Cordell and Stuart White, "Sustainable Phosphorus Measures: Strategies and Technologies for Achieving Phosphorus Security," *Agronomy* 3 (2013): 86-116.
4. 2016년 2월 16일, 〈워싱턴 포스트〉.
5. Gerard Wynn, "U.S. Corn Ethanol 'Was Not a Good Policy': Gore," Reuters, November 22, 2010, 2022년 4월 21일 접속, https://www.reuters.com/article/us-ethanol-gore/u-s-corn-ethanol-was-not-a-good-policy-gore-idUSTRE6AL3CN20101122.
6. National Agricultural Statistics Service, "2012 Census of Agriculture Highlights: Farms and Farmland," US Department of Agriculture, September 2014, 2022년 4월 22일 접속, https://www.nass.usda.gov/Publications/Highlights/2014/Highlights_Farms_and_Farmland.pdf.
7. Jim Elser and Phil Haygarth, *Phosphorus: Past and Future* (Oxford University Press, 2020).
8. Jim Elser and Sally Rockey, *Phosphorus Forum 2018* (Sustainable Phosphorus Alliance, April 2, 2018), 비디오, 59:11, 2022년 4월 21일 접속, https://www.youtube.com/watch?v=8A9NFkSwji8.
9. 2020년 8월 3일, 제임스 엘저와의 논의.
10. Justus von Liebig, "On English Farming and Sewers," *Monthly Review* 70,

no. 3 (July-August 2018), 2022년 4월 접속, https://monthlyreview.org/2018/07/01/on-english-farming-and-sewers/.

11. Henry Mayhew, *London Labour and the London Poor* (London: Penguin Classics, 2006), 181-182. Stephen Johnson, *The Ghost Map* (New York: Riverhead, 2006), 116에서 처음으로 접한 구절.

12. Victor Hugo, *Les Miserables,* trans. Christine Donougher (New York: Penguin, 2013), 1126-1127.

13. Dr. Arthur Stanley, 1899 annual report, excerpted in F. H. King, *Farmers of Forty Centuries, or Permanent Agriculture in China, Korea and Japan* (Madison, WI: Mrs. F. H. King, 1911), 198-199.

14. Stanley, in King, *Farmers of Forty Centuries.*

15. King, *Farmers of Forty Centuries*, 193.

16. King, *Farmers of Forty Centuries*, 9.

17. King, *Farmers of Forty Centuries*, 201-202.

18. King, *Farmers of Forty Centuries*, 215.

19. Ying Liu, Jikun Huang, and Precious Zikhali, "Use of Human Excreta as Manure in Rural China," *Journal of Integrative Agriculture* 13 (2014): 434-442.

20. Rick Barrett, *Milwaukee Journal Sentinel*, February 28, 2022.

21. 2019년 8월 7일, 스티브 카펜터와의 논의.

22. US Meat Export Federation, "U.S. Pork Exports Soared to New Value, Volume Records in 2019," National Hog Farmer, February 06, 2020, 2022년 4월 24일 접속, https://www.nationalhogfarmer.com/marketing/us-pork-exports-soared-new-value-volume-records-2019., Economic Research Service, "Poultry & Eggs," US Department of Agriculture, 2022년 4월 28일 마지막 업데이트, 2022년 5월 24일 접속, https://www.ers.usda.gov/topics/animal-products/poultry-eggs/.

23. Economic Research Service, "Poultry & Eggs," US Department of Agriculture, last updated April 28, 2022, 2022년 5월 24일 접속, https://www.ers.usda.gov/topics/animal-products/poultry-eggs/.

24. 2020년 1월 22일, 미시간 대학 소식.

25. *Peecycling* (University of Michigan, April 7, 2015), 비디오, 10:08, https://www.youtube.com/watch?v=dCV 3kWhjfI4&t=108s, 2016년 9월 8일, 미시간 대학 소식 중 Nicole Casal Moore, "A $3M Grant to Turn Urine into Food Crop Fertilizer," https://news.umich.edu/a-3m-grant-to-turn-urine-into-food-crop-fertilizer/에서 발췌.

26. *Peecycling* (University of Michigan, April 7, 2015).

27. *Uri Nation Introduces Urine Diversion and Urine Derived Fertilizers!* (University of Michigan, September 29, 2018), 비디오, 6:33, 2022년 4월 22일 접속, https://www.youtube.com/watch?v=iX1F4dYLF84&t=4s.

28. Jim Erickson, "'Peecycling' Payoff: Urine Diversion Shows Multiple Environmental Benefits when Used at City Scale," University of Michigan news release, December 15, 2020, https://news.umich.edu/peecycling-payoff-urine-diversion-shows-multiple-environmental-benefits-when-used-at-city-scale/.

29. 2016년 5월 15일, 〈시카고 트리뷴〉.

30. "Energy Transition in the Port: An Economic Success Story," Hamburg Marketing, Germany, 2018, https://marketing.hamburg.de/energy-transition-in-hamburgs-port.html.

참고문헌

Ashley, K., D. Cordell, and D. Mavinic. 2011. "A Brief History of Phosphorus: From the Philosopher's Stone to Nutrient Recovery and Reuse." *Chemosphere* 84, no. 6.

Asimov, Isaac. 1974. *Asimov on Chemistry*. Garden City, NY: Doubleday.

Binder, Pearl. 1977. *Treasure Islands: The Trials of the Ocean Islanders*. London: Blond and Briggs.

Blakey, Arch Fredric. 1973. *The Florida Phosphate Industry: A History of the Development and Use of a Vital Mineral*. Cambridge, Mass: Wertheim Committee, Harvard University, distributed by Harvard University Press.

Boerhaave, Herman. 1735. *Elements of Chemistry: Being the Annual Lectures of Hermann Boerhaave, M.D.* Translated from the original Latin by Timothy Dallowe. 2 vols. London: J. and J. Pemberton.

Botting, Douglas. 1973. *Humboldt and the Cosmos*. London: Joseph.

Brock, William H. 1997. *Justus von Liebig: the Chemical Gatekeeper*. Cambridge: Cambridge University Press.

Cordell, Dana, and Stuart White. 2014. "Life's Bottleneck: Sustaining the World's Phosphorus for a Food Secure Future." *Annual Review of Environment and Resources* 39, no. 1 (October): 161-88.

Cushman, Gregory T. 2013. *Guano and the Opening of the Pacific World: A Global Ecological History*. Cambridge: Cambridge University Press.

Dyer, Davis, Frederick Dalzell, and Rowena Olegario. 2004. *Rising Tide: Lessons from 165 Years of Brand Building at Procter & Gamble*. Boston, Mass: Harvard Business School Press.

Dyer, Gwynne. 1985. *War*. First edition. New York: Crown.

Egan, Dan. 2017. *The Death and Life of the Great Lakes*. New York: W. W. Norton.

Ellis, Albert F. 1936. *Ocean Island and Nauru: Their Story*. Sydney, Australia: Angus and Robertson.

Elser, James J., and Philip M. Haygarth. 2021. *Phosphorus: Past and Future*. New York: Oxford University Press.

Emsley, John. 2000. *The Shocking History of Phosphorus: A Biography of the Devil's Element*. London: Macmillan.

Eutrophication: Causes, Consequences, Correctives; Proceedings of a Symposium. 1969. Washington, DC: National Academy of Sciences.

Friedrich, Jörg. 2006. *The Fire: The Bombing of Germany, 1940-1945*. Translated by Allison Brown. New York: Columbia University Press.

Grunwald, Michael. 2007. *The Swamp: The Everglades, Florida, and the Politics of Paradise*. First Simon & Schuster paperback edition. New York: Simon & Schuster.

Harris, Arthur Travers. 1947. *Bomber Offensive*. London: Collins.

Henderson-Sellers, Brian, and H. R. Markland. 1987. *Decaying Lakes: The Origin and Control of Cultural Eutrophication*. Chichester, West Sussex: Wiley.

Hodges, Tony. 1983. *Western Sahara: The Roots of a Desert War*. Westport, Conn: L. Hill.

Hollett, D. 2008. *More Precious than Gold: The Story of the Peruvian Guano Trade*. Madison, NJ: Fairleigh Dickinson University Press.

Hugo, Victor, and Christine Donougher. 2015. *Les Misérables*. Translated with notes by Christine Donougher. Introduction by Robert Tombs. New York: Penguin.

Jensen, Erik. 2005. *Western Sahara: Anatomy of a Stalemate*. Boulder, Colo:

Lynne Rienner.

Johnson, Steven. 2006. *The Ghost Map: The Story of London's Most Terrifying Epidemic—and How It Changed Science, Cities, and the Modern World*. New York: Riverhead.

Kassinger, Ruth. 2019. *Slime: How Algae Created Us, Plague Us, and Just Might Save Us*. Boston: Houghton Mifflin Harcourt.

Keegan, John. 1976. *The Face of Battle*. London: J. Cape.

King, F. H. 1973. *Farmers of Forty Centuries; or, Permanent Agriculture in China, Korea, and Japan*. Emmaus, Pa: Rodale Press.

Macdonald, Barrie. 1982. *Cinderellas of the Empire: Towards a History of Kiribati and Tuvalu*. Canberra: Australian National University Press.

Macfarlane, Alan. 1997. *The Savage Wars of Peace: England, Japan and the Malthusian Trap*. Oxford: Blackwell.

Mathew, W. M. 1981. *The House of Gibbs and the Peruvian Guano Monopoly*. London: Royal Historical Society.

Maude, H. C., and H. E. Maude. 1994. *The Book of Banaba*. Suva: University of the South Pacific.

Middlebrook, Martin. 1981. *The Battle of Hamburg: Allied Bomber Forces against a German City in 1943*. New York: Scribner's.

Musgrove, Gordon. 1981. *Operation Gomorrah: The Hamburg Firestorm Raids*. London: Jane's.

Nossack, Hans Erich. 2004. *The End: Hamburg 1943*. Chicago: University of Chicago Press.

O'Connor, Bernard, and Leyre Solano. 2014. *The Spanish Phosphateers: The Origins and Development of Spain's Phosphate Industry*. Lulu.com.

O'Connor, Bernard. 1993. *The Origins, Development and Impact of Britain's 19th Century Fertilizer Industry*. Peterborough: Fertilizer Manufacturers Association.

Overy, R. J. 2014. *The Bombers and the Bombed: Allied Air War over Europe 1940-1945*. New York: Viking.

Pierce, Patricia. 2006. *Jurassic Mary: Mary Anning and the Primeval Monsters*. Stroud, Gloucestershire: The History Press.

Principe, Lawrence. 2013. *The Secrets of Alchemy*. Chicago: University of Chicago Press.

Rhodes, Richard. 1986. *The Making of the Atomic Bomb*. New York: Simon & Schuster.

Rosen, Julia. 2021. "Humanity Is Flushing Away One of Life's Essential Elements." *The Atlantic* (February 8).

Russell, Edward J. 1966. *A History of Agricultural Science in Great Britain, 1620-1954*. London: Allen & Unwin.

Sachs, Aaron. 2006. *The Humboldt Current: Nineteenth-Century Exploration and the Roots of American Environmentalism*. New York: Viking.

Salzberg, Hugh W. 1991. *From Caveman to Chemist: Circumstances and Achievements*. Washington, DC: American Chemical Society.

San Martín, Pablo. 2010. *Western Sahara: The Refugee Nation*. First edition. Cardiff: University of Wales Press.

Schindler, David W., and John R. Vallentyne. 2008. *The Algal Bowl: Overfertilization of the World's Freshwaters and Estuaries*. Revised and expanded edition. Edmonton: University of Alberta Press.

Schreiber, Gerhard, Klaus A. Maier, P. S. Falla, and Wilhelm Deist. 1990. *Germany and the Second World War*. Oxford: Clarendon Press.

Shelley, Toby. 2004. *Endgame in the Western Sahara: What Future for Africa's Last Colony?* London: Zed Books.

Shennan, Jennifer, and Makin Corrie Tekenimatang. 2005. *One and a Half Pacific Islands: Stories the Banaban People Tell of Themselves/Teuana Ao Teiterana n Aba n Te Betebeke : I-Banaba Aika a Karakin Oin Rongorongoia*. Wellington, NZ: Victoria University Press.

Sigrah, Raobeia Ken, and Stacey M. King. 2001. *Te Rii ni Banaba*. Suva: University of the South Pacific.

Skaggs, Jimmy M. 1994. *The Great Guano Rush: Entrepreneurs and American*

Overseas Expansion. New York: St. Martin's Press.

Stewart, Watt. 1951. *Chinese Bondage in Peru*. Durham, NC: Duke University Press.

Swasy, Alecia. 1993. *Soap Opera: The Inside Story of Procter & Gamble*. First edition. New York: Times Books.

Teaiwa, Katerina Martina. 2014. *Consuming Ocean Island: Stories of People and Phosphate from Banaba*. Bloomington: Indiana University Press.

Threlfall, Richard E. 1951. *The Story of 100 Years of Phosphorus Making, 1851-1951*. Oldbury, England: Albright & Wilson.

Vallentyne, John R. 1974. *The Algal Bowl: Lakes and Man*. Ottawa: Department of the Environment, Fisheries and Marine Service.

Von Hagen, Victor Wolfgang. 1945. *South America Called Them; Explorations of the Great Naturalists: La Condamine, Humboldt, Darwin, Spruce*. New York: Knopf.

Waring, R. H., G. B. Steventon, and Steve Mitchell. 2002. *Molecules of Death*. London: Imperial College Press.

Weeks, Mary Elvira, and Henry Marshall Leicester. 1968. *Discovery of the Elements. Completely Rev. and New Material Added by Henry M. Leicester. Illus. Collected by F. B. Dains*. Seventh edition. Easton, Pa: Journal of Chemical Education.

Williams, Maslyn, and Barrie Macdonald. 1985. *The Phosphateers: A History of the British Phosphate Commissioners and the Christmas Island Phosphate Commission*. Carlton, Vic: Melbourne University Press.

Wulf, Andrea. 2015. *The Invention of Nature: Alexander von Humboldt's New World*. First American edition. New York: Knopf.

Wyant, Karl A., Jessica R. Corman, and Jim J. Elser. 2013. *Phosphorus, Food, and Our Future*. Oxford: Oxford University Press.

Zwick, David, Marcy Benstock, and Ralph Nader. 1971. *Water Wasteland: Ralph Nader's Study Group Report on Water Pollution*. New York: Grossman.

찾아보기